# KARL KRAUSE & DAAN COLIJN

# COUPLE of MEN

## Ein Männerpaar reist um die Welt

**POLYGLOTT**

# INHALT

Die Reise kann losgehen!

# ÜBER UNS

Wie der Name schon vermuten lässt, stecken hinter »Couple of Men« zwei Männer. Wir, Karl aus dem Erzgebirge und Daan aus Amsterdam, begegneten uns in einem Berliner Club. Es war Liebe auf den ersten Blick, sozusagen. Seit diesem Ostermorgen im März 2013 gehen wir gemeinsam durchs Leben.

Hier wollen wir die Geschichte über die Reise unseres Lebens erzählen, die schon vor unserem ersten Kuss begann. Aufgewachsen in zwei unterschiedlichen Welten – die DDR auf der einen Seite, das tolerante Amsterdam auf der anderen –, gehörte das Reisen nicht nur zwischen Berlin und Amsterdam von Beginn an zu unserer Beziehung. Auf der ersten Fernreise, die uns nach Japan führte, lernten wir uns erst richtig kennen, und erfüllten uns, ganz nebenbei, einen lang gehegten Traum. Hier, mitten in den japanischen Wäldern, beschloss Karl, unsere Reisen in einem Blog zu dokumentieren. Die besondere Sicht eines schwulen, reisenden Männerpaars faszinierte und gab gleichzeitig Reiseinformationen, die bisher kaum zur Verfügung standen. Besonders auf Instagram erkannte man uns als jene Blogger, die auf der ganzen Welt Hand in Hand vor der Kamera posieren, während sie über fantastische, schwulenfreundliche Reiseziele berichten.

Dass dies zwei Männer tun, ist auch heute noch ungewöhnlich. Eine kleine Geste der Zuneigung wird somit zu einem besonderen Zeichen der Sichtbarkeit. Besonders für *Lesben*, *Gays* (also Schwule), *Bisexuelle* sowie *transidente* und *queere* Personen (kurz LGBTQ+), die an Orten leben, an denen es noch immer illegal ist, queer zu sein. Demgegenüber stehen Initiativen, die sich für Vielfalt und Gleichberechtigung einsetzen und verteilt über den ganzen Globus bunte LGBTQ+-Subkulturen entstehen ließen, eine vielfältiger, bunter und einladender als die andere.

Mit unserem Buch möchten wir abenteuerlustige Reisende – queer oder nicht – dazu inspirieren, die LGBTQ+-Community weltweit zu unterstützen und gleichzeitig aufgeschlossen, respektvoll und mit einem glücklichen Herzen zu reisen.

# USA

New York City

Auf dem Balkon des
The Bernic Hotel in Manhattan

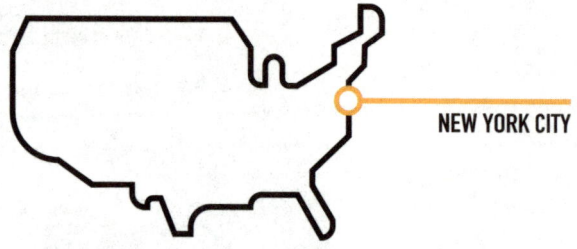

NEW YORK CITY

# NEW YORK –
# SO FING ALLES AN ...

»Happy Pride! Happy Pride!«, rufe ich seit meinem achtzehnten Lebensjahr jedes Jahr aufs Neue voller Leidenschaft in die an mir vorbeiziehende Menge und wedele dabei wie wild mit einer Regenbogenfahne durch die Luft, ein breites Grinsen auf den Lippen. Ich bin voller Energie. Bei sommerlichen Temperaturen und einem strahlend blauen Himmel ist das auch kein so großes Problem. Zudem ist Pride-Monat. Mit dem Monat Juni beginnt die Zeit für meine Regenbogenfahne und bei jeder passenden Gelegenheit kann ich endlich wieder »Happy Pride!« rufen, ohne irritierte Blicke zu ernten. Diesen zwei so unscheinbar wirkenden Wörtern kommt in dieser Zeit des Jahres eine wichtige Bedeutung zu – nicht nur als Grußformel in der Community.

Seit über fünfzehn Jahren gehe ich zusammen mit Tausenden queeren Menschen und ihren Unterstützern, den Allies, bei Christopher-Street-Day (CSD)- und Pride-Veranstaltungen auf der ganzen Welt für Gleichberechtigung und Akzeptanz auf die Straße – und habe viel erlebt. Auch unangenehme Momente, abwertende Bemerkungen oder Menschen, die mir voller Hass und Wut vor die Füße spuckten.

Natürlich stört mich dieser Umstand sehr, genauso wie die hasserfüllten Kommentare und Todesdrohungen auf so manch einem Post in den sozialen Medien. Doch auf der anderen Seite erhalte ich dadurch neue Kraft, um weiterzumachen, nicht nachzugeben und immer mehr Menschen, die anders sind, die Angst zu nehmen, damit sie so akzeptiert werden, wie sie sind. Die Worte »Happy Pride« erinnern mich daran, wie wichtig es ist, ein Lächeln auf ein skeptisches Gesicht zu zaubern. Denn häufig sind es unbeantwortete Fragen und Stereotype, die der Ursprung für Vorurteile und unwissende Beschuldigungen sind.

»Happy Pride« – ich würde es mit »fröhlichem Stolz« übersetzen. Ja, das passt. Es beschreibt das Gefühl, das aufkommt, wenn ich gemeinsam mit der Liebe meines Lebens Hand in Hand auf einer Pride-Parade die Straßen entlanglaufe und mich nicht allein fühlen muss. Ich bin umringt von Gleichgesinnten, glücklichen Gesichtern. Die einen tragen wie ich eine Regenbogenflagge in der Hand, die anderen eine knallbunte Perücke und selbst gebastelte Pappschilder, auf denen so etwas wie »Ich bin schwul, und das ist auch gut so!« steht.

Ein Ausspruch, der für viele Menschen Gültigkeit besitzt, nicht erst seit der berühmten Rede des einstigen Berliner Bürgermeisters Klaus Wowereit. Genauso wenig scheinen Geschlechterrollen und -identitäten, Nationalitäten oder andere, von der Gesellschaft, also von uns selbst geprägte Unterscheidungsmerkmale wichtig zu sein. Mut und Kraft aus den Gemeinsamkeiten zu ziehen und für eine bessere Sichtbarkeit in unserer Gesellschaft zu sorgen, darum soll es gehen. Denn wir marschieren für alle queeren Menschen, damit sie sich heute und in Zukunft nicht mehr als Außenseiter zu Hause unter der Bettdecke verstecken müssen. Sondern stolz darauf sein können, selbstbewusst anders und zugleich für jeden *normal* zu sein.

In solchen Momenten bin auch ich stolz und dankbar. Auf das, was andere vor mir erreicht haben, um mir eine einfachere Zukunft zu ermöglichen. Darauf, den langen und steinigen Weg gegangen zu sein, vom inneren Coming-out bis zum Referenten für sexuelle Vielfalt an Schulen. Als Aktivist der LGBTQ+-Community gab ich den Regenbogenstaffelstab weiter. Ich bin dankbar für die Unterstützung, die mir als junger, zweifelnder, queerer Mensch entgegengebracht wurde. Stolz

# LGBTQ+-COMMUNITY IN DEN USA

Der Oberste Gerichtshof (Supreme Court) in den Vereinigten Staaten erklärte 2015 die gleichgeschlechtliche Ehe für rechtmäßig – was wir zusammen mit Freunden und Bekannten aus Übersee feierten. Doch von einer rechtlich einheitlichen Lage kann weiterhin keine Rede sein. Die US-amerikanischen Staaten handhaben die Gesetzgebung zu LGBTQ+-Rechten unterschiedlich. Als besonders queer-freundlich gelten Kalifornien, New York, Oregon, Colorado, Illinois und New Jersey – sie schreiben unter anderem die Aufklärung über LGBTQ+-Themen in der Schule vor. In den ländlichen Regionen sieht es dagegen anders aus. Das Land der Freiheit grenzt dort queere Menschen immer noch aus. Gerade in konservativen und ziemlich gläubigen Gegenden wird Homosexualität von Evangelikalen oft als Sünde betrachtet. Dort versucht man, Homosexuelle weiterhin mit abstrusen Therapien umzupolen, die in anderen Staaten bereits verboten sind. Am 15. Juni 2020 hat der Supreme Court entschieden, dass homosexuelle und Transgender-Arbeitnehmer nicht mehr aufgrund ihrer sexuellen Ausrichtung diskriminiert und entlassen werden dürfen. Städte wie San Francisco, New York, Chicago, Fort Lauderdale, Palm Springs oder Portland sind für eine lebendige Queer-Kultur mit Pride-Veranstaltungen bekannt.

LA-Pride in West-Hollywood

auf mich, denn ich habe die wohl schwierigste Zeit meines Lebens gemeistert und kann heute sagen: Ich stehe dazu, wie ich bin. Wer ich bin. Anders. Schwul.

Das war nicht immer so. Erzählt habe ich davon in unserem Reiseblog. Es geht hier also um kein Coming-out-Tagebuch (also auch, aber eher am Rande), vielmehr zeichnen wir eine spannende, noch immer andauernde Reise auf. Begonnen hat sie vor über neun Jahren, als Daan und ich uns begegneten. Daan ist aus Amsterdam und ich, Karl, bin aus dem Erzgebirge. Zwei Menschen aus zwei so gegensätzlichen Regionen in Europa verliebten sich ineinander. 637,32 Kilometer Luftlinie liegen zwischen diesen zwei Welten: Auf der einen Seite die Niederlande, die als erstes Land weltweit die gleichgeschlechtliche Ehe einführten. Auf der anderen Seite das deutsche Mittelgebirge, das mir bis heute als konservative, zurückgezogene und verschlafene Region im Osten Deutschlands in Erinnerung geblieben ist – meine Heimat. In meinem Zimmer verbrachte ich als Jugendlicher viele traurige Momente voller Zweifel, Sehnsucht und dem tiefen Wunsch, einfach so sein zu können, wie ich mich fühlte, während ich versuchte, hineinzupassen in eine Welt, die ganz andere Erwartungen an mich hatte als ich an mein eigenes Leben.

Mein erster richtiger Freund zeigte mir die Welt und steckte mich mit dem Reisefieber an. Auf Achse fühlte ich mich frei, ungebunden und hatte gleichzeitig das Gefühl, ich sein zu können, ohne bewertet und verurteilt zu werden. Dabei lernte ich gleichgesinnte Reisende kennen, denen es offenbar egal war, wen ich sexuell anziehend fand. Für viele Jahre waren mein Rucksack und ich schier unzertrennlich. Mit ihm erkundete ich tropische Inseln in Südostasien mit dem Kanu, schlenderte mit Dreadlocks über duftende Märkte in Indien, flog mit Yeti Airlines über Nepal und um den Mount Everest und reiste durch nahezu alle Länder Westeuropas. Alle, bis auf eines: die Niederlande.

Dann, nach vierzig Ländern und mindestens doppelt so vielen Gepäcklaufbändern, flog ich vom Flughafen Berlin-Tegel nach Amsterdam. Damals ahnte ich noch nicht, dass in der niederländischen Hauptstadt eine ganz neue, aufregende Geschichte ihren Anfang nehmen würde. Aus dem Dream-Team Karl mit Rucksack wurde das schwule Männerpaar auf Reisen.

## Auf den Spuren eines folgenschweren Aufstands

Über fünfzig Jahre ist es her, dass die Gay Liberation, die schwule Befreiungsbewegung, in New York ihren Anfang nahm. Fünfzig Jahre, in denen Aktivistinnen, Aktivisten und Mitglieder der LGBTQ+-Community nicht müde wurden, nicht müde werden, sich für gleiche Rechte, Freiheit und Akzeptanz für lesbische, schwule, bisexuelle, transidente und queere Personen einzusetzen.

Daan genießt die Sonne vor Pinky's Space in Greenwich Village.

Etwa fünfzig Jahre später liefen Daan und ich in kurzen Hosen, Socken mit kleinen Regenbogen-Aufnähern und einer Kamera um den Hals die Treppe von der U-Bahn hinauf. Wir beide waren ziemlich aufgeregt, zusammen in New York zu sein und den Spuren der modernen LGBTQ+-Community zu folgen.

»Eigentlich sollte Greenwich Village besser queeres Viertel genannt werden«, murmelte Daan mit immer nachdenklicher werdendem Blick in seinen dichten roten Vollbart. »Schließlich wohnt hier nicht nur die schwule Community von New York, sondern auch viele andere queere Menschen.« Recht hatte er. Augenscheinlich war das ganze schwule Stadtviertel in Manhattan regenbogenbunt und aufgeschlossen. Zahlreiche Regenbogenfahnen hingen von Balkonen, queere Menschen jeden Geschlechts, jeder Geschlechtsidentität, jeder ach so individuellen Manier, sich zu kleiden oder zu schminken, saßen schnatternd in den zahlreichen Cafés am Straßenrand. Und kleine Regenbogenaufkleber zierten die Eingangstüren der Lokale und Geschäfte in der ganzen Nachbarschaft. Mittendrin, irgendwo in diesem kunterbunten Mix aus Autos, Menschen und Fahnen, liefen wir, ein schwules Männerpaar, Hand in Hand die breiten Straßen entlang. Immer wieder bogen wir in mit alten Bäumen begrünte Seitenstraßen ab, um noch mehr von dem New Yorker Leben einzufangen. An jeder Ecke roch es anders, nach indischem Curry, Frittiertem oder einer Pizza. Und immer dann, wenn wir an den Straßenübergängen für die großen, vorbeibrummenden SUVs stehen blieben, gaben wir uns einen flüchtigen Kuss – und niemanden schien das zu stören. Im Gegenteil.

Queere Paare kamen uns entgegen und der ein oder andere bärtige Mann warf uns im Vorbeigehen ein verschmitzt-charmantes Lächeln zu. Wir waren auf dem Weg zum Stonewall Inn, einem der für die LGBTQ+-Community wichtigsten Orte in den USA, vielleicht sogar auf der ganzen Welt.

## PIZZA FÜR EINEN US-DOLLAR

Unser bevorzugter Boxenstopp, wenn wir die Straßen von New York erkundeten, waren die Pizzerien, in denen man ein Stück Pizza schon für einen US-Dollar bekam. Für den kleinen (und großen) Hunger zwischendurch. Unser Highlight war die Bleeker Street Pizza in der Nähe vom Stonewall Inn.

bleeckerstreet
pizza.com

Doch anstatt mit der Kamera die Sehenswürdigkeiten der Umgebung festzuhalten, nutzten Daan und ich die Zeit, uns darüber zu unterhalten, wie es damals, also in den Fünfziger- und Sechziger-jahren, wohl gewesen sein musste, homosexuell zu sein. In einer Zeit, in der Begriffe wie »gay« oder »queer« fast ausschließlich Schimpfwörter waren.

»Kannst du dir eigentlich vorstellen, dass wir so, wie wir gerade unterwegs sind, also Händchen haltend, dass man uns für dieses Verhalten damals eingesperrt hätte?« Ich blickte in ein betroffenes Gesicht. »Ich weiß nicht, wie ich das überlebt hätte. Oder wären wir bereits mit Frauen verheiratet? Würden wir uns heimlich mit Männern treffen?«

Daan antwortete: »Wahrscheinlich würden wir jeden Tag aufs Neue schauspielerische Höchstleistungen vollbringen, vollbringen müssen. Unsere Gedanken und Gefühle würden wir, denke ich, in der Öffentlichkeit verstecken. Doch alles das aufgeben, was mich ausmacht, wofür ich heute stehe, nur um das Gesicht und den Status in der Gesellschaft nicht zu verlieren? Ich kann mir das auch nicht vorstellen.«

»Und wenn dein Überleben davon abhinge, egal wohin du auswandern würdest?«, fügte ich hinzu.

»Mmmhh, guter Punkt. Zum Glück müssen *wir* diese Entscheidung nicht treffen.«

Mit den Augen erkundeten wir weiter die Umgebung und sahen dieses Stückchen New York plötzlich aus einer ganz anderen Perspektive. »Wir würden uns wahrscheinlich nicht einmal kennengelernt haben«, erwiderte Daan.

Reisen als offen schwul lebendes Paar bringt uns ein Stück näher zusammen und lässt uns über die eigenen Erfahrungen nachdenken und jedes Reiseziel mit ganz persönlichen Erlebnissen in Verbindung bringen. Für unsere New-York-Reise ist es unser Besuch des Stonewall Inns. Stehen die letzten Junitage des Jahres 1969 und die Unruhen im und vor dieser Bar doch für den Beginn der modernen LGBTQ+-Rechtsbewegung, mit der Befreiungsbewegung der Homosexuellen ganz am Anfang.

Doch war das wirklich so?

# WORLDPRIDE, EUROPRIDE, INTERPRIDE

Pride-Paraden gibt es überall auf der Welt. Die Demonstrationen tragen entscheidend dazu bei, die Rechte der LGBTQ+-Community zu stärken und für eine größere Akzeptanz zu sorgen. Aber eine Pride-Veranstaltung in New York, Tokio oder Berlin bedeutet noch längst nicht, dass Homo- oder Transphobie dort oder anderswo auf der Welt kein Problem mehr darstellen. Erinnerten CSD-Veranstaltungen in den Neunzigerjahren und Anfang des 21. Jahrhunderts manchmal an eine Berliner Loveparade, werden diese aktuell wieder politischer, was damit zu tun hat, dass Rechtpopulismus, Antisemitismus, Rassismus und Sexismus erneut zunehmen, sogar rechte Parteien sich als offen schwulenfeindlich positionieren. Im Mittelpunkt der meisten Prides steht nach wie vor die Pride-Parade, bei der die LGBTQ+-Gemeinschaft und ihre Verbündeten zusammenkommen und die Bedeutung der Vielfalt demonstrieren. Seit 1991 wird der Titel »Europride« jährlich an eine europäische Stadt vergeben, die neben der traditionellen Pride-Parade mehrere sportliche, künstlerische und auf Menschenrechte ausgerichtete Veranstaltungen organisiert. Der WorldPride wird seit 2000 in unregelmäßigen Abständen von Ländern wie Italien, Israel, dem Vereinigten Königreich, Kanada, Spanien und den Vereinigten Staaten veranstaltet. 2019 feierten New York und die ganze Welt anlässlich des fünfzigstens Jahrestags der Stonewall-Aufstände auf der Christopher Street die größte internationale Pride der Geschichte. Allein in Manhattan nahmen fünf Millionen Menschen an ihr teil. 2021 richteten Dänemark und Schweden die Veranstaltung zum ersten Mal gemeinsam aus. Wie einmal vom Schwulen Netzwerk NRW gesagt wurde, bleiben Prides authentisch und erfolgreich, wenn sie stets Repression und Verfolgung in Vergangenheit und Gegenwart thematisieren und über den Tellerrand hinausschauen.

Video
Pride-Paraden
weltweit

## Manhattan – flog ein Backstein oder ein Stöckelschuh?

Historiker, die sich intensiv mit dem Leben von Lesben, Schwulen, Transidenten und Queers beschäftigt haben, weisen jedoch darauf hin, dass die Bestrebungen für Gleichberechtigung bereits viele Jahre vor 1969 ihren Anfang nahmen. Schon im späten 19. Jahrhundert, 1897, um genau zu sein, gründete Magnus Hirschfeld in Berlin zusammen mit Max Spohr, Franz Joseph von Bülow und Eduard Oberg das Wissenschaftlich-humanitäre Komitee, die erste Schwulenrechtsorganisation der Welt. Mit dem Beginn von Nazi-Deutschland erlebten Homosexuelle, die in den Zwanzigerjahren eine bunte Subkultur geschaffen hatten und kaum verfolgt wurden, einen herben Rückschlag. Die gesellschaftliche Meinung wurde politisch motiviert, es wurde denunziert, und Homosexuelle wurden kriminalisiert, ihnen wurde nachgestellt und sie wurden an der Seite von Juden und anderen »ungewollten« Minderheiten in Konzentrationslager verschleppt. Man geht davon aus, dass bis zu 10 000 Männer mit dem Rosa Winkel im Rahmen des Holocausts den Tod fanden.

Dieses Erbe als Deutscher beeinflusst mein und unser Handeln und Denken bis heute. Nicht nur, weil ich aus Deutschland komme, sondern

Verhaftet, gefoltert oder getötet: in Gedenken an verfolgte LGBTQ+

weil wir als schwule Männer in der damaligen Zeit dieser verfolgten Minderheit angehören würden. Sensibel gegenüber dieser Geschichte und mit den eigenen Erfahrungen, als schwuler Mann beschimpft und verfolgt zu werden, bin ich mir gleichzeitig meiner Verantwortung bewusst, etwas dafür zu tun, dass diese Grausamkeiten nicht erneut geschehen werden. Nicht in Deutschland und nirgends auf dieser Welt.

Es dauerte seine Zeit, bis sich die Situation für Schwule und Lesben nach dem Zweiten Weltkrieg wieder beruhigte. Die ersten Schritte setzten dann auch Homosexuelle in den USA in Richtung Gleichstellung mit der »Homophilenbewegung« zwischen 1951 und 1971. Mit dem Begriff »homophil«, was so viel bedeutet wie »dem Gleichen zugewandt«, versuchten schwule Männer, den Fokus von ihrer Sexualität abzulenken und rechtliche Probleme und politische Verfolgung zu vermeiden. Bereits 1951 wurde unter dieser Prämisse in Los Angeles die Mattachine Foundation gegründet, mit dem Ziel, die Rechte schwuler Männer zu schützen und zu verbessern. Nur zwei Jahre später folgte die Mattachine Society, die sich in den ganzen Vereinigten Staaten ausbreiten konnte. Doch auch lesbische Frauen begannen sich zu organisieren. Mit den Daughters of Bilitis wurde 1955 die erste amerikanische Lesbenorganisation ins Leben gerufen.

Doch bei allen Fortschrittsgedanken und erfreulichen Entwicklungen dieser Zeit darf nicht vergessen werden, dass Homosexualität noch bis zum 17. Mai 1990 von der WHO, der Weltgesundheitsorganisation der UNO, als Krankheit eingestuft wurde. In Deutschland wurden einige Männer bis in die Neunzigerjahre hinein aufgrund ihrer Homosexualität ausgemustert. Auch in den USA galten verschiedene Gesetze und Regulierungen, die die Rechte für Homosexuelle einschränkten und teilweise illegalisierten. So war es in den frühen Sechzigerjahren im Bundesstaat New York sogar illegal, als schwuler Mann in einer Bar Alkohol zu trinken (wenn man ihn denn als solchen erkannte). Es ging sogar so weit, dass jede Bar oder jedes Restaurant wegen »ungebührlicher Verhaltensweisen« von der Polizei durchsucht oder geschlossen werden konnte. Auch wenn sich dieser Zustand ab 1967 entspannte, galt es als äußerst schwierig für Barbetreiber, eine Schankerlaubnis für ein offen schwules Etablissement zu erhalten. Somit lässt sich auch das von der Mafia betriebene Stonewall Inn zum Teil erklären.

Historisch betrachtet, war es damals also gar nicht so ungewöhnlich, dass Polizeirazzien in dieser und anderen Bars der Umgebung stattfanden. Doch der Zusammenprall von lesbischen, transsexuellen und schwulen Gästen mit der Polizei, die unter anderem auch die Personalien der Gäste aufnehmen wollte, schien ein volles Glas zum Überlaufen zu bringen.

Und dann flog der erste Backstein – oder war es doch ein Stöckelschuh? Der Video-Dokumentation *The Stonewall You Know Is a Myth. And That's O. K.* zufolge, die von der *New York Times* gemacht wurde, mit Interviews von Zeitzeugen der Stonewall-Aufstände, wären beide Gegenstände möglich. Der Schuh ist natürlich dramatischer. Wie bei so vielen geschichtlichen Momenten legen ungenaue, unvollständige Aufzeichnungen und sich widersprechende Augenzeugenberichte den Grundstein für Legenden. So auch hier. Das mag vielleicht auch damit zusammenhängen, dass damals nur wenige lokale Medien über die Zusammenstöße berichteten. Doch es dauerte nicht lange, bis sich das Ereignis wie ein Lauffeuer von der New Yorker LGBTQ+-Community in allen Bundesstaaten und weiter bis nach Europa verbreitete.

Bereits im darauffolgenden Monat wurde der erste Schwulenmarsch in New York vom Washington Monument zum Stonewall Inn organisiert – die Schwulenbefreiungsbewegung, auch bekannt als Gay Liberation Front, war geboren. Nur ein Jahr später folgten die ersten Pride-Demonstrationen in Los Angeles, San Francisco und New York City, denen weitere US-amerikanische Städte folgten. Die erste Demonstration der LGBTQ+-Community in Europa fand im November 1970 in London statt, wo zwei Jahre später auch der Begriff »Gay Pride March« zum ersten Mal verwendet wurde. Die erste Demonstration in Deutschland wurde am 29. April 1972 in Münster abgehalten. Bereits am 30. Juni desselben Jahres folgten die ersten Christopher-Street-

## HOMOSEXUALITÄT WELTWEIT

In Europa, speziell in Deutschland, wurden die Ablehnung und Ausgrenzung von Homosexuellen und deren Handlungen seit 1872 per Gesetz festgeschrieben und im Strafgesetzbuch im Paragrafen 175 geregelt. Sowohl die DDR als auch die BRD behielten die 1935 durch die Nationalsozialisten verschärfte Fassung sogar bei. Jedoch wurden die Verfolgungen und Verurteilungen unterschiedlich gehandhabt und die Formulierungen im Laufe der Zeit mehrfach geändert. Erst einige Jahre nach der Wiedervereinigung, 1994, wurde der Paragraf 175 ersatzlos gestrichen. Heute wird jedes Jahr am 17. Mai (17.5., in Anspielung auf den Paragrafen) der Internationale Tag gegen Homo-, Bi-, Inter- und Transphobie beziehungsweise -feindlichkeit in Gedenken an die WHO-Entscheidung und die Opfer der strafrechtlichen Verfolgung gefeiert. Dazu hängen wir unsere Regenbogenfahnen aus dem Fenster, posten ein Kussbild mit dem Regenbogen und versuchen so, ein motivierendes Zeichen zu setzen, um weiter gegen die noch immer herrschenden Ungerechtigkeiten und weltweiten Verfolgungen von queeren Menschen zu kämpfen.

Kuss vor dem Graffiti
von Hektad

Day-Demonstrationen in Bremen, Berlin, Köln und Stuttgart. Heute können LGBTQ+-Reisende an über sechzig CSD-Demonstrationen für gleiche Rechte oder für die Anpassung der Gesetze für Transidente und Regenbogenfamilien in ganz Deutschland teilnehmen.

Von Angst oder Unterdrückung konnten wir im queeren Stadtviertel Manhattans zum Glück nichts mehr wahrnehmen. Keinen einzigen Gedanken mussten wir daran verschwenden, aufzupassen, ob irgendjemand unser Händchenhalten als Provokation aufnehmen und uns physisch oder verbal angreifen könnte. Wie selbstverständlich schlenderten wir vorbei an markanten Hochhausbauten, Eingängen zur Untergrundbahn und zahlreichen Graffiti, die so manch eintönige Häuserfassade in ein lebendiges Kunstwerk verwandelten. Homosexuelle und queere Kulturen haben sich im heutigen New York – wie in vielen Großstädten weltweit – gesellschaftlich etabliert, vor allem in den Stadtteilen Greenwich Village, Chelsea, Brooklyn und auch Queens. Darauf sind die Menschen, die hier wohnen, sichtlich stolz. So auch Meg, eine US-amerikanische Frauen- und Lesbenaktivistin, die wir einmal in Kanada kennengelernt hatten. Die temperamentvolle und selbstbewusste Frau hat den Blog »EveryQueer« und erzählte uns: »Ich liebe meine Stadt und bin besonders stolz darauf, wie sich die Community in New York City in den letzten Jahrzehnten verändert hat und mehr und mehr zu einer queeren Community geworden ist. Außerhalb der Stadtgrenzen, wie in so vielen anderen Metropolen auch, haben es LGBTQ+ jedoch immer noch deutlich schwerer, Gleichgesinnte zu finden und sich in einer queeren Kultur sicher aufgehoben zu fühlen.«

New York City war immer anders und in gewissen Themen dem Rest der USA voraus. Vor allem im ländlichen Raum und den besonders religiös geprägten Gebieten in den Südstaaten, im sogenannten Bible Belt (Bibelgürtel), herrscht weiterhin eine grundsätzliche Ablehnung von queeren Lebensweisen vor, was das Leben der dortigen LGBTQ+-Community bis heute maßgeblich beeinflusst. Wir konnten uns bisher allerdings noch nicht vor Ort überzeugen und hoffen, dies in den nächsten Jahren nachholen zu können. Vor allem in den Gegenden, die in Reichweite von Großstädten liegen, scheint es sich mit einer wachsenden Offenheit der jüngeren Generation langsam zu verändern.

Hand in Hand durch
New York Citys Straßen

## Das Stonewall Inn, die Mafia und Barack Obama

»Hey Karl, alles in Ordnung, du bist auf einmal so still?« Daan schaute mich mit leicht besorgtem Gesichtsausdruck an.

»Ja, alles in Ordnung«, antwortete ich kurz. »Bin wohl ein wenig in Gedanken versunken. Ich kann es immer noch nicht glauben, dass ich wirklich hier bin. Aber alles gut.« Mit einem kurzen Händedruck und einem Nicken gab ich Daan zu verstehen, dass dieser Augenblick ein außergewöhnlicher für mich ist.

»Kein Problem! Ich geh schon mal auf die andere Straßenseite und positioniere die Kamera. Ich ruf dich, wenn ich so weit bin, okay?«

Emotional aufgewühlt starrte ich auf das rote Backsteingebäude, das mit unzähligen Regenbogenfähnchen geschmückt ist. Ein Wirrwarr aus traurigen und schönen Erinnerungen ging mir durch den Kopf. Erinnerungen an meine Kindheit, mein Coming-out, meine ersten Freunde aus der LGBTQ+-Community. Und während ich immer und immer wieder den roten Neon-Schriftzug »Stonewall Inn« im riesigen Schaufenster halblaut vor mich hin las, überkamen mich Wut auf die Ungerechtigkeiten, denen queere Menschen ausgesetzt sind, und Freude über das Erreichte zugleich. Ich war tatsächlich hier, an dem Ort, an dem vor fünfzig Jahren alles begann. Und nicht allein, sondern mit dem Mann meines Lebens an meiner Seite.

Mein Blick wanderte über eine kleine Gedenktafel neben dem Eingang. Was ich in diesem Moment noch nicht wusste: Unter Barack Obama, dem vierundvierzigsten Präsidenten der Vereinigten Staaten, wurden diese von außen so unscheinbar wirkende Gay Bar und der nahe gelegene Park zu einem historischen Monument der USA erhoben. Und die Eigentümer des Stonewall Inns sind sich auch heute noch der besonderen Bedeutung bewusst. Regelmäßige Veranstaltung von und für die LGBTQ+-Community finden genauso statt wie der fortlaufende Barbetrieb. Fotos und Gedenktafeln an den Wänden der Bar und in den Toiletten erinnern zusammen mit weiteren Details an die Geschehnisse Ende Juni 1969. Ein Stück queere Zeitgeschichte, ohne die wir heute vielleicht noch ganz andere Verhältnisse in unserer Gesellschaft bezüglich Homosexualität und anderer Lebensweisen vorfinden würden.

»Ich bin fertig. Mit dieser Einstellung bekommen wir die gesamte Vorderseite des Stonewall Inn auf das Bild. Steck dein Regenbogen-T-Shirt noch in die Hose, und hier hast du dein Regenbogen-stirnband!« Daan lief zu mir rüber und dann zurück zur Kamera, um mich mit gekonnten Handbewegungen in die richtige Position zu manövrieren. Schließlich sollte dieses Erinnerungsfoto auch glücken.

Noch während ich mir das Shirt in die Hose steckte, hörte ich auf einmal ein fast hysterisches Geschrei hinter mir: »Hey Karl, Kaaaaaaaarliii«, rief eine quietschende Stimme.

Ryan. Natürlich. Unseren kanadischen Freund würde ich immer und in jeder Menschenmenge heraushören. Ich hatte die Zeit völlig aus den Augen verloren. Wir waren an diesem Ort mit einigen Reisefreunden für ein Erinnerungsfoto verabredet. Ryan machte den Anfang. Zum ersten Mal begegneten wir dem quirligen jungen Mann mit dem Reiseblog »Out With Ryan« in Stockholm, und seitdem standen wir in engem Kontakt. Kurz darauf traf das lesbisch-queere Paar Maartje und Roxanne aus Amsterdam ein. Beide zählen zu unserem engsten Freundeskreis und inspirieren LGBTQ+-Reisende durch fantastische Fotos auf ihrem Blog »Once Upon a Journey«. Ihnen auf den Fersen folgten Meg und die nicht-binäre Lindsay sowie das lesbische Bloggerpaar von »27 Travel« Gabi und Senna aus New York.

Wir hatten uns alle aufgrund unserer Arbeit als queere Content Creators (Storyteller), LGBTQ+-Reiseblogger und Mitglieder des Netzwerks IGLTA (International LGBTQ+ Travel Association) kennengelernt und besuchten nun gemeinsam New York auf der Suche nach dem Ort, an dem unsere freiheitliche Geschichte ihren Anfang nahm.

**STONEWALL NATIONAL MONUMENT**

Das Stonewall Inn, der gegenüberliegende Christopher Park sowie der angrenzende Häuserblock bilden heute das Stonewall National Monument – das erste in den USA, das auf die Rechte der LGBTQ+-Community hinweist. Eingeweiht wurde es 2016 durch US-Präsident Barack Obama. 2021 kam inoffiziell eine Bronzebüste der Aktivistin Marsha P. Johnson hinzu.

nps.gov/ston/index.htm

Meg, Karl, Bailey, Ryan, Roxanne, Gabi, Senna, Lindsay, Maartje
und Daan (von links) mit einem Stonewall-Inn-Zeitzeugen in der Mitte

Vor fast vier Jahren hatten Daan und ich unseren ersten Artikel auf unserem Reiseblog »Couple of Men« veröffentlicht. Ich arbeitete bereits seit mehreren Jahren als Redakteur, Werbetexter und Übersetzer und Daan als Schauspieler, Theatermacher und Regisseur. Dazu passte unsere Liebe zu Fotografie und Filmen. Et voilà, unser Blog war geboren. Was als persönliches Reisetagebuch mit kurzen Berichten und schönen Aufnahmen begann, entwickelte sich mit der Zeit zu einem Fundus an relevanten Reiseinformationen, die vor allem von schwulen Männern, aber auch von anderen für ihre Reiseplanung genutzt werden.

Nach nur wenigen Monaten wurde uns klar, dass diese Arbeit mehr war als nur ein Hobby. Unser Blog wurde immer bunter, regenbogenbunter, denn wir begannen unseren Fokus – neben fantastischen Reiseabenteuern –, darauf zu legen, ausschließlich LGBTQ+-freundliche Reiseziele vorzustellen, CSD- und Pride-Veranstaltungen zu begleiten und zu bewerben und mithilfe von Journalisten wie Sarah Tekath auf die prekäre Situation queerer Menschen in homophoben Ländern aufmerksam zu machen. Nachhaltiger und bewusster zu reisen und dabei besonderen Augenmerk auf die schwule Kultur zu legen, das bestimmt unsere heutige Arbeit, die hier in New York City kurz vor dem sechsten World Pride eine ganz neue Bedeutung bekam. Was hatten wir in über fünfzig Jahren erreicht? Wie gehen wir damit um, dass aus der Schwulen- und Lesbenbewegung nun eine queere LGBTQ+-Bewegung geworden ist? Was waren unsere nächsten Ziele für Gleichberechtigung, Toleranz und Respekt? Wie unterstützen wir LGBTQ+ in Ländern, in denen auch heute noch queere Menschen verfolgt, eingesperrt und ganz legal hingerichtet werden? Wie stabil und sicher ist die Situation in den Ländern, die als queer-freundlich gelten?

»Alle auf eure Plätze, bitte«, rief Daan von der anderen Straßenseite zu uns herüber, bevor er auf den Selbstauslöser drückte. Aufgedreht begannen wir uns aufzustellen und zu sortieren, den Schriftzug des Stonewall Inn immer gut lesbar im Rücken. Und hätte ich nicht so lachen müssen, weil Ryan wieder einen seiner witzigen Sprüche fallen ließ, hätte ich wahrscheinlich geweint, vor Freude. Die Regenbogenfahne in der einen, meinen Mann in der anderen Hand fühlte ich Stolz in mir aufsteigen. Stolz, ein Teil dieser Freundesgruppe zu sein. Stolz darauf, das Erbe der LGBTQ+-Freiheitsbewegung aus den Sechzigern in die Gegenwart zu holen. Stolz, fünfzig Jahre nach den Aufständen genau an diesem Ort so sein zu können, wie ich bin und nicht beurteilt, verfolgt oder beschimpft zu werden. Den anderen ging es, ihren Gesichtern nach zu urteilen, nicht anders. »Happy Pride!«

Doch wo begann unsere gemeinsame Reise eigentlich? Wo nahm das Abenteuer von »Couple of Men – ein Männerpaar auf Reisen« seinen Anfang?

# DEUTSCHLAND

## Erzgebirge · Dresden · Berlin

Sonnenaufgang im Dresdner Zwinger

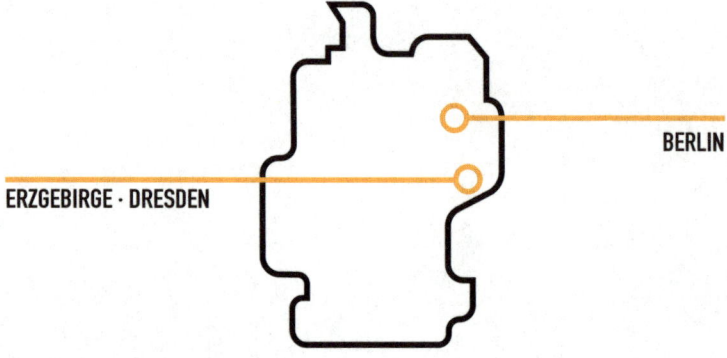

ERZGEBIRGE · DRESDEN

BERLIN

# »DU BIST VERRÜCKT, MEIN KIND, DU MUSST NACH BERLIN«

Es war Ostern 2013 in Berlin, und ich erwartete jeden Augenblick Besuch von meinen besten Freunden Alessandro, Amir, Richard, Martin und Tom. Wir hatten uns in meiner kleinen Wohnung in Berlin-Moabit verabredet. Snacks und Getränke hatte ich vorbereitet und ein paar Outfit-Ideen für die Nacht aufs Bett gelegt. Wir wollten gemeinsam ausgehen, in den berühmt-berüchtigten KitKatClub. Der Abend stand unter dem Motto »Sports Night«, und wir waren in sportlicher Laune nach unseren wöchentlichen Trainingseinheiten auf dem Volleyballfeld. Zusammen mit ein paar weiteren Berliner Volleyballern, allesamt Mitglieder im Berliner Sportverein für Schwule und Lesben, kurz Vorspiel SSL Berlin e.V., spielten wir auf Turnieren gegen andere LGBTQ+-Sportvereine aus ganz Europa.

Madonna sang gerade eine Ballade, als es an der Tür klingelte. Alessandro und Amir waren die Ersten. Wir drei strahlten um die Wette, als Amir eine Flasche Prosecco hinter seinem Rücken hervorzauberte. Aus ihm, einem gebürtigen Berliner mit türkischen Wurzeln, platzten Klatsch und Tratsch schon mit dem ersten Schritt über die Türschwelle heraus. Ich spürte, wie sehr er sich darauf freute, mit

Karl in »seiner« Stadt: Berlin

uns gemeinsam auszugehen. Mit einem Glas Prosecco ließ er sich auf mein Bett fallen, drehte sich auf den Bauch und bewegte seine Beine in der Luft hin und her. Alessandro, ein ruhiger, gebürtiger Italiener, der in Berlin Mode und Fashion Design studierte, setzte sich auf meine Couch. Ihn interessierte das neue Design-Magazin, das auf dem Beistelltischchen lag. Wir drei hatten uns beim Volleyballspielen kennengelernt und dabei sehr schnell bemerkt, dass wir nicht nur auf dem Spielfeld harmonierten.

Kurz darauf standen auch Tom, Martin und Richard vor der Tür. Unser Team für den Abend war komplett. Wir quatschten alle wild durcheinander, einige von uns tanzten zwischendurch zu Lady Gaga, und Alessandro inspizierte meine Outfits. Selten war meine Auswahl gut genug für eine Partynacht mit ihm, schon jetzt war er eben eine echte Fashion-Ikone. Tom und Martin waren ein Paar und die organisatorischen und kreativen Köpfe hinter dem SchwuZ, meinem queeren Lieblingsclub in Berlin. Dort hatte ich die beiden und auch Richard kennengelernt, und so entwickelte sich das SchwuZ zu meiner Stammkneipe, natürlich auch wegen *meiner* Jungs.

## Aufwachsen in einem Land, das es nicht mehr gibt

Mein zwölfjähriges Ich konnte von einer solchen Welt nur träumen, hatte ich doch gerade erst mit dem Volleyballtraining begonnen und war damit beschäftigt, meinen wirren Kopf zu sortieren. Bis zu meinem Coming-out, also über sechs Jahre lang, wusste ich, dass ich mich mehr für Männer und nicht – oder nur sehr wenig – für Frauen interessierte. Gedanken und Gefühle, die ich in mir spürte – eigentlich wollte ich am liebsten einen Freund haben und keine Freundin –, unterdrückte und verdrängte ich. Die einschlägigen Jugendmagazine wie die *Bravo* sprachen von einer Phase, die jeder Jugendliche durchmachen würde. Mir gaben sie (eine falsche) Hoffnung, vielleicht doch *normal* zu sein. Normal im Sinne von, so zu denken und zu fühlen, wie man es von einem heranwachsenden Jungen erwartete.

Das hatte Folgen. Zählte ich anfangs noch zu den Besten meiner Klasse, ließen meine schulischen Leistungen mit der Zeit nach. Gleichzeitig nahmen die Schikanen, die verbalen und nonverbalen Angriffe zu. »Mädchen«, »Schwuchtel«, »Tunte«, »Arschficker« oder »Schwanzlutscher« sind nur einige der Beschimpfungen, die ich in der Schule regelmäßig erdulden musste. Warum? Nun, ich war anders, femininer, hatte lange blonde Haare und definitiv kein Interesse an Dingen, die Jungs (angeblich) so machen, wie etwa Fußballspielen.

Außerdem war ich sehr mit mir beschäftigt, durcheinander, mit mir selbst im Konflikt über meine Gedanken, Sehnsüchte und Zweifel, fühlte mich allein. Und obendrein wollte ich als Mädchen erkannt werden, hätte es mir theoretisch doch die Möglichkeit gegeben, einen Freund zu finden, anstatt einer Freundin. Schwul sein? Das kam damals einfach nicht infrage, nein, das durfte nicht passieren.

Diesen inneren Konflikt mit meinen Eltern oder meinen Freunden teilen, konnte und wollte ich allerdings ebenfalls nicht. Dafür war ich noch zu unsicher wegen meiner Situation. Zumal man sich auf dem Land kannte. Der Karl schwul? Ein solches Geständnis wäre einem Erdbeben gleichgekommen, und das wollte ich meinen Eltern und mir selbst einfach nicht antun. Also behielt ich meine Hoffnungen und Gefühle lieber für mich, in meinem Zimmer, mit Boy-Band-Postern von Take That an den Wänden.

## Ausweg Reisen – nur weg aus dem Grauen

Natürlich gab es auch eine Zeit vor meinem sexuellen Erwachen. Aufgewachsen bin ich in der Deutschen Demokratischen Republik. Heute sagen Ossis gern über die DDR: »Damals hatten wir nichts.« Wie wahr dieser Ausspruch tatsächlich ist, kann ich nur vermuten. Doch einige meiner Erinnerungen klingen so unglaublich, dass Daan manchmal extra nachfragt: »Und das war wirklich so? Oder hast du dir das gerade als Scherz ausgedacht?« Unser Spielzeug war grau und noch von den Eltern oder Großeltern. Für neue Anziehsachen und exotische Früchte musste meine Mutter fast einen ganzen Tag in der Schlange stehen. Und die einzige Sendung für Kinder, *Unser Sandmännchen*, an die ich mich im DDR-Fernsehen erinnern kann, kam in Schwarz-Weiß daher (wir hatten einen riesigen russischen Fernseher, riesig im Sinne von schwer und unhandlich).

Und so wuchs ich auf in enger Verbindung zu meinem Bruder Stephan und der Natur, die mich im Erzgebirge so atemberaubend umgab.

Von der Freiheit, ferne Länder zu bereisen und in unbekannte Kulturen einzutauchen, konnten wir nur träumen. Stattdessen verbrachten wir die Ferien bis zu meinem zehnten Lebensjahr zumeist in Deutschland, wahlweise an der Müritz, der Mecklenburger Seenplatte, im Spreewald oder an der Ostsee. Mein Bruder und ich saßen »eingebaut« zwischen Koffern, Einkäufen und Kinder-

**SCHWUZ**

Im SchwuZ, kurz für SchwulenZentrum, fühlte ich mich seit meinem ersten Besuch, damals noch auf dem Mehringdamm neben dem Schwulen Museum Berlin, am wohlsten. Regelmäßige Events, Themenabende und die besten DJs der Stadt machen es zu einem der sichersten Orte für die LGBTQ+-Community und queere Refugees in Berlin.

**schwuz.de**

sachen auf dem Rücksitz, und der Klappfix-Wohnzeltanhänger kam hinten an unseren weißen Trabi 601 – mein Vater musste fast zehn Jahre auf dessen Lieferung warten. Dann ging die Reise los, mit sechzig Stundenkilometern – mit Rückenwind und bergab vielleicht auch mal achtzig – auf der Betonautobahn Richtung Norden. Für einen Trip vom Erzgebirge aus benötigten wir einen vollen Tag.

Viele meiner Erinnerungen aus dieser relativ grauen und ungewissen Zeit beschränken sich demnach auf meine Familie. Meinen Vater, den ich noch nie in meinem Leben ohne einen Vollbart gesehen habe, bekam ich arbeitsbedingt häufig nur am Wochenende zu Gesicht. Diese gemeinsamen Tage verbrachten wir vornehmlich im Wald, suchten Pilze, gingen spazieren. Er war mit Herz und Seele Förster, der immer und überall stolz seinen dunkelgrünen Filzhut trug. Mein Vater liebte den Wald, besonders die Vögel. Wie faszinierend es doch ist, dass er fast alle am Gesang erkennen kann und zu jeder Baumart etwas zu erzählen hat. Geschichtenerzählen, ja, das konnte er, daran kann ich mich noch gut erinnern.

Meine Mutter hingegen, eigentlich eine gelernte Köchin, war zu dieser Zeit, kurz vor der Wende, Hausfrau und Mutter. Zweifelsfrei eine sehr herausfordernde Aufgabe, vor allem, wenn man noch in sogenannter Heimarbeit – heute würden wir es wahrscheinlich Homeoffice nennen – mechanische Kleinteile mit der Lupe für die Feinmechanik Firma im Ort herstellte. Und »nebenbei« noch zwei Kinder großzog. Mein zwei Jahre jüngerer Bruder und ich hatten ein sehr enges Verhältnis zu unserer Mutter. Auch wir verbrachten viel Zeit in der Natur, mit Basteln und Zeichnen ... und Essen. Noch heute besprechen wir bereits vor einem Trip in die Heimat den Speiseplan für die Zeit zu Hause.

Stephan und ich hatten häufig die gleichen Kinderklamotten an und viele hielten uns deshalb auch für Zwillinge. Und während ich meine erste Puppe, Klara, von meiner Mutter erhielt – sie hatte lange schwarze Haare und einen blau-pinkfarbenen Body an –, bekam mein Bruder den alten Teddybären meines Vaters zum Spielen und Kuscheln. Ich jedenfalls hatte gegen die Puppe nichts einzuwenden gehabt.

Die Welt, in der ich aufwuchs, war alles andere als weltoffen. Es ging ums Anpassen, Hineinpassen, Dazugehören, ja nur nicht auffallen und ja nicht aus der sozialistischen Reihe tanzen. Kurzum, nicht anders zu sein als normal. Sonst stand die Stasi, das Staatsministerium für Sicherheit, vor der Tür – oder hörte mit und überwachte. So wurden bereits meine Eltern erzogen. Und diese Ansichten und Weltvorstellungen gaben sie an Stephan und mich weiter. Sie kannten ja nichts anderes. Westliches, offenes Gedankengut konnte nur in engen Schranken, in den Kellern und Gartenhäuschen in einigen Großstädten, ausgelebt werden. Nicht aber in einer kleinen Gemeinde, in der jeder jeden kannte und in der man sprichwörtlich als Letztes von einer Neuigkeit aus der weiten Welt erfahren würde.

Und dann kamen der Fall der Mauer und die Wende. Und ich hatte Schuleinführung, 1990. Schon als Sechsjähriger, mit der riesigen Zuckertüte im Arm, bemerkte ich, dass etwas anders war. Die Verpackungen von Süßigkeiten, Schokolade, Schul- und Spielsachen, mit denen meine riesige Zuckertüte vollgestopft war, sahen anders aus, kamen in allen Farben und Formen daher. Sogar in meiner Lieblingsfarbe Pink. Für ganze viereinhalb Wochen ging ich damals noch als DDR-Bürger in die Polytechnische Oberschule Wilhelm Pieck in Schlottwitz. Dann war es vorbei mit der Deutschen Demokratischen Republik. Aus war

Karl und sein Bruder Stephan mit Schultüte im Jahr 1990

der Traum, ein Pionier zu werden, stattdessen gab es eine orange-farbene ADAC-Mütze für die Schulanfänger.

Und noch etwas Entscheidendes sollte sich mit der Eingliederung der DDR-Bundesländer in die Bundesrepublik Deutschland verändern. Wir ostdeutschen Bürgerinnen und Bürger hatten auf einmal die Möglichkeit, nicht nur am westlichen Konsum teilzuhaben, sondern wir durften nun offiziell die ganze Welt bereisen. Wenn ich mir das heute auf der Zunge zergehen lasse:»durften«, dann muss ich schlucken. Und dennoch glaube ich, dass die Möglichkeit, in den Neunzigerjahren endlich überallhin fahren zu können, zu einem der Hauptgründe wurde, weshalb das Reisen ein so wichtiger Teil meines Lebens geworden ist.

## Schwul im Erzgebirge

Für mich fühlte es sich immer so an, dass beide, meine Mutter und mein Vater, schon sehr früh eine gewisse Vorahnung hatten. Gleichzeitig schienen sie alles daranzusetzen, dass ich es eben nicht sein würde, schwul. Noch heute verbindet meine Mutter dieses Wort mit Schmerz und Leid und hat Probleme damit, das Kind – ihr Kind – auch so zu benennen. Meine Eltern wollten, dass ihr Sohn ihre eigenen Erwartungen an das Leben umsetzte: Ich sollte studieren, einen Beruf haben, der mich und meine Familie, also eine Frau und Kinder, ernähren konnte. Natürlich wünschten sie sich auch, dass ich glücklich werden würde.

Meine Familie hat es mir nicht immer leicht gemacht, mich selbst zu finden. Im Gegenteil. Mein Großvater zum Beispiel hatte die Angewohnheit, immer dann den Fernsehsender zu wechseln, wenn bei der wöchentlichen Schlager-Hitparade, Patrick Lindner seinen Auftritt hatte. Dieser hatte sich 1999 in der Öffentlichkeit geoutet und musste daraufhin fast seine Karriere beenden. Warum mein Großvater das tat, kann ich bis heute nicht mit Sicherheit sagen. Seine Motivation nahm er mit ins Grab. Und auch wenn er Daan nach meinem Coming-out als meinen Partner akzeptierte, sprach sein damaliges Handeln Bände. Und das hatte er mir auch noch im Alter von fünfzehn Jahren deutlich vor Augen geführt: Was ich fühlte, war nicht normal. Ich war nicht normal. Man musste es wegschalten.

# ANDERSSEIN IN DER DDR

Natürlich gab es Schwule, Lesben und queere Personen in der Deutschen Demokratischen Republik. Doch ich war noch zu jung, um über diesen wichtigen Teil der queeren Geschichte Deutschlands mehr schreiben zu können. Dokumentationen wie *Unter Männern – Schwul in der DDR* (2012) oder *Out in Ost-Berlin* (2013), die auf der Berlinale gezeigt wurden, legen nahe, dass, auch wenn Homosexualität in der DDR ab 1968 per Gesetz nicht mehr verboten war, die Gesellschaft alle »Quertreiber« des sozialistischen Familienbilds (das ein traditionelles war) aus dem sozialen Leben ausgeschlossen hat. Oder sie wurden von der Stasi überwacht. Allerdings konnten sich vorwiegend in den ostdeutschen Großstädten sogenannte Arbeitsgruppen bilden, die zum Ziel hatten, Homosexualität als Teil des kommunistischen Weltbilds in die gesellschaftlichen Strukturen zu integrieren. Dabei stellt sich heute natürlich die Frage, ob es wirklich das Ziel der LGBTQ+-Community sein sollte, sich anzupassen, sich in bestehende heteronormative Gesellschaftsformen ein-, aber vor allem unterzuordnen. Oder sollten queere Menschen danach streben, dass gerade ihre Lebensweisen und Subkulturen für das akzeptiert werden, was sie eigentlich sind: anders und ein mindestens genauso wertvoller Teil einer aufgeschlossenen, vielfältigen Gesellschaft, ohne sich unterordnen zu müssen?

Nachtleben im wiedervereinigten Berlin

Auch mein Vater tat sich sehr schwer damit, dass ich, sein erstgeborener Sohn, anders war, als er sich vielleicht erhofft hatte. Das war zumindest die Erklärung, die ich mir damals immer einredete. Ich wollte weder ein Motorrad haben, noch lernen, mit Hammer und Säge umzugehen. Und Autos waren mir schnurzegal. Ich hatte andere Interessen, wie zeichnen, singen, tanzen und später Volleyball spielen. Mit diesen Hobbys schien mein Vater nicht viel anfangen zu können, dachte ich jedenfalls, und wollte sie mit ihm daher auch nicht teilen. Das Verhältnis zwischen uns war bis zu meinem achtzehnten Lebensjahr eher angespannt, leider.

Meine Mutter hatte vor allem Angst. Angst davor, dass mir etwas passieren würde und dass ich in einer ohnehin so schwierigen Welt noch einen extra schweren Rucksack zu tragen hätte. Überdies träumte sie von Enkelkindern und einer Schwiegertochter, die mein Vater in einem weißen Brautkleid zum Altar führen würde. Und das erwähnte sie auch, in regelmäßigen Abständen, und fragte, ob ich denn endlich eine Freundin haben würde, oder, ganz direkt, ob ich schwul sei. Schließlich hatte ich, bis auf Mädchen, kaum Jungen als Freunde und

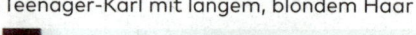

Teenager-Karl mit langem, blondem Haar

spielte fast ausschließlich mit meinen Barbie-Puppen. Doch ich zweifelte an mir, hatte weiterhin Angst, es mir selbst einzugestehen, meine Eltern zu verletzen, auch offiziell und mich selbst als unnormal abzustempeln. Und, aus rein praktischer Sicht, scheute ich die Konfrontation. Also war meine Antwort auf die besorgten Fragen meiner Mutter immer: »Nein, natürlich nicht!«

## »Arsch runter, Arme vor!«

Liebe, Angst, Erwartungen, Vorurteile, Unwissenheit. Sich für Kinder zu entscheiden, bringt immer eine große Verantwortung mit sich und ist für viele Erwachsene wohl die ultimative Herausforderung ihres Lebens. Dabei ist es so wichtig, den eigenen Kindern ein gutes Vorbild zu sein. Könnte ich zurückkreisen in die Vergangenheit und meinen Eltern ein paar wichtige Hinweise mit auf den Weg geben, dann wären es wohl diese drei Dinge:

Erstens: Zeigt mir, wie ich weltoffen, tolerant und selbstbewusst Menschen aller Ethnien, Herkunftsländer, Geschlechter, Geschlechteridentitäten und Ausdrucksformen dieser begegnen kann. Zeigt mir, was möglich ist und wie ich sein darf. Gebt mir die Freiheit, Dinge auszuprobieren, ohne mich zu verurteilen, verändern oder beschützen zu wollen. Eine positive, vorurteilsfreie Umgebung ist ein wichtiger Schritt für viele queere Menschen, den Mut und das Vertrauen zu finden, sich selbst zu verstehen, um Hilfe zu fragen, sich in der Öffentlichkeit zu outen. Ich selbst empfand Tabuthemen immer als Verbot. Etwas, was ich erst beim Schreiben dieser Zeilen so richtig verstand.

Zweitens: Redet mit mir über eure Ängste und hört euch meine Ängste an. Eltern besprechen ihre Ängste oft unter sich, haben dann allerdings Schwierigkeiten, die richtigen Worte bei ihren Kindern zu finden. Das ist etwas, was ich nicht nur von meinen Eltern kenne, sondern auch von anderen LGBTQ+-Personen, mit denen ich mich über Herausforderungen beim Outing unterhalten habe. Dabei wäre es mir so wichtig gewesen, meinen Wirrwarr im Kopf mit ihnen zu teilen, gemeinsam zu entflechten, nach Lösungsmöglichkeiten zu suchen und auch einmal von ihnen umarmt zu werden. Und ich bin mir sicher, ich hätte auch die Ängste meiner Eltern besser verstanden.

Drittens: Steht immer hinter mir, wenn ich euch als Rückhalt benötige, und vor mir, wenn ich zu schwach bin, mich selbst zu verteidigen. Auf diesen dritten Punkt konnte ich mich bei meinen Eltern immer verlassen. Sie waren immer für mich da und sind es auch noch heute. Leider ist das für viele queere Menschen nicht die Regel.

Doch es gibt auch die andere Seite der Medaille, denn nicht alle Eltern verstehen, was es für einen jungen Menschen bedeutet, zu merken, dass er oder sie anders ist. Sie reagieren mit Verachtung, Hass, körperlicher und seelischer Gewalt. Im Extremfall werden auch heute noch Jugendliche von ihren Familien verstoßen.

Zusammen mit einem lesbischen Pärchen habe ich selbst zwei Kinder, je ein Kind mit einer der beiden Frauen. Es ist mir daher umso wichtiger, dass ich den beiden alle Werkzeuge an die Hand geben möchte, die ich damals als Kind dringend benötigt hätte, um mich den Herausforderungen als (schwuler) Mann zu stellen. Selbstwertgefühl, Selbstachtung und Selbstsicherheit – komme, was wolle.

Mein Ausweg aus dieser schwierigen Zeit war der Sport, Volleyball, um genau zu sein. Ich war ungefähr zwölf Jahr alt, als mein Vater von einem neuen Volleyball-Team im Nachbarort erzählte. Die Trainerin, Frau Bélafi, die schon zu DDR-Zeiten als eine Koryphäe im Volleyball galt, versammelte gleichaltrige Jungs aus den benachbarten Gemeinden, um ihnen, um uns das Spielen beizubringen. Und wir waren sofort dabei. Denn mein Bruder und ich waren begeisterte Volleyballfans, unter anderem aufgrund der von uns so geliebten japanischen Anime-Fernsehserie *Mila Superstar* mit der zwölfjährigen Volleyballspielerin Mila Ayuhara. Einmal so fliegen und den Ball zu schmettern wie unser Idol, das trieb uns zu Beginn an. Und wir waren gut. Sehr gut sogar. Schon ein Jahr nach Trainingsbeginn gewannen wir mit unserem Team die Silbermedaille bei den Sachsenmeisterschaften unserer Altersklasse in Dresden.

Die Freudentränen unserer Trainerin werden mir wohl mein Leben lang in Erinnerung bleiben. Genauso wie die strengen, aber wirkungsvollen Anordnungen vom Spielfeldrand: »Arsch runter, Arme vor!«, die ich später als Volleyballtrainer gern selbst weitergab.

# LGBTQ+-COMMUNITY IN DEUTSCHLAND

Trotz der Vorbehalte vonseiten der CDU stimmte die Mehrheit der damaligen großen Koalition 2017 für die Legalisierung der gleichgeschlechtlichen Ehe. Seitdem gehört Deutschland laut dem jährlichen Spartacus Gay Travel Index (GTI) zu den queer-freundlichsten Ländern weltweit, allerdings hinter Kanada, Schweden, den Niederlanden, Malta oder Spanien. Vor allem im ländlichen Raum sind Homosexuelle und queere Personen aber auch heute noch Vorurteilen ausgesetzt. In der Öffentlichkeit halten sich hartnäckig Stereotype, die von einseitiger Darstellung in den Medien geprägt werden. Leider gibt es vorwiegend im östlichen Teil der Republik, dort, wo ich aufgewachsen bin, gesellschaftlich rechte Strömungen, die queere Menschen beschimpfen, ausgrenzen und sogar körperlich angreifen. In Berlin, Köln, München, Hamburg oder Frankfurt können sich lesbische, schwule und queere Reisende hingegen wohlfühlen, da diese als die LGBTQ+-freundlichsten Städte in Deutschland gelten. Jedes Jahr werden hierzulande mehr als sechzig CSD-Veranstaltungen organisiert. Über diese Entwicklung freue ich mich besonders.

CSD in Berlin

Doch neben den sportlichen Erfolgen hatte das Volleyballspielen noch weitere Nebenwirkungen. Mein Körper wurde aufgrund des harten Trainings muskulöser, und mein Selbstbewusstsein wuchs mit jeder Medaille, die wir bei den zahlreichen Turnieren abräumten. Zudem entwickelten sich auch erste Freundschaften zu anderen Jungs. Und in der Schule wurde ich zum schnellsten Läufer meines Jahrgangs. Anstelle von Beleidigungen erhielt ich zunehmend Anerkennung, auch von meinen Eltern. Meine Position als Zusteller, auch Spielverteiler genannt, rückte mich als zentrale Figur auf dem Spielfeld ins Rampenlicht. Und das sollte bis zu meinem Abitur 2002 so bleiben. Volleyballspielen wurde mein Ausgleich und zu meinem Lebenshobby.

## Wie lernt man in einer Berggemeinde Männer kennen?

Der schwierigste Teil meiner Lebensreise als schwuler Mann stand mir allerdings noch bevor. Das Coming-out. Doch zuvor musste ich mich zunächst vor mir selbst outen, mir eingestehen, dass ich auf Männer und nicht auf Frauen stehe. Erst dann würde ich den Mut und die Kraft haben, dies auch gegenüber meiner Familie, meinen Freunden, ja, gegenüber der ganzen Welt einzugestehen. Das wusste ich zu diesem Zeitpunkt allerdings noch nicht.

In den letzten Monaten meines achtzehnten Lebensjahrs wollte ich es wissen. Ich wollte mit einem Mädchen Sex haben. Würde alles funktionieren? Würde es so gut sein, wie ich es mir erhoffte? Würde sich in meinem Kopf der Schalter umlegen und ich nicht mehr auf Jungs, sondern nur noch auf Mädchen stehen? Würde ich endlich *normal* werden?

Und dann war es so weit. Über Nacht war ich dann keine Jungfrau mehr. Machen wir uns nichts vor: Natürlich war es aufregend, in weiten Teilen sogar schön. Technisch gesehen gab es auch keine Probleme. Und ich hatte sie, Jenny, gern. Doch irgendetwas fehlte. Der Funke, der besondere Moment, den vermisste ich. Ich war enttäuscht, zumal sich meine Gedanken und Sehnsüchte nicht verändert hatten. War der Schalter in meinem Kopf kaputt oder war ich einfach nur schwul?

Ein paar Wochen später wagte ich es dann, auf GayRomeo, einer Dating-Webseite für schwule Männer, die gerade erst online gegangen war, ein Profil anzulegen. Es war eine ganz neue Idee, eine Webseite zu haben, auf der sich Männer verabreden oder einfach nur chatten konnten. Ich zählte zu den ersten Usern und mit meinen achtzehn Jahren auch noch zu den jüngsten. Wie in aller Welt sollte ich auch sonst in der kleinen Berggemeinde Schlottwitz andere schwule Männer kennenlernen?

## Zum ersten Mal verliebt

Eines Abends, nach tagelangem Chatten, fuhr ich nach Dresden, um mich zum ersten Mal mit einem Mann zu verabreden. Und was soll ich sagen …? Da war er, der Funke, nein, das Feuerwerk. Das Besondere. Leidenschaft. Schmetterlinge. Und die Erkenntnis, dass ich das unbedingt wieder machen wollte. Denn ich hatte mich zum ersten Mal verliebt, so richtig. Mit diesem besonderen Gefühl im Bauch erwuchs in mir ein bisher unbekannter Mut, mein jahrelanges Versteckspiel endlich zu beenden. Es war an der Zeit, es meinen Eltern zu erzählen, nur wie?

Seit jeher hatte ich zu meiner Mutter eine engere Beziehung als zu meinem Vater, verbrachte ich mit ihr doch die meiste Zeit meiner Kindheit. Sie unterstützte meine, für einen Jungen angeblich ungewöhnlichen Vorlieben und Wünsche, wie etwa meine erste Barbie, auch gegen den Willen meines Vaters. Wir hatten es zu unserer wöchentlichen Familienroutine gemacht, an mindestens einem Abend pro Woche über die Schule, die Liebe und meine Freunde zu sprechen. So auch an diesem Abend im Frühjahr 2003. Nur diesmal war etwas anders. Ich war frisch verliebt, motiviert und das Verstecken meiner Gefühle leid. Gleichzeitig wusste ich nicht, wie ich meiner Mutter die Wahrheit über mich beichten konnte.

Während ich noch nach den richtigen Worten suchte, schaute ich in immer feuchter werdende Augen. Sie hatte eine Ahnung. Und dann schoss es einfach so aus mir heraus: »Ich bin verliebt, in einen Mann.« Nach einem kurzen Moment der Stille brach meine Mutter in Tränen aus. Immer wieder wiederholte sie: »Ich wusste es, oh nein, mein Junge.

Weißt du, was du uns damit antust? Was habe ich nur falsch gemacht? Habe ich dich falsch erzogen? Wieso passiert uns das?«

Sie schien verzweifelt und über alle Maßen traurig und enttäuscht zu sein. Mit den Worten »Ich habe dich doch so lieb« umfasste sie mein Gesicht mit beiden Händen. Ich schaute auf ihre tränenüberströmten Wangen, und wir beide fielen uns weinend in die Arme. Es war ausgesprochen dramatisch. Doch ein bisschen Drama gehörte halt dazu.

Schwieriger gestaltete sich das Coming-out vor meinem Vater. Seit dem Outing vor und mit meiner Mutter waren ein paar Tage vergangen. Ich hatte sie gebeten, ihm noch nichts zu erzählen. Ich wollte es unter Kontrolle haben, den passenden Zeitpunkt wählen. Oder diesen letztlich selbst bestimmen. Ich machte kurzerhand einen Termin: nächsten Donnerstag um sechzehn Uhr in meinem Zimmer. Ich hätte etwas Wichtiges mit ihm zu besprechen, sagte ich meinem Vater beim Abendessen. Das war gänzlich neu und unbekannt in unserer Familie, ein Gespräch führen mit Terminansage.

Immer und immer wieder probte ich die Worte, die ich ihm sagen wollte: kurz, knapp, respektvoll, aber deutlich. Denn das war das neue, selbstbewusste Ich. Dachte ich zumindest.

Pünktlich hielt ich mich in meinem Zimmer auf, als ich meinen Vater im Treppenhaus hörte. Noch nie hatte ich eine so große Angst, eine solche Unsicherheit verspürt wie in diesem Augenblick. Ich saß auf meinem kleinen Sofa und starrte auf die Türklinke. In dem Moment, als mein Vater eintrat, fing ich an zu weinen, so groß war die Anspannung. Ich hatte ja keine Ahnung gehabt, welche große Bedeutung es für mich haben würde, ihn nicht mehr zu belügen, ihm nichts mehr vorzuspielen, ihm einfach nur die Wahrheit zu sagen und dafür akzeptiert zu werden.

Mein Vater nahm auf dem Stuhl neben meinem Sofa Platz. Geduldig wartete er auf das, was ich zu sagen hatte. Leichter gesagt als getan. Ich hatte mich nämlich in der Zwischenzeit in einen richtigen Heulkrampf hineingesteigert und bekam, bis auf ein paar Wortfetzen, nichts zustande. Heute denke ich, dass mein Vater bereits wusste, was ich eigentlich erzählen wollte, warum ich diesen Termin gemacht hatte und jetzt so verzweifelt nach den passenden Worten suchte.

Doch in diesem Moment ließ er mich weinen. Ich probierte es wieder und wieder, schämte mich dafür, dass ich nicht stark genug war, es herauszubringen. Schließlich sammelte ich meine letzten Kraftreserven und schrie es förmlich in mein Zimmer: »Ich bin verliebt in einen Mann, ich bin schwul«, um danach mein Gesicht in einem Kopfkissen zu vergraben. Diese Worte veränderten mein Leben. Es gab kein Zurück mehr. Von nun an hatten meine Eltern einen schwulen Sohn. Vor Furcht konnte ich meinem Vater nicht ins Gesicht schauen. Doch ich wollte eine Antwort hören, auf eine Frage, die ich laut nicht gestellt hatte: »Papa, ist das okay? Hast du mich noch lieb?«

Mein Vater schaute emotionslos und doch irgendwie nachdenklich auf den Boden meines kleinen, mit Laminat ausgelegten Zimmers. Auch er konnte mir nicht in die Augen sehen. »Ja, ich weiß jetzt nicht, was ich sagen soll.« Nach ein paar nervösen Handbewegungen stand er auf und ging in Richtung Tür. Für einen kurzen Moment blieb er mit der Klinke in der Hand stehen. Dann drehte er sich mit Tränen in den Augen zu mir um: »Ich war dabei, als du geboren wurdest. Ich habe dein Händchen gehalten, als du krank warst. Ich werde immer hinter dir stehen. Du bist mein Sohn und du wirst immer mein Sohn bleiben.« Mit diesen Worten verließ er mein Zimmer. Es war vorbei.

Und obwohl ich erleichtert war, dass mich meine Eltern nicht einfach so vor die Tür setzten und unser gemeinsames Leben irgendwie weiterging, distanzierte ich mich in den darauffolgenden Wochen von ihnen. Ich fühlte mich unwohl in ihrer Gegenwart. Beobachtet. Verurteilt. Sie hatten Fragen, vor allem meine Mutter, über mein »neues Leben«, meinen ersten Freund. Es schien, dass wir nicht die richtigen Momente und die richtigen Worte fanden, um uns darüber unterhalten zu können. Fast war es so, als ob ich zu einer fremden Person in meiner eigenen Familie geworden war. Meine Gedanken drehten sich die ganze Zeit darum, was meine Eltern gerade von mir denken würden. Was malten sie sich aus? Überlegten sie, wer ich (geworden) war, was ich machte und warum ich ihnen erst jetzt davon erzählt hatte?

Zeit, wir benötigten Zeit, um uns alle an diese neue Situation zu gewöhnen und einen ganz neuen Weg zu finden, miteinander zu reden, auch über schwierige Themen wie etwa Safer Sex, und auch darüber, wie meine weitere Zukunft nach dem Zivildienst aussehen könnte. Den schwierigsten Teil meines Coming-out hatte ich aber gemeistert. Mehr oder weniger gut, aber umso emotionaler und mit dem nötigen Drama. Ich war frei, hatte mein schwules Leben noch vor mir und musste mich nicht mehr verstecken. Den Rucksack voller Wackersteine, ihn musste ich nicht mehr tragen.

Heute, über fünfzehn Jahre später, ist Daan für meine Eltern praktisch ihr dritter Sohn. Immer wieder erzählen sie, wie froh sie sind, dass ich mit Daan an meiner Seite glücklich bin.

## Regenbogen im Aufklärungsunterricht

Meine Vergangenheit war mit meinem Schulabschluss und meinem Coming-out aber noch nicht abgelegt. Im Gegenteil. Die schwierige Situation an meiner früheren Schule beschäftigte mich auch weiterhin. Nur weil ich die Hänseleien nicht mehr ertragen musste, bedeutete es noch lange nicht, dass es nicht noch mehr junge queere Menschen gab, die tagtäglich diesen traumatisierenden Demütigungen ausgesetzt waren und auch in Zukunft ausgesetzt sein würden. Ich wollte das ändern.

Nur wenige Wochen nach meinem Coming-out rief ich meine ehemalige Tutorin am »Glückauf«-Gymnasium in Altenberg an, als Biologie- und Vertrauenslehrerin hatte sie immer ein offenes Ohr für die Probleme der Schüler gehabt. Ich wollte von ihr wissen, warum wir damals dem Thema Homosexualität im Aufklärungsunterricht gerade einmal fünfzehn Minuten widmeten, obwohl es so viel über die Vielfalt der LGBTQ+-Community zu erzählen und zu lernen gäbe. Nach mehreren Gesprächen entschieden wir uns, einen Testlauf zu machen. Ich hatte einen ausführlichen Vortrag vorbereitet, mit dem ich ihre sechste Klasse über das Thema Homosexualität und HIV aufklären wollte. Konnte das wirklich wahr sein? Ich würde aktiv dazu beitragen, das Leben von ein paar queeren Jugendlichen einfacher, besser zu machen. Motiviert nahm ich die Herausforderung an.

Da stand ich nun, vor dem Lehrerzimmer meiner alten Schule. Ungewohnt war es allerdings schon, nicht als Schüler vor der Tür zu stehen, sondern gemeinsam mit den anderen Lehrerinnen und Lehrern, die ich noch aus meiner Schulzeit kannte, vor Schulbeginn einen Kaffee zu trinken. Dann sollte es losgehen. Beim Betreten des Biologie-

Karl auf seinem ersten CSD in Dresden für den Gerede e.V.

zimmers blickte ich in überraschte Gesichter und hörte Gekicher aus
den hintersten Reihen. Ich nahm einen tiefen Atemzug und begann:
»Mein Name ist Karl, und ich bin schwul.«

Fragen über Fragen strömten auf mich ein. Ich konnte meinen Vortrag nach nur wenigen Minuten eigentlich beiseitelegen, denn das Einzige, was diese jungen Geister interessierte, waren meine Antworten
auf ihre Fragen. »Wie ist es, schwul zu sein? Wie war dein Coming-out?
Wie hat man Sex als schwuler Mann? Stimmt es, dass …?« Die Klas-
senbesten in der einen Ecke, die Krawall-Jungs in der anderen und
die Neugierigen in der Mitte – sie alle hatten etwas gemeinsam: Sie
hatten Fragen, auf die sie bisher keine Antworten erhalten hatten. Weder von ihren Eltern noch von den Lehrern, die das Thema Homosexualität mit den Wörtern »die gebrauchen einfach andere Körper-
öffnungen« am Ende des Sexualkundeunterrichts überflogen. Mit ein
wenig Humor und harten Fakten war es mir gelungen, die Klasse dafür
zu interessieren, dass sie ihre heteronome Welt hinterfragten und der
LGBTQ+-Community unvoreingenommener begegneten. Ich konnte

sie dafür sensibilisieren, Mitschülerinnen und Mitschüler beim Outing zu unterstützen.

Meine ehemalige Lehrerin führte mich mit dem Pausenklingeln zurück ins Lehrerzimmer. »Gut gemacht«, meinte sie. Im Lehrerzimmer sollte dann etwas Bemerkenswertes passieren. Mehrere Lehrkräfte kamen auf mich zu. Sie wollten ihre eigenen Unterrichtsstunden ausfallen lassen und es mir dadurch ermöglichen, in noch mehr Schulklassen mein Anliegen zu »unterrichten«. Für die Schülerinnen und Schüler bedeutete das: kein Englisch, kein Mathe und kein Gesellschaftskundeunterricht für diesen Tag. Für die nächsten sieben Stunden stand mein Aufklärungsunterricht auf der Tagesordnung.

Wie ein Lauffeuer verbreitete sich die Nachricht über meinen Besuch an der Schule. Überall schauten Köpfe aus den Klassenzimmern, als ich von einer zur nächsten Klasse eilte. »Ist das der Schwule?« Als Schüler war ich vornehmlich damit beschäftigt gewesen, mich selbst zu verstehen und den Anfeindungen auszuweichen. Was mich vor meinem Outing in meiner Schulzeit also noch gestört hätte, erfüllte mich an diesem Tag mit Stolz. »Ja, ich bin der Schwule.«

In meiner letzten Stunde, es war wohl eine zehnte Klasse, erlebte ich einen ganz besonderen Moment. Im Laufe der fünfundvierzig Minuten stellte sich ein Mädchen als besonders wissbegierig heraus, schließlich wagte sie den für sie folgenreichen Schritt und sagte: »Ich bin lesbisch.« Einige in der Klasse wussten offenbar bereits davon. Doch für die Mehrheit war dieses Bekenntnis unerwartet. Auch für mich. Dennoch stimmte es mich nachdenklich. Was würde mit dem Mädchen passieren? Wie würden ihre Klassenkameraden morgen und in Zukunft reagieren? Wer würde es auf seiner schwierigen Reise begleiten?

Etwas besorgt erzählte ich meiner einstigen Tutorin davon. Sie sagte: »Du machst dir zu viele Sorgen, Karl. Natürlich werde ich auf sie schauen und auch meine Kolleginnen und Kollegen davon

**HILFE &
BERATUNG
FÜR LGBTQ+**

In Deutschland können Lesben, Schwule, Bisexuelle sowie transidente und intergeschlechtlichen Menschen Hilfe bekommen und Beratungsangebote wahrnehmen. Neben dem Lesben- und Schwulenverband in Deutschland (LSVD) vertreten lokale Organisationen die Belange von LGBTQ+-Personen, unabhängig von Alter oder Herkunft.

lsvd.de

unterrichten. Du hast nicht nur den Schülerinnen und Schülern am heutigen Tag die Augen
geöffnet, wir als Lehrkräfte müssen uns ebenfalls dieser Aufgabe bewusster sein.« Ihre Worte
inspirierten mich, sie ließen ein Gefühl aufkom-
men, das mich bis heute an die Gründe für meine
Arbeit erinnert.

## Der bunte Weg zum LSBTQ+-Aktivisten

Der Aufklärungsunterricht an meiner ehemaligen Schule war erst der Anfang meiner Arbeit
als LGBTQ+-Aktivist. Mit der neuen Energie kam die Motivation, und ich wollte noch
mehr jüngeren queeren Menschen dabei helfen,
die Herausforderungen des Alltags zu meistern und gleichzeitig für mehr Rechte für die
LGBTQ+-Community einzutreten. Ich ließ das
Erzgebirge hinter mir und zog in die Stadt, nach
Dresden, um nach meinem Zivildienst eine Ausbildung zum Gesundheits- und Krankenpfleger zu
machen und endlich mein Leben als schwuler Mann zu
beginnen. In Dresden lernte ich auf einer queeren Party im alternativen Stadtteil Neustadt meinen ersten richtigen Freund kennen. Er
arbeitete für den Gerede e.V., die größte ostdeutsche Vereinigung für
die LGBTQ+-Community außerhalb von Berlin, mit Aufklärungs-
projekten an Schulen, Mitorganisation des CSD Dresden und einem
professionellen Beratungsangebot für Menschen mit vielfältigen Lie-
bes- und Lebensweisen. Hier traf ich gleichgesinnte Menschen und
engagierte mich ehrenamtlich.

Meinen ersten CSD erlebte ich übrigens in Dresden als Teil des Vereins, für den ich Regenbogenfahnen, Sticker, Magnete, Trillerpfeifen
und andere Pride-Artikel verkaufte. Damals, 2004, war es beinah un-
möglich, diese Gegenstände zu erstehen. Einflussreiche Unternehmen
hatten das Potenzial der LGBTQ+-Community noch nicht erkannt
und waren sehr zurückhaltend, Pride-Veranstaltungen zu bewerben

**GEREDE E.V.
IN DRESDEN**

Nach meinem
Coming-out engagierte
ich mich ehrenamt-
lich beim Dresdner
Verein für sexuelle und
geschlechtliche Vielfalt
sowie deren Ange-
hörige und wurde im
Verlauf meiner Arbeit
zum Vorstand gewählt.
Der Gerede e.V. bietet
Begegnungs- und Bera-
tungsmöglichkeiten
und organisierte über
sechzehn Jahre lang
das Schulprojekt »Res-
pekt beginnt im Kopf«.

**gerede-dresden.de**

oder gemeinnützige Arbeit wie die des Vereins Gerede zu unterstützen. Kaum eine Firma schmückte zu dieser Zeit den eigenen Internetauftritt aus Solidarität mit einer Regenbogenfahne, und Politiker in Berlin hatten erst drei Jahre zuvor entschieden, die Regenbogenfahne vor dem Berliner Roten Rathaus zu hissen. Es war eine andere Zeit, in der Unternehmen noch den Verlust von Kunden befürchteten, sollten sie sich für die Belange von LGBTQ+-Menschen einsetzen. Dafür gab es aber uns.

Es war großartig und gleichzeitig ein wenig befremdlich, Händchen haltend durch die Straßen zu laufen und von verständnislos dreinblickenden Dresdnern angestarrt zu werden. Als wäre man im Zoo. Das positive Gefühl behielt jedoch die Oberhand, als wir vom Albertplatz in der Dresdner Neustadt zum Altmarkt in der Altstadt marschierten, mit Trillerpfeife im Mund und Regenbogenflagge in der Hand. Noch nie hatte ich einen so großen Umzug und so viele queere Menschen auf einmal gesehen, strahlende Gesichter bei strahlendem Sonnenschein. Buhrufe rechter Gegner am Rand der Parade beantwortete der vorbeiziehende Korso mit lautem Hupen, fröhlichem Gesang und engagiertem Klatschen. Die finale Kundgebung auf dem Albertplatz machte uns Mut, weiterzukämpfen und konservativen und rechten Strömungen die Stirn zu bieten.

## Schwul-lesbischer Volleyball in Dresden und Berlin

Auf diesem CSD lernte ich auch Ralph kennen, einen kleinen, untersetzten, glatzköpfigen Mann, der mir ins Auge fiel, weil ich versuchte, die Aufschrift seines T-Shirts zu entziffern. Er reckte sein Bäuchlein in meine Richtung: »Ich liebe Agneta, Barbara, Bette, Liza und Melissa. Ich kann also gar nicht schwul sein«. Ich konnte mich vor Lachen kaum noch auf der Bank halten. Über ein Bier kamen wir ins Gespräch. Ralph war auf dem Dresdner CSD, um die Werbetrommel für den *Schwul-Lesbischen Sportverein »Der Bogenschütze« Dresden e.V.* zu rühren, mit dem er für LGBTQ+-Sportveranstaltungen um den ganzen Globus reiste. Von ihm erfuhr ich von den Gay Games, den Euro Games und weiteren national und international stattfindenden Events mit Medaillen und Ranglisten. Für mich tat sich eine ganz neue

## QUEERER SPORT WELTWEIT

Die internationale LGBTQ+-Sportgemeinschaft organisiert regelmäßige Turniere und Wettkämpfe in verschiedenen Sportarten. Für mich und mein Team heißt es dann: Tasche packen und immer dem Volleyball hinterher. Die International Gay and Lesbian Volleyball League ist ein europaweiter Wettbewerb, der in Deutschland, Österreich, Tschechien, der Schweiz, Frankreich und Polen stattfindet. Die Gay Games, die Olympischen Spiele für die Community, haben sich seit 1982 in San Francisco zum größten internationalen LGBTQ+-Sportwettbewerb entwickelt. 2023 soll das Sportfest in Hongkong stattfinden, gefolgt von Valencia im Jahr 2026. Auf europäischer Ebene gelten für uns die seit 1992 regelmäßig stattfindenden EuroGames als das Sportereignis schlechthin. Mit Daan auf der Tribüne konnte ich 2016 in Helsinki die Bronzemedaille gewinnen. Besonders an diesen sportlichen Veranstaltungen ist, dass jede Person teilnehmen kann, unabhängig von Geschlecht, Alter, sexueller Identität oder körperlichen Fähigkeiten. Ferner gibt es keine Qualifikationsnormen. Die Teilnehmer kommen aus vielen Ländern, auch aus solchen, in denen Homosexualität nach wie vor illegal ist und tabuisiert wird.

Welt auf, hatte ich doch gedacht, dass ich nach meinem achtzehnten Lebensjahr aufgrund meines Alters keinen semiprofessionellen Volleyball mehr spielen konnte. Ich war einfach zu klein, um eine Volleyball-Karriere zu verfolgen.

Natürlich erzählte ich Ralph, dass ich ein Volleyballer sei und wahnsinnig gern zu einem Probetraining kommen würde. Doch vorher wollte ich noch von ihm wissen, was denn so anders an den queeren Wettkämpfen sei? Er meinte: »Es geht zuallererst darum, sich oder andere nicht auszuschließen. Jede Sport treibende Person ist eingeladen und muss auch keine besonderen sportlichen Anforderungen erfüllen. Die Teams melden sich selbstständig im für sie passendsten Level an, also A für die Profis, B+, B-, C+ und so weiter. Du kannst einfach du sein. Du musst dich nicht anpassen, darfst quieken oder laut aufschreien, vor Freude oder weil du den Ball nicht richtig getroffen hast.« Gebannt klebte ich an seinen Lippen, und nun wollte ich noch wissen, ob die Dresdner bei den Wettkämpfen mitmachen würden – es ging ja um meine Zukunft als Volleyballer.

»Nu gloar!«, entgegnete Ralph im schönsten Sächsisch. »Wir spielen im zweit- oder dritthöchsten Level, je nach Besetzung, unter anderem gegen Leipzig, Berlin, Frankfurt und Prag. Die Spieltage und Turniere werden von der austragenden Mannschaft organisiert. Bei Dresdner Turnieren bin ich immer das Maskottchen oder die Cheerleaderin, je nachdem, was wir gerade benötigen.« Ralph musste lachen. »Aber das Wichtigste ist, dass wir Spaß auf dem Feld haben und anschließend gemeinsam Essen und Feiern. Über die Jahre habe ich auf der ganzen Welt durch den Sport Freunde gefunden, die ich beim nächsten Turnier unbedingt wiedersehen will. Für transidente Menschen oder Personen, die sich einfach keinem Geschlecht zugehörig fühlen, sind die queeren Sportvereine und LGBTQ+-Sportveranstaltungen oftmals die einzige Möglichkeit, sportlich aktiv zu sein, ohne verspottet oder gar angegriffen zu werden.« Während er seine Telefonnummer auf einen Flyer der »Bogenschützen« schrieb, ergänzte ich: »Fairplay für alle, über die geschlechtlichen Spielregeln hinaus.«

Noch in derselben Woche nahm ich am Probetraining teil, auf das eine Reihe von Turnieren folgte. Mit den Dresdner Jungs spielte ich nicht nur in der Schwul-Lesbischen Volleyball-Liga, sondern trat neben nationalen Turnieren in Düsseldorf, Köln, Hamburg und Freiburg im Breisgau auch bei internationalen Wettkämpfen an. Nach einem ersten Turnier in Prag führte uns der Volleyball nach Mailand, nach Zürich und ins finnische Helsinki. Im vollgepackten Auto, per Zug oder Flugzeug ging's dann von Dresden aus quer durch Europa. Mit meinem Umzug nach Berlin für mein Studium der Kunst- und Architekturgeschichte verlagerte sich der Schwerpunkt meiner sportlichen Laufbahn dann in die deutsche Hauptstadt, als Trainer und Spieler.

## Berlin, Berlin – und weiter

Und da war ich nun, zusammen mit meinen besten Freunden, bereit, durch die Berliner Nacht zu tanzen. Nach langem Hin und Her hatte Alessandro unsere Outfits für die Nacht abgesegnet. Jeder hatte sich eine meiner kurzen Hosen, Sporthosen oder Badehosen ausgesucht. Voller Vorfreude machten wir uns auf den Weg durch die kalte Märznacht zum U-Bahnhof Birkenstraße und weiter in Richtung Jannowitzbrücke. Normalerweise hätte ich eine Freitagnacht im SchwuZ verbracht, doch ab und an stand uns der Sinn nach einer aufregenden Abwechslung, gerade am Osterwochenende, das traditionell viele queere Partygänger in die Hauptstadt brachte. Im KitKatClub war die Atmosphäre schon sehr sex-positiv aufgeladen, das Publikum war gemischt, queer, hetero- und homosexuell. Im Vorraum des Tanzbereichs konnten wir uns um- und ausziehen und unsere warmen Wintersachen in einem Spint verstauen. Dann war es an der Zeit, sich unter die Leute zu mischen.

Wir waren früh dran, in Berlin beginnt eine Partynacht normalerweise nicht vor Mitternacht oder sogar noch später. Das machte uns aber nichts aus, denn wir waren gut gelaunt und freuten uns auf ein langes Wochenende. Nach und nach füllte sich der Club und die Musik wurde rauer. Ich verbrachte die Nacht an der Seite von Alessandro mit langen Tanzeinheiten zu richtig guten Sounds. Eines muss man den DJs in den Berliner Clubs lassen: Musik machen können sie allemal. Und so ließen wir uns von den Bässen treiben.

Es muss wohl gegen vier oder fünf Uhr morgens gewesen sein, als ich meine letzte Tanzrunde durch den Club unternahm, bevor ich so langsam Richtung Wohnung tänzeln wollte. Mit dem letzten Getränk in meiner Hand und einem langen Gähnen blieb ich plötzlich wie angewurzelt stehen. Ein wunderschöner, rotbärtiger Mann stand mir auf der anderen Seite der Tanzfläche gegenüber und grinste mich an. Meine Müdigkeit war wie weggezaubert. Liebe auf den ersten Blick? Nein, das konnte nicht sein. Ich wollte mich nicht verlieben, keine Beziehung, nachdem ich gerade eine längere und komplizierte Geschichte hinter mir hatte. Doch diesem Lächeln konnte ich kaum widerstehen. Noch dazu hatte der unbekannte Mann genau mein Outfit an, nur in einer anderen Farbe: ein kurzes, grünes Höschen, weiße Socken mit grünen Streifen um die Waden, Turnschuhe und eine grüne Cappy auf dem Kopf. Wir flirteten für eine Weile, von einer Seite der Tanzfläche zur anderen.

Alessandro beobachtete uns mit etwas Abstand, still und ohne unser Wissen. Plötzlich stand er vor mir, packte mich am rechten Oberarm und manövrierte mich durch die tanzenden Menschen auf die andere Seite der Tanzfläche, direkt vor die Füße des schönen Unbekannten.

»Wie heißt du?«, fragte Alessandro.

»Ich heiße Daan«, antwortete der Mann auf Englisch mit amerikanischem Akzent.

»Okay, Karl, das ist Daan. Daan, das ist Karl. Und jetzt genießt die Nacht.«

Selfie vor dem Berliner
Fernsehturm

## URLAUB ZU HAUSE

Auch wir haben »noch immer einen Koffer in Berlin«, hier
haben wir uns kennengelernt, den CSD erlebt, hier habe
ich studiert und Volleyball gespielt. Doch auch Hamburgs
Architektur hat es uns angetan, ebenso wie die schwulenfreundliche Geschichte Münchens. Immer wieder besuchen wir Dresden, meine Familie, meine zwei Kinder.
Scanne den QR-Code und erfahre mehr über queer-
freundliche Reiseziele in Deutschland auf unserem Blog.

coupleofmen.com

Wir lieben die Amsterda-
mer Grachtenhäuser – wie
hier an der Amstel.

# NIEDERLANDE

## Amsterdam

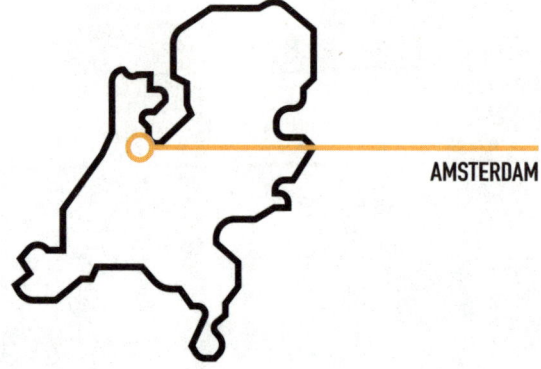

AMSTERDAM

# AMSTERDAM UND BERLIN – EINE VIELLEICHT UNGEWÖHNLICHE LIEBESERKLÄRUNG

Auf der anderen Seite der Tanzfläche sah ich ihn, diesen kleinen, süßen Typen, der verschmitzt zu mir rüberschaute. Ich hatte noch nie Probleme mit dem Flirten. Also lächelte ich ganz einfach zurück, während ich einen Schluck aus meinem Glas nahm. Er erwiderte meinen Flirtversuch und schaute schüchtern zu Boden, während er weitertanzte. »Erwischt!« Es sah so aus, als ob ein Freund von ihm uns dabei beobachtet hatte und für uns das Eis brechen wollte. Jedenfalls packte der aufgeschlossene, bunt angezogene Typ Karl am Arm und führte ihn durch die tanzende Menge direkt vor meine Nase.

»Hallo, wie heißt du?«, fragte er mich.

»Ich bin Daan«, antwortete ich.

»Hallo Daan, das ist Karl, und er hält dich für sehr süß, schönen Abend euch noch. Karl, ich rufe dich morgen an.« Mit dieser spontanen, aber entschlossenen Handlung stellte uns Karls guter Freund Alessandro einander vor und verschwand in der tanzenden Menge.

Es war meine erste Nacht in Berlin. Ich hatte zu Hause in Amsterdam so viele gute Geschichten über das hiesige Nachtleben gehört, dass ich beschloss, mir zu meinem siebenundzwanzigsten Geburtstag eine Woche in der deutschen Hauptstadt zu gönnen. Dabei kam mir zugute, dass einer meiner engsten Freunde zu dieser Zeit arbeitsbedingt in der Stadt wohnte. Somit war ein Trip nach Berlin recht einfach und schnell organisiert. Was ich natürlich nicht ahnen konnte, dass ich gleich am ersten Abend diesem sexy Typen mitten auf der Tanzfläche gegenüberstehen würde.

»Hallo Karl, schön, dich kennenzulernen. Ist der Freund von dir immer so direkt?«

»Ja, er ist Italiener. Er hat wohl gesehen, dass wir uns angeschaut haben, und er weiß, dass ich ein wenig schüchtern bin, wenn es darum geht, Männer in einem Club anzusprechen.«

»Nun, ich bin froh, dass er dich überredet hat, rüberzukommen.«

»Überredet ist gut. Aber ja, ich auch. Ich finde es super cool, dass du die Stormtrooper-Schuhe von adidas anhast. Denn weißt du was? Ich habe genau das gleiche Paar in meinem Schrank stehen.«

»Echt jetzt? Ich habe sie in einem obskuren Schuhladen in Paris gefunden, es sind meine absoluten Lieblingsschuhe. Magst du *Star Wars*?«

»Und wie! Und auch *Star Trek*. Für viele *Star-Wars*-Fans ist das eine komische Kombination. Aber mir geht es um das Entdecken von Welten, die Freiheit zu reisen und darum, andere Kulturen kennenzulernen.«

»Ich liebe *Star Trek*! Captain Janeway ist die Beste!«

»Sie ist unglaublich! *Raumschiff Voyager* gehört definitiv zu meinen Lieblingsserien.«

»Und du bist wirklich sehr süß, Mister!«

»Gleichfalls …«

Karl trug eine rote Cappy. Lustig, denn ich trug eine grüne. Mit dem passenden Größenunterschied – ich bin gut zehn Zentimeter größer als Karl – müssen wir beide auf der Tanzfläche wie eine schwule Version von »Mario & Luigi« ausgesehen haben, einer Videospielserie. Wir küssten uns, und es fühlte sich an, als würden die Musik, die Tanzfläche und alle darauf befindlichen Personen in den Hintergrund treten, als würden nur wir beide ganz allein im Raum stehen. Wann und wie lange wir diesen Moment genossen, kann ich nicht mehr sagen. Doch vom ersten Augenblick an war mir klar: Es hatte gefunkt. Und das an meinem ersten Abend in Berlin, obwohl ich als überzeugter Single nicht auf der Suche nach einem Freund war.

Die Nächte in Berlin beginnen spät und dauern bis zum Morgengrauen, das hatten mir meine Freunde mit auf den Weg gegeben. Recht hatten sie. Es war schon hell und Sonnenlicht blendete uns, als wir den KitKatClub verließen, Hand in Hand und mit einem breiten Schmunzeln auf dem Gesicht. Sollte es wahr sein, dass ich mich auf der Tanzfläche in einem der berüchtigtsten Clubs von Berlin verschossen hatte? Moment mal, beruhigte ich mich selbst. Es war kurz nach acht, ich war garantiert noch angetrunken und sicherlich nicht zurechnungsfähig. Und hungrig, Bärenhunger-hungrig.

»Wollen wir etwas essen? Tanzen macht mich immer so hungrig«, fragte ich.

Karl antwortete, ohne lange zu zögern. »Ja, klar!«

Gleich um die Ecke vom Club – wie eigentlich überall in Berlin »gleich um die Ecke« – betraten wir einen Imbiss. Auf den farbenfrohen Fotos über der Theke erspähte ich einen großen Teller Spaghetti mit Tomatensoße. Soweit ich zurückdenken kann, bin ich ein Pasta-Fanatiker und der wohl größte Freund der italienischen (vegetarischen) Küche. Und jetzt gerade war ich am Verhungern.

»Meinst du, es ist okay, dass ich Spaghetti alla napoletana bestelle? Schließlich ist es noch nicht mal neun, aber ich liebe Pasta.«

Karl lächelte. »Na klar. Du bist in Berlin. Mach nur. Dann nehme ich einen Döner.«

Es war nicht die beste Pasta, die ich je gegessen habe, aber sie war lecker, und ich war in bester Gesellschaft. Keine Ahnung, worüber wir gesprochen haben, aber es muss ein Mix aus »Dein Akzent klingt amerikanisch«, »Alles Gute nachträglich zum Geburtstag« und »Wie lang bleibst du eigentlich in Berlin« gewesen sein. Was ich allerdings noch mit Sicherheit sagen kann, ist, dass es »Klick« gemacht hatte und dass ich, wäre ich nicht so müde gewesen, wahrscheinlich noch stundenlang an Karls Lippen hängen geblieben wäre – wortwörtlich.

Beim Verlassen der Imbissbude fragte ich ihn neugierig und – typisch Niederländer – sehr direkt: »Und wo wohnst du?«

Mit einem verschämten Grinsen antwortete Karl: »In der Nähe vom Tiergarten, in Moabit, nicht weit vom Zentrum ... Aber ich habe Besuch, also müssen wir uns leider hier verabschieden.«

Es war definitiv nicht die Antwort, die ich erwartet oder erhofft hatte. Natürlich wäre ich lieber mit ihm nach Hause gegangen. Doch wir tauschten unsere Handynummern aus, bevor wir uns ins morgendliche Gedränge Berlins verabschiedeten. Es war eine unvergessliche erste Nacht in Berlin gewesen, doch eine ganze Woche in der deutschen Hauptstadt lag noch vor mir. Genügend Zeit, dachte ich, um den kleinen, süßen Deutschen wiederzusehen. Mein Weg führte mich nun an diesem Ostersamstag Ende März zurück in die Wohnung meines Freundes.

Mit meinen Gedanken allein und gleichzeitig umgeben von unzähligen Menschen, die unterschiedlicher kaum hätten sein können, lief ich Richtung U-Bahn. Jogger mit ihren Hunden, Partygänger, die gerade aus einem der vielen Clubs gefallen waren, Familien, die das sonnige Wetter für einen frühen Spaziergang nutzten – Berlin hatte so viele Gesichter, lachend, müde, aufgelöst, oder, wie ich, einfach nur in sich versunken. Am Bahngleis musste ich ein wenig länger auf meinen Anschluss warten. Zeit, um die Nacht Revue passieren zu lassen. Hatte ich mir als Junge vorstellen können, dass mein Leben einmal so aussehen würde?

## Niederländer bekennen Farbe

Amsterdam, die Stadt an der Amstel, gilt seit jeher für Menschen aus der ganzen Welt als ein freies, liberales und aufgeschlossenes Fleckchen Erde. Radfahren, Käse, Windmühlen und der provisorische Joint gehören zu den Dingen, mit denen die niederländische Hauptstadt in Verbindung gebracht wird. Dabei hat meine Heimatstadt so viel mehr zu bieten. Zahlreiche Künstler haben aus Amsterdam einen außerordentlich farbenprächtigen Ort gemacht, ebenso der Handel und, nicht zu vergessen, die Blumen, allen voran Tulpen. Mein Großvater beispielsweise war Florist und hatte auf dem berühmten Blumenmarkt auf der Singel, einer Gracht, einen eigenen Blumenladen. Dabei spezia-

Video
Bootfahren auf
den Grachten

lisierte er sich als erster Florist in Amsterdam auf asiatische Blumenkunst und gewann damit sogar einige Preise. Meine Mutter wuchs noch in einem Grachtenhaus mit Blick über den Blumenmarkt auf, nicht weit entfernt von der Reguliersdwarsstraat, die heute die berühmteste Schwulenstraße in Amsterdam ist. Auch mein Vater ist ein waschechter Amsterdamer, der im Zentrum der Stadt seine Kindheit und Jugend verbrachte. Konsequenterweise habe ich eine sehr enge Verbindung zu dieser Metropole, obwohl ich in einem Dorf gerade so außerhalb der Stadtgrenzen geboren wurde und in diesem ländlichen Raum aufwuchs.

Allerdings fühlte ich mich seit jeher wohler in Amsterdam, mehr als auf dem Land, wo ich oft schikaniert und ausgeschlossen wurde, weil ich nicht wie die anderen Kinder war. Gemeinsam mit meinen Eltern und meinem um einige Jahre älteren Bruder verbrachte ich viel Zeit in der Stadt und entwickelte durch regelmäßige Museumsbesuche und Theatervorstellungen eine Liebe zur Kunst und zur Schauspielerei. Schon vor meiner Schulzeit fand ich Spaß daran, mich zu verkleiden (auch als weibliche Charaktere), zu singen und zu tanzen. Dabei war ich von klein auf eher ruhig, nachdenklich und mit künstlerischen Projekten und der Natur beschäftigt. Jedes Jahr besuchte ich ein Theatercamp und merkte früh, dass es einfacher war, mich mit Mädchen anzufreunden als mit gleichaltrigen Jungen. Fußballspielen, körperliche Auseinandersetzungen und alles das, was der Definition nach einen »echten Jungen« ausmachte, waren mir fremd.

Glücklicherweise hatten meine Eltern eine sehr freie, kreative Auffassung, was ihr eigenes Leben betraf, und wollten diese an mich weitergeben. Was hieß: das Leben genießen, politische Entscheidungen hinterfragen und gleichzeitig den Luxus von Freiheit nicht als gegeben hinnehmen, sondern für Gleichberechtigung eintreten. So nahmen sie mich schon früh – es war 1993 – mit auf einen Protestmarsch gegen Rassismus, Fremdenfeindlichkeit, Islamophobie, Antisemitismus oder sonstige Diskriminierung, der unter dem Motto stand: »Nederland Bekent Kleur« (»Die Niederlande bekennen Farbe«). Auf den Schultern meines Vaters lernte ich mit sieben Jahren bereits, mich für eine multikulturelle, offene und bunte Gesellschaft einzusetzen. Noch heute kann ich mich daran erinnern, wie enthusiastisch ich war und mich mit den anderen freute, vielleicht etwas bewirken zu können. Und obwohl wenn ich noch nicht begriff, dass es eine politische Demonstration war, hinterließ sie einen bleibenden Eindruck.

## Tonklumpen und Alt-Hippies

In den Niederlanden ist es üblich, dass sich die Eltern für die schulische Laufbahn ihrer Kinder bereits entscheiden müssen, wenn diese vier sind. Ab dem zwölften Lebensjahr folgt der nächste Abschnitt, der in Deutschland mit der Option Gymnasium oder Realschule gleichzusetzen ist und der bei uns gemeinsam in der Familie besprochen wird. Dazu besuchten meine Mutter und ich diverse Schulen in Amsterdam.

In der Montessori-Kunstschule (IVKO, was so viel heißt wie »Individuelle künstlerische Schulbildung«) begeisterte mich die entspannte, zwanglose und chillige Atmosphäre, mit Gitarre spielenden

Schon früh entdeckte Daan seine Vorliebe für Kostüme und das Theater.

Schülern auf den Fluren. Wie zwanglos, das konnte ich damals im Werkunterrichtsraum erahnen, denn an der Decke klebten unzählige Tonklumpen, die Schülerinnen und Schüler offenbar über Jahre hinweg dort hingeworfen hatten – und niemanden schien dieses organisch gewachsene Kunstwerk zu stören. Obwohl die Schule ein ziemliches Durcheinander zu sein schien, fühlte es sich an, als wäre es ein fröhliches Durcheinander, mit der Möglichkeit, sein eigenes kreatives Selbst zu entdecken. Ja, hier wollte ich unbedingt zur Schule gehen.

Und so sollte sich mein Leben verändern, als ich begann, jeden Tag eine halbe Stunde in das Zentrum von Amsterdam zu radeln. Die IVKO befand sich in der Plantagebuurt, einem zentral gelegenen, wohlhabenden Stadtteil, in dem auch ARTIS, der älteste Zoo der Niederlande, mit seiner einzigartigen Architektur und dem über die Stadtgrenzen hinaus bekannten schwulen Pinguinpaar, zu finden war. Kinder aller Ethnien befanden sich in meiner Klasse, und das Schulmotto lautete: »Lernen durch Kunst und von Kunst«. Im Klartext bedeutete dies, eine Gruppe von Alt-Hippies unterrichtete mich in Tanz, Fotografie, Musik und anderen Formen der Selbstdarstellung, ohne ihre eigene Schulzeit zu vergessen, in der sie gemeinsam mit ihren Lehrern den einen oder anderen Joint genossen hatten. Es war wirklich das absolut perfekte Chaos – und ich war mittendrin, um zu lernen.

Ich erinnere mich noch, dass es in meiner Schule ein Mädchen gab, das damals schon offen homosexuell war. Sie hatte es nicht immer einfach gehabt und wurde gemobbt. Und doch glaube ich heute, dass es sich bei uns in Grenzen hielt. Nicht zu vergessen, die 2000er-Jahre hatten gerade begonnen, und auch in einem progressiven Land wie den Niederlanden musste noch einiges in Sachen Gleichstellung und Antidiskriminierung geschehen.

## LGBTQ+-COMMUNITY IN DEN NIEDERLANDEN

Die Niederlande sind weltweit eines der progressivsten und liberalsten Länder hinsichtlich gesellschaftlicher Akzeptanz von Homosexualität. Schon 1811 wurden homosexuelle Handlungen entkriminalisiert und damit legalisiert, und die ersten Gay Bars wurden in Amsterdam bereits Anfang des 20. Jahrhunderts eröffnet. So etwa 1927 das Café 't Mandje von Bet van Beeren, das als erste Schwulenbar in den Niederlanden gilt und noch heute Gäste empfängt. Im Laufe des 20. Jahrhunderts verstärkte sich die Toleranz gegenüber schwulen und bisexuellen Menschen, mehr und mehr Antidiskriminierungsgesetze wurden geschaffen, so wurden sie 1973 beispielsweise nicht mehr vom Militärdienst ausgeschlossen.

Im Equal Treatment Act von 1994 wurde festgelegt, dass Menschen wegen ihrer sexuellen Orientierung nicht mehr auf dem Wohnungs- und Arbeitsmarkt benachteiligt werden dürfen. Zwanzig Jahre später konnten Transgender-Menschen ihr Geschlecht ändern, ohne sich einer Operation oder einer Hormonbehandlung unterziehen zu müssen. Seit Dezember 2021 sind gender-neutrale X-Pässe erhältlich. Dass die Niederlande als erstes Land weltweit die gleichgeschlechtliche Ehe und damit verbunden gleichgeschlechtliche Adoptionen und Stiefkindadoptionen bereits 2001 einführte, macht mich besonders stolz. Ein Wermutstropfen bleibt jedoch, da die Regierung die Praxis der Konversionstherapien aufgrund des Widerstands der religiösen Parteien noch immer nicht verboten hat.

Beste Freunde – bis heute: Ildiko und Daan als Teenager

## Wie stand es eigentlich um meine Sexualität?

Nur wenige Jahre später, ich war fünfzehn und in meinem letzten Jahr an der IVKO, fingen meine Mitschülerinnen und Mitschüler an, sich dafür zu interessieren, wie es um meine Sexualität stehe. Einige von ihnen hatten bereits Vermutungen geäußert, dass ich schwul sei. Darauf angesprochen, verneinte ich das immer. Dieser Umstand und meine Versuche, das Gespräch auf andere Themen als meine sexuelle Orientierung zu lenken, erregten offenbar Zweifel und sorgten für Unsicherheit. Wer war dieser Daan eigentlich?

Mein Coming-out verlief dann kurze Zeit später in mehreren kleinen Schritten. Zunächst weihte ich meine zwei besten Freundinnen ein. Es kostete mich einiges an Überwindung, ihnen meine geschlechtliche Präferenz anzuvertrauen. Es geschah eines Nachts auf einer Pyjamaparty. Wir hatten uns vorgenommen, eines unserer größten Geheimnisse miteinander zu teilen. Als ich an der Reihe war, sah ich meine Chance gekommen, endlich das auszusprechen, was ich schon so lange wusste und, ohne es mit jemanden zu teilen, mit mir rumgetragen hatte. Ich zitterte, hatte eine unglaubliche Angst davor, etwas zu tun, bei dem es kein Zurück mehr gab. Und auch davor, dass, wagte ich diesen Schritt, sich diese Neuigkeit am nächsten Tag wie ein Lauffeuer in der Schule verbreiten würde. Andererseits hatte ich das Gefühl, dass mir mein Versteckspiel im Weg stand, mich daran hinderte, mein wahres Ich zu finden.

Mit dem Aussprechen der Worte »Ich bin schwul« war es dann plötzlich vorbei. Ich war erleichtert, stolz. Mein erster Schritt in Richtung Freiheit war getan. Und ich hätte mir keine bessere Reaktion wünschen können. Neugierig und interessiert hörten die beiden Mädchen meiner Geschichte zu, die ich zu erzählen hatte. Es schien, als ob sie mich endlich nicht mehr nur als den seltsamen Jungen wahrnahmen, mit dem sie abhingen und den sie nicht so richtig einordnen konnten, sondern als ihren Freund, der ihnen seine Geheimnisse anvertraute und der nun zu ihrer Gruppe gehörte. Ich konnte nicht glücklicher darüber sein, dass die Beziehung zu ihnen nach meinem Outing sogar noch stärker wurde. Sie versprachen, es für sich zu behalten – und hielten Wort. Vor meinen besten Freundinnen und Freunden war ich nun also geoutet. Dieses erste Coming-out war ein wirklich einschneidendes Erlebnis für mich gewesen. Wie ein befreiender Sprung nach vorn, der mich mehr und mehr zu der Person werden ließ, die ich heute bin.

Motiviert und befreit machte ich noch im selben Jahr meinen Abschluss an der IVKO. Doch wie es weitergehen sollte, welche Ausbildung oder welches Studium ich absolvieren wollte, wusste ich zu diesem Zeitpunkt noch nicht sicher. Mein größtes Interesse lag immer noch in der Schauspielerei, für eine Hochschulausbildung als Schauspieler war ich mit sechzehn Jahren allerdings zu jung. Also begann ich eine Ausbildung im Marketing und als Schaufensterdekorateur im Nimeto, dem nationalen Institut für wirtschaftliche und technische Zwischenausbildung in Utrecht. Für einen Jungen ziemlich schwul, oder? Natürlich nicht.

An meinem ersten Tag in dem Institut saß ich neben einem Mädchen mit großen blauen Augen und vielen roten Locken. Wir verstanden uns auf Anhieb, liebten wir beide doch das Theater. Ganz unverblümt stellte sie mir die Frage, der ich bislang ausgewichen war: »Bist du schwul?« Im Bruchteil einer Sekunde musste ich eine Entscheidung treffen. Sollte ich dieselbe Lüge erzählen, die mich immer begleitet

hatte, oder sollte ich an dieser neuen Schule als offen schwuler Junge ganz von vorn, ganz neu anfangen? Nach einigem Zögern antwortete ich: »Ja, ich bin schwul.« Von diesem Moment an waren wir beide unzertrennlich. Bis heute bin ich ihr dankbar, wie sie es schaffte, mit dieser so einfachen Frage und gleichzeitig wertungsfreien Art, mir dabei zu helfen, über die Schwere des Coming-outs hinwegzukommen.

## Reinen Tisch machen am Strand

Die meisten Menschen, die nicht der gesellschaftlichen Norm einer binären, heteronormativen Welt entsprechen, müssen für Anerkennung und gleiche Rechte kämpfen und sich an nicht nur einem Punkt in ihrem Leben dafür rechtfertigen, anders zu sein. Denn nichts anderes ist das Coming-out, eine Rechtfertigung wen ein Mensch liebt, wie sich eine Person kleidet und mit welchem Geschlecht (wenn es denn eines gibt) sich eine Person identifizieren kann und will.

Ich wollte mich nicht rechtfertigen oder gar einen viel zu emotionalen Moment mit meinen Eltern erleben, gerade als Teenager. Warum konnte es nicht völlig unproblematisch und »normal« sein, anders zu sein? Zumindest konnte ich darauf hoffen, dass meine Eltern sowieso keine Schwierigkeiten damit haben würden, da sie selbst nie in eine gesellschaftlich definierte Schublade gepasst haben. Somit konnte ich mir auch nicht vorstellen, dass sie das von mir erwarten würden.

Ich war ungefähr siebzehn, als die Zeit gekommen schien, reinen Tisch mit meiner Mutter und meinem Bruder zu machen. Wir waren am Strand verabredet, der in ungefähr zwanzig Minuten mit dem Zug und in etwa anderthalb Stunden mit dem Rad von Amsterdam aus zu erreichen ist. Die Sonne schien vom strahlend blauen Himmel und ich lief, meine Schuhe in der Hand, mit nackten Füßen durch die Brandung. Unser Verhältnis war seit jeher gefühlsbetont, daher war ich es auch gewohnt, über vieles, auch über sehr persönliche Dinge, mit ihnen zu sprechen. Und so unterhielten wir uns auch an diesem sonnigen Tag darüber, wie es uns allen ging und welche Neuigkeiten es in unseren Leben gab.

Schließlich erreichten wir eines der Strandrestaurants und ergatterten einen der begehrten Tische im Sand. Wir saßen draußen, mit Blick aufs Meer, eingepackt in unsere Mäntel. Alles war wie immer, vertraut, familiär, es fühlte sich sicher an. Bis mich mein Bruder plötzlich neugierig fragte: »Sag mal, wie geht es dir eigentlich in Sachen Liebe? Bist du verliebt, triffst du gerade jemanden? Oder interessierst du dich noch gar nicht dafür?« Die Katze war aus dem Sack. Da war er, dieser Moment, den ich schon seit Langem zu vermeiden versuchte.

## Facebook nur für Schwule

Was meine Mutter und mein Bruder nicht wussten: Zu diesem Zeitpunkt ging ich bereits mit Jungs aus, hatte einen ersten Freund und war Teil einer queeren, schwulen Clique in Amsterdam. Das Internet hatte mir dabei die Möglichkeit gegeben, Jungs in meinem Alter kennenzulernen, auf Webseiten mit teilweise privaten Chatrooms (Dating-Apps kamen erst später). CU2night war so eine Webseite, sozusagen die niederländische Version von Facebook, jedoch nur für Schwule. Mit einem dieser Jungs hatte ich eine besonders gute Verbindung, im wahrsten Sinne des Wortes. Wir beide waren auf der Suche nach einer Clique von Gleichaltrigen, mit denen wir uns auch im echten Leben treffen und um die Häuser ziehen konnten. Kurzerhand entschieden wir, uns mit all unseren Chat-Bekanntschaften auf ein Getränk im Soho zu verabreden, eine der wohl bekanntesten Gay Bars in Amsterdam. Für mich war das ein großer Schritt, uns im echten Leben kennenzulernen. Das Beste daran war, dass fast alle auch auftauchten. Diese Jungs wurden in den ersten Jahren meiner

**QUEERE NÄCHTE IN AMSTERDAM**

Sensationelle Partys finden im Paradiso, Melkweg oder Radion statt. Das NYX, die Bar Club Church, das Taboo sowie das Bario, das Kulturzentrum OCCII, Bar Ruka und die Spijkerbar sind sichere LGBTQ+-Orte. Im Sommer finden das Milkshake Festival und das Tropicali Festival statt.

neu entdeckten Freiheit zu meinen engsten Freunden, in deren Gesellschaft ich mich frei genug fühlte, meine Homosexualität auszuleben. Alle waren ungefähr gleich alt, hatten ähnliche Interessen und suchten Möglichkeiten, unsere teils wirren Gedanken und Gefühle auszudrücken und einzuordnen.

### WILLKOMMEN IM PRIK!

»Prik« bedeutet auf Niederländisch »prickelnd« und verweist auf den Prosecco, der in dieser Bar aus Fässern serviert wird. Sie hat eine wunderschöne Terrasse und wurde schon öfter als »beliebteste Schwulenbar der Niederlande« gewählt. Wir lieben diesen bunten Ort nicht weit entfernt von unserer Wohnung.

**prikamsterdam.nl**

Da ich im Zentrum der Stadt zur Schule ging, hatte ich die Gelegenheit, die queere respektive schwule Szene von Amsterdam zu erkunden, unter anderem in den schwulen Bars und Clubs in der Reguliersdwarsstraat und auf den COC-Partys. Für alle, die noch nicht alt genug waren, um in Clubs auszugehen oder Alkohol zu trinken – die Altersgrenze für Alkohol lag bis 2014 bei sechzehn Jahren –, organisierte das COC (Cultuur en Onspanningscentrum) Partys und Events. Das COC, die älteste Vereinigung für die LGBTQ+-Community weltweit, schafft bereits seit 1946 einen sicheren Raum, in dem sich junge LGBTQ+ treffen können. Dazu zählen auch das Verteilen von Kondomen und ein Aufklärungsangeboten zum Thema Safer Sex und HIV.

Eine weitere Institution der queeren Community von Amsterdam ist das Trut. In dieser Kellerbar ausschließlich für Schwule und Lesben verbrachte ich einen Großteil meiner Sonntagabende. Das Trut ist ein besonderer Ort, den wir bis heute als Safe Space bezeichnen, als sicheren Raum, in dem jede oder jeder so sein darf, wie sie oder er es will.

Jeden Sonntag bildete sich vor einer massiven Holztür eine mehrere Meter lange Warteschlange. Denn aufgrund der kleinen Räume und der sehr niedrigen Decken durfte nur eine begrenzte Personenanzahl in den Club. Nur die ersten in der Schlange bekamen ein Ticket, mit dem der Einlass garantiert war – wenn die »Doorbitch«

(die Türsteherin oder der Türsteher) mitspielte. Denn die Regel war klar: Ausschließlich queeren Personen war der Eintritt in die Bar gestattet. Überdies mussten alle Handys ausgeschaltet werden. Bei einem Verstoß dagegen wurde es eingesammelt und man musste den Club umgehend verlassen. Aufgrund dieser harten (Tür-)Politik galt und gilt das Trut, was ins Deutsche übersetzt etwa so viel wie »Schlampe« oder »Miststück« bedeutet, als ein äußerst sicherer Ort für die LGBTQ+-Gemeinschaft.

Die Getränke waren sehr günstig – und so schmeckten sie meistens auch –, doch auch das gehörte zum »Trut-Erlebnis« dazu. Schließlich war ich nicht nur zum Trinken in meine Lieblingsbar gekommen. Ich wollte tanzen, mit meinen Freunden abhängen und mich unter meinesgleichen wohlfühlen. Anders sein war hier Programm. Etwa bei der Clubdekoration. Überall waren kleine Fernsehbildschirme angebracht, auf denen selbst gedrehte künstlerische Aufklärungsvideos liefen, mit herumfuchtelnden Penissen oder Händen in Gummihandschuhen, die sich anfassten. Diese Offenheit vermittelte mir damals eine positive Botschaft in Bezug auf sicheren Sex.

Daan feiert das queere Leben in Amsterdam.

## »Nun ja, eigentlich mag ich Jungs«

Meinem Bruder war ich bislang eine Antwort schuldig geblieben. Der Tag am Strand und die Stimmung aber passten und ich war es leid, ihnen etwas vorzumachen. Gut, dass wir am Tisch saßen, denn ich hatte echt weiche Knie, als ich halblaut auf seine Frage entgegnete: »Nun ja, eigentlich mag ich Jungs.«

Meine Mutter nahm meine Hand und entgegnete: »Ich freue mich so sehr darüber, dass du es mir endlich erzählst.«

Und ich begann noch mehr zu erzählen. Von meinen Freunden aus der Community in Amsterdam und meinem ersten Freund, den ich vor wenigen Wochen im Soho kennengelernt hatte. Auch mein Bruder hörte aufmerksam zu und war sichtlich gerührt von meiner Offenheit.

Mit jedem Satz wurde ich ruhiger, die Aufregung legte sich, und ich hatte das Gefühl, dass schwere Wackersteine aus meinem Rucksack purzelten. Meine Vermutung sollte sich bewahrheiten, denn beide hatten sich bereits gedacht, dass ich schwul sei.

Im letzten Schritt wollte ich somit auch meinem Vater reinen Wein einschenken, was ich ein wenig vor mir herschob. Nicht etwa, weil ich annahm, dass er enttäuscht, traurig oder mit Unverständnis reagieren würde. Sondern weil ich erwartete, dass er damit mehr als einverstanden sein würde und wir eines dieser »positiven« Gespräche führen würden, auf die ich, wie wahrscheinlich viele Teenager, nicht unbedingt Lust hatte. Letztlich erzählte ich es ihm auf einer gemeinsamen Autofahrt, einfach so, spontan, ohne es lange zu planen. Er reagierte tatsächlich sehr gelassen und versicherte mir, dass egal was passieren würde, er mich immer lieben würde. Er freute sich, dass es mir gut ging und ich in Amsterdam Freunde gefunden hatte. Zu guter Letzt machte er mir noch das Angebot, dass ich zu jeder Zeit mit ihm reden könne, sollte mich etwas bedrücken.

Heute bin ich mir darüber im Klaren, dass mein Coming-out im Vergleich zu anderen queeren Menschen und auch im Vergleich zu Karl glatt und reibungslos verlaufen war. Meiner Familie und meinen Freunden bin ich dankbar, dass sie es nicht als Problem, sondern als

Chance sahen, mich besser kennenzulernen. Dies hat mir geholfen, meinen Weg zu finden. Denn nachdem ich mich bei meinen Eltern und meinem Bruder geoutet hatte, erkannte ich zum ersten Mal, wie sehr mich das Hinauszögern eingeengt und teilweise sogar gelähmt hatte. Mir war bis dahin nie bewusst gewesen, was für eine Last das Versteckspiel für mich bedeutet hatte und wie befreiend es war, es vor den Menschen auszusprechen, die mir am wichtigsten waren. Ich bin schwul. Für mich war es ein mich selbst definierender, mich selbst akzeptierender und ermutigender Schritt nach vorn.

Ein paar Wochen später erhielt ich eine Karte. Sie war von zwei der besten Freundinnen meiner Mutter (ein lesbisches Paar), die mir zu meinem Coming-out gratulierten und mich in der Regenbogen-Community willkommen hießen. Mich berührten die Worte ihres Grußes sehr, denn ich kannte die beiden Frauen schon lange. Es war eine kleine Geste der Unterstützung mit großer Wirkung.

Das Coming-out in der Tasche und eine neue Zukunft vor mir, festigte sich in dieser Zeit auch mein Wunsch, professioneller Schauspieler zu werden. Inzwischen war ich volljährig und nun bereit, mich zum Vorsprechen an der Amsterdamer Hochschule für Schauspiel und Kleinkunst anzumelden. Seit meinem Schulabschluss hatte ich Tanz- und Theaterstunden genommen, spielte bereits in einigen kleinen Aufführungen mit und sprach regelmäßig bei Castings vor. Ich wusste mich also zu bewegen und hatte, aller Aufregung zum Trotz, ein gewisses Selbstvertrauen, auf einer Bühne zu stehen und vor Publikum aufzutreten.

Und so erreichte ich gleich beim ersten Versuch und als einer von über 800 Bewerberinnen und Bewerbern das, wovon ich schon so lange geträumt hatte: eine Hochschulausbildung zum Schauspieler.

**NDSM-WERFT**

Am Wasser der ehemaligen NDSM-Werft in Amsterdam Noord geht es kreativ zu. Das architektonische Denkmal ist heute ein Hafen für Kunstprojekte und Musik- und Kunstfestivals (auch Daan hat hier bereits interaktive Kreationen inszeniert). Zudem befindet sich in diesem Gebiet das größte Street-Art-Museum weltweit.

**ndsm.nl**

## Amsterdam Pride – ich komme

Wenige Monate später zog ich endgültig nach Amsterdam, in seinen westlichen Teil, in dem Karl und ich vor einiger Zeit ein neues eigenes, gemeinsames Zuhause gefunden haben. Amsterdam wurde zu meiner Stadt, in der ich mich als schwuler junger Mann entfalten konnte. Natürlich gehörte auch die seit 1996 alljährlich stattfindende Amsterdam Pride dazu. Ganz in der Tradition meiner Eltern gilt für mich seit jeher die Teilnahme an diesem bunten Fest der Freiheit und Gleichheit als Selbstverständlichkeit. Dazu gehört auch die Boot-Parade auf der Prinsengracht, unserer längsten Gracht, die jährlich bis zu eine halbe Million Besucher aus der ganzen Welt anzieht.

Meine ersten Erinnerungen an dieses Event stammen allerdings nicht von meiner ersten Teilnahme. Ende der Neunzigerjahre war ich noch zu jung für eine solche Aktivität und darüber hinaus ungeoutet. Doch ich hatte Glück, denn die Parade wurde damals schon im niederländischen Fernsehen übertragen. So konnte ich im Wohnzimmer meines Vaters begeistert und manchmal auch ein wenig verängstigt das bunte Spektakel mit singenden Dragqueens und tanzenden Ledertypen verfolgen. Mein Vater ließ mich diesen Teil unserer Amsterdamer Kultur einfach entdecken, ohne dass ich mich erklären musste, während er in der Küche stand und kochte. Natürlich gehörten auch die umstrittenen Szenen mit teils nackten Jungs und Männern dazu, die damals für den einen oder anderen Skandal sorgten. Doch ausgelassenes Feiern schien damals viel intensiver zu sein als heute.

Nach meinem Coming-out war ich dann alt genug, um zusammen mit meinen Freunden an der Pride Amsterdam teilzunehmen. Doch nicht nur das. Mehrfach hatte ich danach die Gelegenheit, als Tänzer selbst auf einigen Paradebooten mitzufahren. Wenn ich heute auch nur die Melodie von »When Loves Takes Over« von David Guetta höre, habe ich Flashbacks. Schließlich musste ich geschlagene vier Stunden immer wieder dieselbe Choreografie aufführen, ein kräftezehrendes Erlebnis. Aber um ehrlich zu sein: Die motivierenden Anfeuerungsrufe der Menschenmassen entlang der Gracht machten jede Erschöpfung

Pride-Boote auf der Prinsengracht vor der Westerkerk

## QUEERPOLITIK BEI PARADEN

Aus den bereits kurz nach den Stonewall-Aufständen 1969 und 1970 organisierten Demonstrationszügen für gleiche Rechte für Lesben und Schwule entwickelten sich Pink-Saturday-Veranstaltungen. Sie werden seit 1981 jährlich in einer anderen niederländischen Stadt durchgeführt. Der Pride Amsterdam mit der einzigartigen Kanal-Parade findet jedes Jahr am ersten Augustwochenende statt. Die Canal Pride war von Beginn an ein Fest der Freiheit und der Vielfalt. Dem gegenüber steht die seit 2012 eine Woche vor der Kanal-Parade organisierte politische Pride-Walk-Demonstration, die als Ziel hat, auf die Emanzipation von LGBTQ+-Menschen aufmerksam zu machen und gegen Diskriminierung, Verfolgung und antihomosexuelle Gewalt zu demonstrieren. Seit 2016 sorgt das Projekt »Zero Flags« entlang des Pride Walks dafür, dass die Flaggen aller Länder wehen, in denen es immer noch ein Verbrechen ist, schwul zu sein. Weitere queere Demonstrationen und Events in den Niederlanden sind die Rotterdam Pride, die Utrecht Pride (ebenfalls mit einer – kleineren – Grachten-Parade), Roze Maandag in Tilburg, Pride at the Beach in Zandvoort oder die Queer Pride Groningen.

Video
Pride-Walk-
Demonstration

Pride Walk in Amsterdam

wett. Zudem war es eine ganz neue Erfahrung, weil ich hierbei nicht als Charakter auf der Bühne stand, sondern als ich selbst, offen und voller Stolz. Das letzte Mal hatte ich ein solches Erlebnis, als Karl und ich 2018 auf dem New-York-Boot der Kanal-Parade eine Choreografie aufführten, um auf den WorldPride im darauffolgenden Jahr aufmerksam zu machen, der die Stonewall-Unruhen von 1969 zum Thema haben sollte.

Nach und nach entwickelte sich allerdings ein anderes LGBTQ+-Event zu einer der wichtigsten Demonstrationen für gleiche Rechte, diesmal allerdings auf den Straßen von Amsterdam: der Pride Walk. Seit ihrer Einführung 2012 gewinnt die Regenbogendemonstration stetig an Bedeutung, sie ist zum eigentlichen politischen Protest für queere Menschen geworden. Dabei ziehen wir mit Regenbogenfahnen, selbst gebastelten Postern und voller Energie durch die Innenstadt, um etwas zu bewirken.

## Der kleine Deutsche, er ging mir nicht mehr aus dem Kopf

Zurück nach Berlin. Mit jedem Tag verstand ich besser, warum die deutsche Hauptstadt für meine Freunde und Bekannten in Amsterdam eine solche Anziehungskraft hatte. Fünfmal so groß. Breite, weite Straßen. Zahlreiche Möglichkeiten, sich zwischen den Gebäuden zu verlieren, die in jedem Stadtteil anders aussehen. Lange Spaziergänge durch das urbane Berlin verband ich mit mehreren Museumsbesuchen. Doch immer wieder verließ ich die Hauptwege, um die Subkultur von Berlin-Mitte zu entdecken. Abends gönnte ich mir ein deutsches Bier in einer der einschlägigen Bars im schwulen Stadtviertel Schöneberg.

Doch irgendwie konnte ich den kleinen Deutschen aus dem KitKat-Club nicht vergessen, wollte ihn wiedersehen. Immer wieder schrieb ich ihm kurze Nachrichten, aber es schien, als ob er andere Dinge im Kopf hatte als sich mit mir zu treffen. Er antwortete jedes Mal verspätet, meinte, er müsse arbeiten. Es soll nicht sein, sagte ich mir schließlich. Am Tag meiner Abreise gab ich ihm, uns eine letzte Chance und schrieb eine weitere SMS: »Ich fliege heute zurück nach Amsterdam, würde dich aber gern noch einmal sehen. Hast du nach dem Frühstück

Zeit und Lust für ein kurzes Treffen?« Kurze Zeit später, ich war gerade damit beschäftigt, meine Reisetasche zu packen, sendete mein Telefon ein Signal, eine Nachricht war eingetroffen: »Sehr gern. Sorry, dass ich die letzten Tage so wenig Zeit hatte. Hast du Lust auf einen heißen Tee? Wann und wo kann ich dich abholen?« Auch wenn ich nun wenig Zeit hatte, ein »heißer Tee« mit Karl klang nach einer unwiderstehlichen Idee – also da weitermachen, wo wir auf der Tanzfläche aufgehört hatten. Vor Freude machte ich einen kleinen Hüpfer.

Gut eine Stunde später, es war ein kalter, grauer Donnerstagmorgen, hielt die S-Bahn an der Haltestelle Tiergarten. Karl stand in seiner dicken, dunkelgrauen Winterjacke am Bahnsteig und wartete. Wir umarmten und schauten uns tief in die Augen.

»Leider habe ich nur noch zwei Stunden, dann geht mein Flieger von Tegel«, sagte ich.

Karl zeigte mir, wo sein Auto stand, und meinte beim Einsteigen: »Wenn du magst, kann ich dich auch zum Flughafen bringen. Ich habe heute nichts mehr vor.«

Da saß ich nun in seiner kleinen Wohnung voller Erwartung auf unseren kurzen »heißen Moment«. Plötzlich stand Karl, der zuvor in der Küche verschwunden war, mit zwei dampfenden Teetassen vor mir. Er hatte es offensichtlich wörtlich gemeint, das mit dem Heißgetränk. Dabei blieb es auch. Und doch, es klickte wie zuvor auf der Tanzfläche. Leider mussten wir diesmal immer wieder auf die Uhr schauen, damit ich meinen Flieger nicht verpasste.

Als wir vom Parkplatz in Richtung Flughafengebäude liefen, schnappte ich Karls Hand, der die meine fest umschloss. Kurz vor dem Eingang zum Terminal fasste ich mir ein Herz, blieb stehen und zog ihn ganz nah an mich heran. Schweigend schauten wir uns an, dann gab ich ihm einen Kuss – und er erwiderte ihn. Wieder schien die Welt um uns herum stehen zu bleiben, die Hektik des Flughafens hatten wir völlig ausgeblendet.

»Ich hoffe, ich sehe dich wieder«, flüsterte ich Karl zu, als wir uns anschließend in die Arme nahmen.

»Ich auch, davon bin ich überzeugt«, erwiderte Karl.

Am nächsten Tag telefonierten wir, und Karl erzählte mir, dass er bereits ein Flugticket nach Amsterdam gebucht hätte.

Nur drei Wochen später besuchte er mich zum ersten Mal. Ein halbes Jahr später zog er mit Sack und Pack zu mir – und wir wurden unzertrennlich. Es war Liebe auf den ersten Blick, auf der Tanzfläche eines Clubs in Berlin.

Doch unsere gemeinsame Reise begann wortwörtlich auf dem ehemaligen Berliner Flughafen Tegel.

Unser erstes gemeinsames Foto in Daans kleiner Amsterdamer Wohnung

## DIE NIEDERLANDE KÖNNEN NOCH MEHR

Es gibt nicht nur Amsterdam. Es lohnt sich, die queere Seite anderer urbaner Zentren wie Rotterdam, Eindhoven oder Utrecht kennenzulernen. Gemeinsam mit Karl genieße ich aber auch friedliche Outdoor-Orte, etwa den Nationalpark De Hoge Veluwe, den Küstenort Zandvoort oder Vlieland, eine der bewohnten westfriesischen Inseln. Scanne den QR-Code und lies mehr über unsere Abenteuer in den Niederlanden auf: coupleofmen.com.

coupleofmen.com

# JAPAN

## Tokio · DisneySea · Koyasan · Kumano Kodō

Auf den Spuren der Pilger:
unterwegs auf dem Kumano Kodō

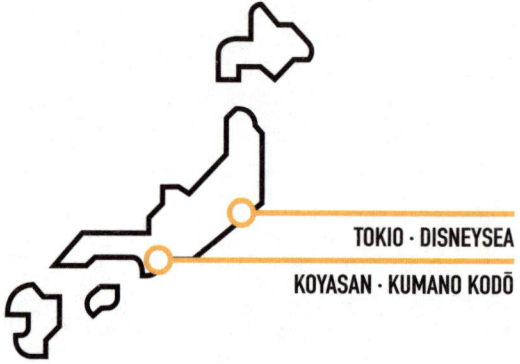

# KUROKAWA, DISNEY & GHIBLI

Die Türen der Metro öffneten sich und stickige Stadtluft stand wie eine schwüle, graue Wand vor uns. An diesem heißen Spätsommertag im September 2014 erreichten wir das Stadtzentrum von Tokio, erschöpft von der langen Flugreise und dem endlosen Zwischenstopp in Hongkong. Gleichzeitig konnten wir kaum mehr aus dem Häuschen sein: Endlich sollte unser Traum, einmal quer durch Japan zu reisen, Wirklichkeit werden. Ganze neun Monate Planung lagen hinter uns, und bereits im Januar hatten wir den Buchungsknopf für unsere Flüge gedrückt. Genügend Zeit also, um einen nicht alltäglichen Trip in ein nicht alltägliches Land bis ins Detail auszuarbeiten. Etliche Reiseberichte hatte ich dafür förmlich zerlesen, schließlich sollte es der Beginn unseres gemeinsamen Abenteuers als Männerpaar auf Reisen sein. Und noch viel mehr. Das wussten wir aber damals natürlich noch nicht.

Auf dem Weg aus dem Bahnhof hinaus erinnerte ich mich an diesen einen Sonntagmorgen im Frühsommer, weniger als ein halbes Jahr war vergangen, nachdem Daan und ich uns zum ersten Mal gegenübergestanden hatten. Die Sonne blinzelte durch die Balkonpflanzen meiner kleinen Berliner Wohnung, die Vögel zwitscherten im grünen

Hinterhof um die Wette. Und wir lagen Arm in Arm im Bett, die Balkontüren weit geöffnet. Zwei Menschen. Verliebt. Glücklich. Aufgeregt. Voller Ideen für eine – vielleicht ja unsere – gemeinsame Zukunft.

Jeder, der verliebt ist, kennt diese turbulente Zeit, die Anfänge einer neuen Liebe, einer neuen Beziehung, diese knisternde Neugier auf jede Einzelheit aus dem Leben des anderen. Mit jedem Gespräch verliebt man sich noch ein wenig mehr ineinander. Vertraut sich Geheimnisse an. Schwelgt in vergangenen Erlebnissen. So war es auch bei uns gewesen, als Daan und ich auf einmal übers Reisen sprachen, über die Länder auf unseren Bucket-Listen. Wohin sollte uns eigentlich unser erstes gemeinsames Abenteuer bringen? Und irgendwie gab es in diesem Moment keinen Zweifel, dass wir gemeinsam die Welt erkunden, gemeinsam unterwegs sein wollten.

»Deine erste Reise – wohin ging die?«, wollte Daan wissen. »Und wie alt warst du da?«

»Anfang zwanzig«, entgegnete ich. »Mit meinem Rucksack hatte ich mich nach Thailand, Sri Lanka und China aufgemacht.

»Klingt nach einer verrückten Mischung.«

»War es auch. Und obwohl es eine organisierte Gruppenreise war mit wenig Spielraum für eigene Entdeckungen, verliebte ich mich auf dieser Tour in das Unbekannte, weit weg von der Heimat, von Europa. Alles fühlte sich weniger eng für mich an.«

»Und bist du dann weiter durch Asien gereist, wenn es dir dort so gut gefallen hat?«

»Richtig. In den folgenden Jahren ging es jedes Jahr in ein paar neue Länder, einmal quer durch Südostasien, nach Indien und hoch hinaus in den Himalaja nach Nepal.«

Daan lag nun auf der Seite, lauschte gespannt und schaute belustigt zu, wie ich mit Händen und Füßen erzählte und dabei meine Fotobox auf dem Bett ausbreitete.

»Und hier, das ist das Zertifikat für meinen Flug um den Mount Everest mit Yeti Airlines!«

Auch Daan hatte schon viel von der Welt gesehen und berichtete von seinen, nicht weniger faszinierenden Trips nach Asien, Südamerika und Afrika. »Besonders spannend waren die Reisen, die ich als Schau-

spieler für internationale Theaterprojekte in Österreich, Südafrika und Ecuador machte. Mit anderen Schauspielern aus verschiedenen Ländern zusammen auf der Bühne zu stehen und anschließend das Land, in dem wir auftraten, für ein paar Tage mit Ortskundigen zu erkunden, das war schon toll. Unvergesslich waren für mich die Nächte im Dschungel von Ecuador. Es schien, als ob alle Insekten des Urwalds mit dem Sonnenuntergang auf einmal zum Leben erwachten. So laut. So unheimlich. So flirrend.«

Ich wollte alles von Daan wissen, hätte ich diese Abenteuer doch am liebsten an seiner Seite erlebt.

»Aber wir können doch fortan zusammen verreisen«, schlug Daan vor.

Ich nickte. »Das wäre genial. Wir schreiben unsere eigene Geschichte, teilen unsere Erlebnisse.«

»Und haben dadurch gemeinsame Erinnerungen.«

Dass sich später ein Blog – und sogar ein Buch – daraus entwickeln würde, ahnten wir damals noch nicht.


Von der Metrostation aus verlief der vorgegebene Weg unserer ausgedruckten Karte über eine Fußgängerbrücke in südöstliche Richtung. Von ihr aus sahen die vielen Pkws auf den sauberen, breiten Straßen aus wie Matchbox-Autos, klein, mit abgerundeten Ecken und Kanten. Setzten wir wirklich gerade einen Schritt nach dem anderen auf japanischem Boden?

Trotz der vollgepackten Rucksäcke hüpften wir den Fußweg entlang, zumindest dort, wo weniger los war. An anderen Stellen wiederum, umringt von unzähligen, im Vergleich zu uns fast immer deutlich kleineren Japanern, bewegten wir uns mit dem Strom und wurden ab und an etwas schüchtern oder neugierig im Vorbeigehen gemustert. Das schien nicht daran zu liegen, dass wir uns an den Händen hielten, sondern eher daran, dass wir die einzigen Europäer mit umgeschnallten Rucksäcken waren, die die Straßen im Einkaufsviertel Ginza entlangliefen.

Das Wahrzeichen des
japanischen Metabolismus

## Übernachten in einer verrückten Kapsel

Die Fußgängerbrücke hatte uns über eine viel befahrene Kreuzung gebracht. Anschließend konnten wir unser Ziel des Tages erkennen, versteckt zwischen einer Reihe Hochhausbauten: der Nakagin Capsule Tower. Der Eingang in das futuristisch anmutende Gebäude, eine große, schwere Tür mit kreisrunden Glasfenstern, befand sich direkt neben einem 7-Eleven. Die Spannung stieg, als wir die Lobby des ungewöhnlichen Hauses betraten. Würde das Wort »Vintage« einen Geruch haben, könnte es wohl der des Eingangsbereichs des Nakagin Capsule Towers sein, dachte ich mir. Der Boden und die Holzvertäfelung an der Wand waren jedenfalls sauber und geputzt. Doch es roch irgendwie alt, gebraucht, fast ein bisschen modrig. Vorab hatten wir bereits von unserem Gastgeber erfahren, dass der Turm nicht mehr im besten Zustand sein würde. Und trotzdem konnte ich diese einmalige Gelegenheit nicht ungenutzt lassen, diese Architektur-Ikone nicht nur von außen zu sehen, sondern sogar darin zu übernachten.

Die Rezeption war besetzt, doch die Frau, die neben einer kleinen Bergpalme hinter der Glastrennwand Büroarbeit verrichtete, kümmerte sich nicht darum, dass zwei Europäer die Schlüssel für eine der Wohnkapseln aus dem Briefkasten holten und im Fahrstuhl verschwanden.

Ich fühlte mich wie in einer der Star-Trek-Serien. Der Fahrstuhl war übersät mit unbekannten Zeichen und Symbolen. Anstatt rechteckiger Türen waren diese hier rund, oval oder trapezförmig. Doch anders als in der perfekten Welt des 24. Jahrhunderts entdeckten wir teils deutliche Gebrauchsspuren, Rost, Schimmel oder geplatzte Plastikverkleidungen. Als ungewöhnlich faszinierend hätte Lieutenant Commander Data vom Raumschiff Enterprise diese Umgebung vermutlich beschrieben. Jedenfalls fühlte sie sich für mich so an.

Einer der Hauptgründe, warum ich nach Japan wollte, hatte genau mit dieser so besonderen Architektur des Landes zu tun gehabt, in die ich mich schon vor meinem Studium der Kunst- und Architekturwissenschaften in Berlin verliebt hatte. Auf die traditionellen Tempelbauten und alten buddhistischen Friedhöfe der Bergregion Kōya-san sowie die Pilgerpfade des Kumano Kodō freute ich mich besonders.

Karl bestaunt Tokio durch das runde Fenster der kleine Kapsel-Wohnung.

Doch während des Studiums hatten es mir hauptsächlich die modernen Gebäude in den Großstädten wie Tokio oder Osaka angetan. Allen voran die organische Architektur aus der Mitte des 20. Jahrhunderts.

Auf kleinstem Raum möglichst viele Menschen unterzubringen, in die Höhe zu bauen und dabei auf Konzepte aus der Natur wie Zellstrukturen zurückzugreifen, war in den Fünfziger- und Sechzigerjahren ein Lösungsansatz, um der Wohnungsknappheit nach dem Zweiten Weltkrieg beim Wiederaufbau in Tokio zu begegnen. Metabolismus wurde diese Strömung genannt. Wohnraum war knapp – und wie sollte die Gesellschaft auf eine zukünftige Mega-Stadt reagieren? Warum also nicht einfach eine Stadt als Organismus betrachten, der sich zukünftig fortlaufend erneuern kann, ganz so wie die Zellen im menschlichen Körper? Auch der soziale Aspekt, private Bereiche so klein wie nötig zu halten und das gemeinnützige Leben auf größere gemeinschaftlich genutzte Räume zu verlegen, spielte dabei eine wesentliche Rolle. Ein Gebäude hatte es mir besonders angetan: Kishō Kurokawas Nakagin Capsule Tower, der als eines der wenigen Projekte dieser Architekturströmung auch tatsächlich realisiert wurde. Daan war zum Glück begeistert von der Idee, diesen besonderen Bau zu besuchen.

Nach langer Recherche war ich erfolgreicher als ich zunächst angenommen hatte. Anstelle einer Besichtigungstour hatte ich den Eigentümer einer Kapsel ausfindig machen können, der seine winzige Wohnung als Übernachtungsmöglichkeit auf Airbnb anbot. Doch was zunächst vielversprechend begann, endete mit einer Absage. Ich ließ nicht locker, gleich aus mehreren Gründen. Zum einen wusste ich nicht, wie oft ich noch nach Tokio kommen würde. Zum anderen ist die Zukunft des Kapsel-Turms mehr als ungewiss. Trotz der Bedeutung für die Architekturgeschichte ist er in einem miserablen Zustand. Obwohl den Vorstellungen des Metabolismus entsprechend die Kapseln austauschbar sind, wurden diese nicht regelmäßig erneuert. Folglich ist bereits seit mehreren Jahren von einem möglichen Abriss die Rede. Entweder hatten wir Glück – oder der Vermieter hatte nach meinen wiederholten Anfragen seufzend nachgegeben. Eines Morgens jedenfalls erhielten wir per E-Mail die Zusage, in der winzigen Kapsel von gerade einmal 2,3 × 3,8 Metern übernachten zu dürfen.

Wir erreichten unsere Etage. Als sich die Fahrstuhltüren vor uns öffneten, mussten wir dann doch schlucken. Der zentrale Aufgang war abgewohnt, schmutzig, und es roch nach allem Möglichen, nur nicht »sauber«. An einigen der Kapseln, die ringförmig um das Treppenhaus aufgehängt waren, hatten Eigentümer behelfsmäßig Regenwasserableitungssysteme konstruiert, die leckten. Wir ahnten das Schlimmste für unsere Kapsel, die schließlich unsere Unterkunft für die ersten Tage in Japan sein würde. Der Schlüssel passte, die Tür öffnete sich – und eine gereinigte, gut versorgte kleine Kapsel hieß uns willkommen. Zum Glück. Wir konnten also unser neues Zuhause beziehen. Die Toilette funktionierte, auch Wasser kam aus dem Hahn. Doch das war schon alles, was wir als Luxus in diesem Schneckenhaus bezeichnen würden. Daan drehte sich mit weit aufgerissenen Armen im Kreis und rief: »Wohnungsbesichtigung erfolgreich abgeschlossen!«

Es dämmerte bereits, und wir waren kaputt von der Reise. Also machten wir es uns gemütlich, einer auf dem Boden, der andere auf dem kleinen Designersofa im japanischen Stil. Aber an Schlafen war nicht zu denken. Wir waren einfach viel zu euphorisiert, und der Jetlag machte uns obendrein zu schaffen. Die Lichter der vorbeisausenden Autos erhellten die Kapseldecke, auf die wir beide starrten.

»Mit so wenig Wohnraum sollten Japaner also auskommen, wenn es nach den Metabolisten gegangen wäre. Aha. Kannst du dir das vorstellen? Ist ja kaum Platz für eigene Sachen. Auf der anderen Seite hat man auch keine direkten Nachbarn.«

Daan entgegnete: »Sehr minimalistisch. Klingt aber auch gleichzeitig sehr befreiend, oder? Ich meine, minimale Wohnkosten, kaum Ausgaben für Alltagsgegenstände und Einrichtung? Mehr Geld fürs Reisen?«

Mmmh, da hatte Daan natürlich einen Nerv getroffen. Langsam kamen wir zur Ruhe. Faszinierend, murmelte ich leise vor mich hin, faszinierend. Fast genauso hatte ich es mir vorgestellt, damals, im Seminar an der Uni. Klein, aber groß genug für unsere Zwecke. In unserem Fall: um anzukommen in Tokio. In Japan.

Damit aber noch nicht genug der Höhepunkte der Architekturgeschichte in Tokio. Zunächst die Moderne.

Den Überblick behalten. Im wahrsten Sinne des Wortes geht es uns auf Reisen um den Blick von oben. Es gibt für uns nichts Spannenderes, als eine Destination von oben zu betrachten. So bekommen wir den besten Überblick, können uns besser orientieren und entdecken vielleicht die eine oder andere Sehenswürdigkeit oder versteckte Besonderheit, die wir in den Häuserschluchten womöglich übersehen hätten. Gerade in Großstädten wie Tokio bewährte sich diese Taktik. Und welches Gebäude wäre besser dazu geeignet, die japanische Hauptstadt von oben zu sehen, als das mit 634 Metern zweithöchste Bauwerk der Welt, der Tokyo Skytree, ein Fernseh- und Rundfunkturm? Sage und schreibe 445 Meter ging es mit dem Lift hinauf zu den verglasten Aussichtsplattformen und zu Fuß über einen Gang mit riesigen Panoramafenstern sogar noch ein Stückchen höher. Die Plattform auf 450 Metern Höhe offenbarte uns einen

**KAPSEL-TURM AUF DER GINZA**

Die Zukunft des Towers scheint heute ungewisser denn je. Letzten Berichten zufolge ist der Abriss des Kapsel-Turms für Mitte 2022 geplant. Eine kleine Gruppe aus Eigentümern und Denkmalschützern versucht jedoch, den Bau noch zu retten. Das Minimalziel für sie ist klar: Ganz im Sinne des Metabolismus sollen einige der Kapseln eine neue Bestimmung finden, in Museen, Sammlungen oder vielleicht sogar wieder als Wohnraum. Wer weiß, vielleicht schlafen wir bald in einem Resort, das aus einer Ansammlung dieser Kapseln besteht?

wahnsinnig beeindruckenden Ausblick auf die Stadt. Vor lauter Wolkenkratzern und schier endlos auslaufenden Wohngebieten konnten wir den Horizont kaum erkennen. Der Blick war unbeschreiblich. Ein Ort zum Verweilen.

»Beeindruckend, oder?«, seufzte Daan. »Hier oben könnte ich die Zeit komplett vergessen. Weit weg vom Gewusel des geschäftigen Lebens unter uns. Gut, dass wir uns für diesen Turmbesuch entschieden haben. Hast du eigentlich schon ein Ende der Stadt am Horizont erkennen können?«

»Nein. Du? Der Skytree ist die passende architektonische Ergänzung zu unserer Unterkunft, findest du nicht auch? Wer kann schon von sich behaupten, im einzigartigen Capsule Tower in Tokio übernachten zu haben? Ich! Obwohl ich, um ehrlich zu sein, nach der langen Anreise ein Luxusbett bevorzugt hätte. Aber egal. Ich habe mir einen echten Traum erfüllt.«

Daan legte den Arm um meine Schultern und sagte: »Es ist so schön mitzuerleben, wie sehr du aufblühst, wenn du von deiner deine Lieblingsarchitektur erzählst. Das macht Lust auf mehr …«

Aussicht über das schier unendlich weite Tokio aus dem SkyTree

## Mein größter Traum wird wahr

Sechs Uhr, mein Handy begann laut zu klingeln, und ich schoss wie eine Rakete aus dem Bett. Karl schreckte verschlafen hoch und wusste im ersten Moment nicht, was um ihn herum geschah. Fröhlich singend und tanzend schob ich die schweren Vorhänge unseres riesigen Hotelzimmers – riesig besonders im Vergleich zu unserer kleinen Kapsel – beiseite, freute mich kurz über den Ausblick auf die Bucht von Tokio und schaltete Disney Theme Park Musik an.

Ich hatte kaum ein Auge zu gemacht, was allerdings nicht an unserem neuen Hotel gleich gegenüber von den Disney Parks in Tokio gelegen hatte, damit wir morgens ja auch schnell genug vom Bett in die erste Attraktion fallen konnten. Bis in die frühen Morgenstunden war ich noch damit beschäftigt gewesen, diesen Tag bis ins kleinste Detail mit allen möglichen Tipps, Abkürzungen und Tricks zu planen. Doch von Müdigkeit oder Jetlag war nichts zu spüren, im Gegenteil. Natürlich hatte ich auch für meinen deutschen Freund eine frische Tasse Kaffee aufgesetzt, bevor ich im Bad verschwand. Ohne würde Karl garantiert nicht aus dem Bett kommen, so viel wusste ich schon über ihn.

Dann war Karl an der Reihe, sich im Badezimmer frisch zu machen. Unterdessen legte ich alles Notwendige auf dem Bett bereit: Sonnencreme, Fotoapparat, Handys, eine dünne Jacke sowie eine Trinkflasche für jeden von uns. Ich trug mein Captain EO-T-Shirt, denn es war ein ganz spezieller Tag für mich, ein Tag, auf den ich mich bereits seit vielen Jahren, seit der Eröffnung des Parks 2001, gedanklich vorbereitet hatte. Was Karl bislang nicht wusste: Er musste sich mit dem Frühstück noch bis nach der ersten Fahrt in einem (für mich) besonders wichtigen Fahrgeschäft gedulden. Schließlich waren wir nicht die Einzigen, die heute im Freizeitpark DisneySea unterwegs sein würden. Stundenlang in der Warteschlange stehen, das hatte ich so in meinem

**QUEERE NÄCHTE IN SHINJUKU NI-CHŌME**

In Tokios Viertel Ni-chōme finden nicht nur schwule Einheimische, sondern auch Reisende die weltweit höchste Dichte an Ausgehmöglichkeiten. Die meisten Bars gehören einer bestimmten Subkultur an, sind teilweise winzig klein und nur für wenige Stammkunden zugänglich. Ausnahmen für Touristen bestehen allerdings.

Tagesplan nicht vorgesehen. Und so verließen wir bereits kurz nach halb acht unser Hotel.

Gosh, ich konnte mich gar nicht mehr erinnern, wann ich das letzte Mal so glücklich und gleichzeitig außer Rand und Band gewesen war – Kindheitsträume gehen ja nicht jeden Tag in Erfüllung.

Schon als kleiner Junge hatte ich mir meine eigenen Fantasiewelten nicht nur vorgestellt, sondern gezeichnet und später sogar selbst gebaut. Für mich war es einfach das Größte, in meinem Zimmer »Freizeitpark-Attraktionen« zu errichten, aus Lego und Decken, und meine Barbiepuppen wurden zu animatronischen Charakteren, verkleidet als Elfen oder Geister, die sich zur speziell ausgewählten Musik bewegten. Meistens hatten meine Mutter oder mein Vater die Ehre, als Publikum diese selbst inszenierten Shows ansehen zu dürfen. Noch heute schätze ich es, dass sie mir damals den Raum, die Zeit und das Vertrauen gaben, wie ein echter Fantast zu gestalten. Beinahe wie ein zukünftiger kreativer Kopf bei Disney.

Diese Imagineers (eine durch Disney geprägte Wortkreation aus Imagination und Ingenieur) sorgten mit ihrem Wissen und ihren Fähigkeiten dafür, dass ihre Ideen auch in der Praxis umgesetzt werden konnten und können. Na gut, vielleicht waren meine Arbeiten mit meinen Barbies nicht ganz so professionell, aber es war ein Anfang, meine Fantasien zum Leben zu erwecken. Dabei war ich selten zufrieden mit dem Ergebnis meines Tuns – eben ein Perfektionist. Das macht meine Arbeit als Schauspieler, Theatermacher und Designer bis heute nicht unbedingt einfacher. Karl kann davon ein Lied singen, denn das Aufnehmen unserer Videos oder eines Fotos kann manchmal sehr viel Zeit in Anspruch nehmen, bis ich es als gut genug für eine Veröffentlichung freigebe.

Derselbe Perfektionismus ist der Grund, warum mich die Disney-Parks und auch andere gut durchdachte, künstliche Welten so fesseln. Ich sehe und schätze die Liebe zum Detail, mit der eine Welt, entstanden aus reiner Fantasie, erschaffen wurde.

Tatsächlich war es dann wohl die Eröffnung des Disney Parks in Paris 1992, die meine Liebe zu Freizeit- und Themenparks besiegelte. Ich weiß noch, wie warm mir ums Herz wurde, als ich die erste Broschüre für Euro Disney in Händen hielt. Ich konnte nicht aufhören, die Bilder von Big Thunder Mountain anzustarren und mir vorzustellen, wie es sein würde, tatsächlich mit »The Wildest Ride in the Wilderness« zu fahren.

Meine Eltern hatten das Strahlen und die Funken in meinen Augen wohl ebenfalls bemerkt, denn noch im selben Jahr verbrachten wir unseren Urlaub am »glücklichsten Ort der Welt«. Und das war er dann auch wirklich. Für mich als Sechsjährigen mit jener farbenfrohen Vorstellungskraft war es ein prägendes Erlebnis, den verschiedenen Disney-Charakteren zu begegnen und mit ihnen quasi spazieren zu gehen. Das war so beeindruckend für mich, dass ich mich damals noch zu jung (und zu ängstlich) gefühlt hatte, um die Attraktion Phantom Manor, die Geisterbahn im Disney Park, zu betreten. Heute gehört genau dieser Dark Ride zu meinen bevorzugten Fahrgeschäften. Dafür verliebte ich mich zu jener Zeit in die singenden Piraten der neuen Fluch der Karibik-Attraktion, die ich zum Greifen nah von einem Boot aus erleben konnte. Mit offenem Mund muss ich zugeschaut haben, wie Zorro auf den Dächern von Frontierland gegen die Bösewichte kämpfte. Diese erste Disney-Reise nach Paris hinterließ wirklich Spuren. Freizeit- und Themenparks sollten mich von da an nicht mehr loslassen.

Wir standen nun am Gleis für die Disney Resort Line, die Monorail, die uns von unserem Hotel direkt zum Parkeingang bringen würde.

»So, jetzt haben wir einen Moment Zeit, bis die nächste Bahn einfährt. Raus mit der Sprache: Warum Japan? Nicht nur wegen Disney, oder?«

»Mmh«, antwortete ich und suchte für einen Augenblick nach den richtigen Worten.

»Höflichkeit, Ruhe, Respekt. Eine auf Perfektion ausgerichtete Kultur. Minimalismus. Animationsfilme. Spiritualität. Und dass wir hier einfach so zusammen sein können, als Männerpaar meine ich, und keiner sich daran zu stören scheint, zumindest nicht offen. Außerdem muss ich immer wieder an meinen Opa denken, erinnerst du dich? Der mit dem Blumenladen.« Karl nickte zustimmend. »Er war ja einer der ersten Floristen in Amsterdam, der seine Blumenarrangements mit japanischer Kunst verknüpfte. Einige der japanischen Blumentöpfe und Möbel sind heute noch im Familienbesitz. Er wäre begeistert von dieser Reise. Die Liebe zu Japan habe ich vielleicht sogar von ihm.«

»Klingt danach. Schade, dass ich ihn nicht mehr kennenlernen konnte.«

Wir stiegen in die inzwischen eingefahrene Monorail. Ich zappelte auf meinem Sitz hin und her und rief:»Losfahren! Wir sind bereit«

»Sag mal, wie oft hast du eigentlich einen Disney Park von innen gesehen? Mindestens fünf- oder sechsmal?«

Ich schüttelte mit dem Kopf und musste grinsen.»Mit meiner Mutter war ich mindestens einmal im Jahr im Disney Park in Paris – und das zwölfmal hintereinander. Und nicht zu vergessen, mehrere Mal in dem niederländischen Themenpark Efteling.«

»Wurde dir das nicht auf die Dauer langweilig?« Karl packte meine Hand und gab mir einen Kuss auf die Wange.

»Nie. Vielleicht auch deshalb, weil sich meine Faszination für diese Fantasiewelten im Laufe der Zeit änderte. Nach einer Weile wurden die abenteuerlichen Momente zweitrangig. Für mich ging es mehr um den Detailreichtum, um die musikalischen Elemente und wie das alles zueinanderpasste. Diese Welten selbst zu erschaffen, als Künstler, als Imagineer, das wollte ich gern machen. Mein Traumberuf, eigentlich noch vor der Schauspielerei, wenn ich ganz ehrlich bin.« Ich konnte nicht mehr stillsitzen und lief ans Fenster, um einen ersten Blick auf den Park zu erhaschen. Nur noch ein paar Minuten und wir würden vor dem Eingang stehen.»Meine Mutter hat mir als Kind immer die Geschichte erzählt, dass sie, bevor sie von ihrer Schwangerschaft mit mir wusste, wahrscheinlich zu oft mit der Python-Achterbahn im Efteling Park gefahren sein musste. Und ich darum heute so versessen auf Themenparks sein würde. Das hat mich damals wahnsinnig stolz gemacht.«

»Na, da bin ja gespannt, was mich erwartet«, sagte Karl.

»Und du bist wirklich noch nie in einem Disney Park gewesen?«

»Nicht ein einziges Mal.«

»Und nun bist du vier Tage mit mir in einem Disney Resort. Ganz schön mutig. Hut ab. Und das auch noch am anderen Ende der Welt.«

»Ob das mutig von mir war, wird sich erst herausstellen.«

»Aber du bist bereit, mit einem Themenpark-Nerd wie mir in meinen Kindheitstraum einzutauchen?«

»An deiner Seite? Immer!«, erklärte Karl überzeugt und kam zu mir herübergelaufen. »Übrigens, müssen wir wirklich noch eine halbe Stunde am Eingang warten?«

Als er das fragte, erreichten wir unsere Haltestelle, kurz und knapp antwortete ich: »Der Park öffnet erst um 9:30 Uhr.« Schnell drehte ich mich verlegen herum und verließ zügig den Zug. Ich war wahrscheinlich etwas übereifrig gewesen. Mit Sicherheit waren wir viel zu früh aufgestanden und würden fast zwei Stunden vor dem Öffnen der Tore zu den Ersten am Eingang gehören.

Karl aber griff nach meiner Hand und meinte nur: »Kein Problem, mein verrückter Niederländer. Diese vier Tage gehören dir. Ich brauche nichts weiter als einen Kaffee am Morgen, ein gutes Mittagessen und mindestens sechs Stunden Schlaf. Ach ja, und einen Kuss zwischendurch.«

Ich dachte daran, dass es über zwanzig Jahre her war, dass ich wieder einen für mich unbekannten Disney Park betreten würde. Alles hatte ich minutiös geplant, um nur ja nichts zu verpassen und um jede Attraktion mindestens einmal erleben zu können. Ein Grund dafür waren die hiesigen Disney-Fans. Die meisten von ihnen waren mit einem Jahres- oder Saisonpass ausgestattet, hatten also keinen Stress, wenn sie einzig bestimmte Attraktionen erleben wollten. Wir hingegen hatten »nur« vier Tage lang Zeit, um alles zu sehen. Und ich meinte wirklich alles.

Als wir um die Ecke bogen, staunten wir nicht schlecht: Meterlange Schlange hatten sich bereits vor sämtlichen Eingangstoren des Parks gebildet. Und es war gerade erst kurz vor acht.

»Das habe ich irgendwie nicht erwartet. Ich hoffe, dein Plan wird noch aufgehen«, sagte Karl besorgt. »Du bist weiß wie eine Wand.«

**TOKYO DISNEY RESORT**

Das Resort besteht aus zwei Themenparks, die nebeneinander gebaut wurden: Tokyo Disneyland, mit einer Nachbildung des berühmten Cinderella-Schlosses des Magic Kingdom Parks in Disney World Orlando, Florida, sowie Tokyo DisneySea. Für Gäste gibt es Kombitickets.

**tokyodisneyresort.jp**

Schlagartig war ich ein wenig panisch geworden, rechnete mit dem Schlimmsten. Mit all diesen Menschen vor uns im Park – wie um alles in dieser Welt sollte meine perfekte, bis zur letzten Minute durchdachte Planung dann noch aufgehen?

»Wird alles gut, mein Schatz«, beruhigte mich Karl weiter, ahnend, was ich gerade durchmachte. »Nicht alle Wartenden werden genau zu den Attraktionen rennen, die du für heute geplant hast. Oder? Außerdem haben wir jetzt genügend Zeit«, er räusperte sich, »deine Planung anzupassen. Auch verspreche ich dir, dass wir die nächsten Tage noch früher aufstehen werden.«

Karl streichelte mir übers Gesicht. Von Beginn an verstand er es, mich zu beruhigen und mir die Freiheiten für meine Verrücktheiten zu geben. Das schätze ich bis heute an ihm, doch damals, auf unserer ersten gemeinsamen Reise, besonders. Und so probierten wir, das Beste aus meinem Dilemma zu machen. Und hatten sogar Spaß dabei.

Gleich mehrere Besonderheiten begegneten uns bereits in der Warteschlange. Erstens: Wir waren groß. Und das will was heißen. Karl zum Beispiel ist eher mit einem kleinen Otter zu vergleichen, wenn wir zu Hause in den Niederlanden unterwegs sind. Doch hier, vor den Toren von Tokyo DisneySea, konnte auch er über die meisten Köpfe der Wartenden blicken. Was ihn sichtlich erfreute! Zweitens: Noch nie hatte ich (Karl musste mir glauben) so viele als Disney-Charaktere verkleidete Parkbesucher gesehen. Nein, nicht Fans in T-Shirts mit Micky Maus darauf oder einen Rucksack mit einem Star-Wars-Logo. Sondern verkleidete Menschen in kompletten Outfits. Das mochte daran liegen, dass es in den USA und Europa nicht erwünscht oder sogar verboten ist, sich als offizielle Parkfiguren zu verkleiden. Hier war das etwas anders. Japanische Varianten von Schneewittchen, Prinz Erik oder Tinker Bell standen mit uns in den Besucherschlangen, schossen Selfies und kicherten fröhlich vor sich hin. Für sie gehörte es offenbar zu den größten und schönsten Momenten, sich im Outfit ihres Lieblingscharakters fotografieren zu lassen. Einige nutzten die Zeit bis zur Öffnung des Parks sogar, um sich umzuziehen und zu schminken.

Dann war es endlich so weit: Eine Gruppe gut ausgebildeter, lächelnder Disney-Mitarbeiter erschien pünktlich an den Toren und begann eifrig, die Eintrittskarten zu scannen. Wir strömten mit einer Flut heimischer Disney-Fans in den Park. Offiziell war Rennen hier nicht erlaubt, besser gesagt, nicht erwünscht. Doch wir taten es den vielen Japanern gleich und eilten im Schnellschritttempo durch den Eingangs-bereich, der einer italienischen Stadt zum Verwechseln ähnlich sah. Überall standen lächelnde Angestellte, die uns mit beschwichtigenden Gesten zum langsameren Gehen animieren wollten. Ich hatte so lange auf diesen Moment gewartet, dass an ein gemäßigteres Tempo nicht zu denken war. So schlossen wir uns den Schnellsten an und schlängelten uns zwischen den Getränkeständen hindurch. Was für ein Anblick!

Wie jeder Disney Park hatte auch Tokyo DisneySea ein Bauwerk als Mittelpunkt. Doch nicht ein weiteres Disney-Schloss, sondern ein rie-siger See mit einem dahinter liegenden, von Menschenhand geschaf-fenem »aktiven« Vulkan. Das passte auch viel besser zum Thema des

Der zentrale Anlaufpunkt in Tokyo DisneySea heißt Mount Prometheus.

Parks, der sich den Ozeanen und Meeren unseres Planeten und deren Erkundung verschrieben hatte. Hinter dem See gibt es ein kleines Fort mit zugehörigem Schiff, und diese Szene in ihrer Tiefe machte uns eines deutlich: DisneySea mit seinen »italienischen Lagunen« war ein wahrhaft riesiger Themenpark. Disney-Imagineers bezeichnen diesen Besuchermagneten, den zentralen Bezugs- und Orientierungspunkt in einem Park, als Weenie. Und dieser Weenie im DisneySea Park mit Namen Mount Prometheus war wirklich einer der sensationellsten, den ich je gesehen hatte.

Wir nahmen den schnellsten Weg um den See herum und durch die Felsen des Vulkans hindurch zu einer »geheimen« Lagune. Und da stand ich nun, vor diesem von Menschenhand geschaffenen Naturwunder, das mich dazu bewogen hatte, genau diesen Park zu besuchen. Für einen kurzen Moment ließen wir den Blick über die von einer Wand aus vulkanischem Gestein umgebenen Lagune schweifen. Das Wasser bewegte sich stürmisch, und beeindruckende Dampfwolken schwebten über der Wasseroberfläche, Blasen stiegen brodelnd nach oben. Das Innenleben einer vulkanischen Lagune war so gut vorstellbar. Ein detailliert gestalteter Pfad führte um die Lagune herum, und ein prächtiges Schild wies uns den Weg zur Hauptattraktion in dem von Jules Verne inspirierten Parkbereich mit Namen »Mysterious Island« (nicht dass ich ein Schild dafür gebraucht hätte).

Endlich erreichen wir den Eingang zu unserem ersten Abenteuer des Tages, der »Journey to the Center of the Earth« – »Der Reise zum Mittelpunkt der Erde«. Nicht nur ich war hippelig, auch Karl wurde immer nervöser und begann wie ein Wasserfall Fragen zu stellen. »Ist dies hier wirklich von Jules Vernes Büchern inspiriert? Gibt es hier auch eine Attraktion zu seinem Roman 20 000 Meilen unter dem Meer? Hast du den Disney-Film zu dem Roman schon gesehen? Es ist doch ein Dark Ride, oder? Wie lang werden wir …?«

Mit einem Kuss brachte ich Karl zum Schweigen. Was ich ihm allerdings auch noch nicht verraten hatte: Der Dark Ride sollte eine der größten animatronischen Figuren beherbergen, die Disney je gebaut hatte.

Schon der Wartebereich war ein Erlebnis. Wir wurden zu einem Charakter des Jules-Verne-Romans beziehungsweise der Disney-Verfilmung aus den Fünfzigerjahren. Der Weg führte uns vorbei an dicken Seilen, die von steinernen Wänden hingen, und gleich mehreren Studierzimmern mit alten Expeditionsbüchern, Laternen, Gesteinsproben und Skizzen. Nach einer rasanten Fahrt in die Tiefe standen wir in einer unterirdischen Höhle, die von riesigen Metallklemmen und dampfenden, meterdicken Rohren gehalten wurde. Dann war es an der Zeit, eines der aus dem Zeichentrickfilm Atlantis (2001) entlehnten Fahrzeuge zu besteigen und die Reise zum Mittelpunkt der Erde anzutreten.

»Fertig?« Ich wusste gar nicht so recht, ob ich nun zappelig war, weil ich diese Fahrt zum ersten Mal machen würde, oder weil Karl zum ersten Mal überhaupt in einem Disney Park war, mit mir. Im Gegensatz zu ihm hatte ich schon vorher Videos von dieser Attraktion gesehen. Und so war ich neben meiner eigenen Begeisterung sehr gespannt auf Karls Reaktion auf dieses unterirdische Abenteuer.

Doch darüber konnte ich mir jetzt keine weiteren Gedanken mehr machen. Mit einem freundlichen Winken der Parkangestellten begann die Reise durch Höhlen mit wunderschön leuchtenden Kristallen, Pilzen und fabelhaften Urzeitwesen. Mit jedem Meter tiefer hinein in den Berg schien nicht nur die Farbenpracht zu verblassen, auch die Musik

Lagune des Mysterious Island im Park DisneySea

wurde grimmiger. Moment, bewegte sich da etwas? Karl packte meine Hand, als die Höhlen dunkler, kleiner und heißer wurden, je näher wir dem Mittelpunkt der Erde kamen. Und dann, nach einer scharfen Kurve, befanden wir uns plötzlich auf Augenhöhe mit einem Lavamonster, das sich mit seinem großen Maul aggressiv auf uns zu stürzen versuchte. In rasantem Tempo stieg unser Gefährt in Richtung Erdoberfläche auf und schoss aus einem Lavatunnel heraus zurück zum Ausstieg, zum sicheren Ende.

Hätte ich es nicht bereits gewusst, hätte ich definitiv behaupten können: Die Imagineere und Designer hatten offenbar völlige Freiheit bei der Ausgestaltung der Lagune und des ganzen Parks gehabt, ohne aufs Budget achten zu müssen. Dieses Projekt war für mich die perfekte Symbiose von großen amerikanischen Träumen und dem japanischen Auge für Details.

Unterwegs zu den nächsten Attraktionen sahen wir wieder viele beeindruckende Kostüme, in denen paradiert wurde, als wären wir auf einem Cosplay-Event. So hatte ich mir eigentlich immer Tokios Stadtteil Harajuku als der Place to be vorgestellt, um Anime- und Manga-Fans und Verkleidungskünstler im Alltag zu erleben. Dabei scheint es noch einen weiteren Ort in der japanischen Hauptstadt zu geben, an dem Mädchen und Jungen ihre Rollenspielfantasien ausleben, die Disney Parks.

Wir begegneten zahlreichen hübschen Prinzessinnen, pelzigen Star-Wars-Charakteren oder anderen Personen, die in ihren synthetischen, teils selbst genähten Outfits in der spätsommerlichen Hitze förmlich dahinschmolzen. Es war hinreißend und herzzerreißend zugleich. Natürlich wollten wir diese Momente mit der Kamera festhalten und machten es uns zur Aufgabe, Fotos mit so vielen inoffiziellen Disney-Figuren wie möglich aufzunehmen. Aber der Preis für das beste Outfit ging zweifellos an die Person, die im Tomorrowland in einem selbst gebastelten Buzz-Lightyear-Kostüm in der prallen Sonne stand. Mit Schweißperlen auf der Stirn und ohne auch nur mit der Wimper zu zucken war die Toy-Story-Figur für eine Aufnahme mit mir bereit. Wahnsinn. Und das war nicht die Ausnahme. Jeder verkleidete Fan liebte es, fotografiert zu werden. Einige wollten sogar ein Bild mit uns machen, denn es gab nicht viele weiße und bärtige Europäer, die in

Disney Tokio herumliefen, schon gar nicht Hand in Hand. Mehr als nur einmal sahen wir in große Augen, und hinter vorgehaltener Hand wurde gekichert. Wir spürten aber nichts Gemeines, Aggressives oder Spöttisches. Wir bekamen immer wieder das Wort kawaii zu hören, was so viel wie »süß« oder »liebenswert« bedeutet. Nun, dasselbe galt auch für all die Verkleidungskünstlerinnen und -künstler!

Der Tag verging wie im Flug, und war doch so erschöpfend lang. Ich hatte schon früher die Eigenart entwickelt, immer dann, wenn alle anderen Besucher kurz vor dem Schließen eines Parks bereits in Richtung Ausgang liefen, genau in die andere Richtung zu gehen. Nur so hatte ich die Möglichkeit, einen Themenpark ruhig und ohne viele Menschen zu erleben. In Tokio war das nicht anders. Obwohl Karl kaum noch auf den Beinen stehen konnte, hielt er meine Hand, als wir zum Vulkan zurückkehrten. Dadurch konnten wir zwei allein am Ufer der Lagune auf einer Bank sitzen.

»Ist es schlimm für dich?«, fragte ich. »Das war jetzt gerade einmal Tag eins.«

»Genieße jede Sekunde«, erwiderte Karl. »Ohne Entschuldigung, ohne Reue. Das sind deine vier Tage. Aber um deine Frage zu beantworten: I love it! Wie du weißt, werde ich schnell reisekrank, ob beim Autofahren oder im Bus. Daher hatte ich ein wenig Angst davor, dass mir in einem Freizeitpark die ganze Zeit schlecht sein würde. Aber schau mich an – nichts dergleichen! Die meisten Achterbahnen waren überhaupt nicht schlimm, und im Dunkeln durch diese verzauberten Welten zu fahren, ist einfach nur magisch.«

»Und was war deine Lieblingsattraktion?«

»Da brauch ich gar nicht lange nachzudenken: ›Sindbad‹!«

»Meine auch. Und natürlich ›Die Reise zum Mittelpunkt der Erde‹.«

»Schau, der Mond!« Karl deutete auf den See. Der Mond lugte gerade wieder hinter einer Wolke hervor und spiegelte sich im Wasser, während Lichteffekte einen kleinen Vulkanausbruch inszenierten. Und während wir langsam Arm in Arm in Richtung Ausgang schlendern, ergänzte Karl:»Die Atmosphäre hier ist großartig. So viele Menschen, entspannte Musik, an jeder Ecke riecht es nach anderen Leckereien. Und habe ich die Musik schon erwähnt? Davon kann man doch einfach nur glücklich werden.« Und dann fügte er noch hinzu:»Dich hier so völlig in deinem Element zu sehen, das macht mich glücklich.«

Es war also kein Traum mehr, es war endlich Wirklichkeit geworden. Und das Tollste war, ich konnte jeden Augenblick mit Karl teilen, der so ausdauernd meine Verrücktheiten ertrug, ohne sich auch nur mit einem Wort zu beschweren.

## Spirited Away – Pilgern in den Bergen

Es wurde Zeit, die augenscheinliche Perfektion von Tokio, Kyōto und Osaka hinter uns zu lassen. Woher nahmen die Japaner nur die Inspirationen für ihre organische, ihre moderne Architektur und die Makellosigkeit in den Disney Parks? Wir waren neugierig geworden.

Für den zweiten Teil unserer ersten gemeinsamen Reise begaben wir uns daher auf einen spirituellen Trip in die Natur der Präfektur Wakayama. Vorwiegend Japaner finden ihren Weg hinauf in die Berge, sei es aus spirituellen oder Glaubensgründen – oder wegen der Schönheit der Natur. Für uns begann dieser Teil der Reise mit der Zugfahrt von Kyōto aus in Richtung Süden, durch die geschäftigen Außenbezirke von Osaka und die sich rasant veränderten Landschaften der Kii-Halbinsel. Wir gehörten auch hier als Europäer in der morgendlichen Rushhour zu den Ausnahmen im öffentlichen Personennahverkehr. Mit jedem Kilometer in Richtung Natur verließen auch mehr und mehr Menschen den Zug, bis wir sogar die einzigen Insassen in unserem Waggon waren.

Ich schaute gebannt aus dem Fenster, auf die weiten Wiesen und Felder, die an uns vorbeizogen, und die ersten Küstenlandschaften. Der

Daan neben Buzz Lightyear im selbst gebastelten Kostüm

# LGBTQ+-COMMUNITY IN JAPAN

Die LGBTQ+-Gemeinschaft in Tokio zählt zu den größten in Asien. Kein Wunder, denn Homosexualität ist in Japan legal und wird durch keine traditionellen Religionen abgelehnt oder verboten. Zudem gibt es in einigen Städten, darunter Tokio, Gesetze, nach denen Diskriminierungen aufgrund der sexuellen Ausrichtung und der Geschlechtsidentität verboten sind. Trotzdem werden bis heute gleichgeschlechtliche Partnerschaften vor dem Gesetz nicht anerkannt und auch Adoptionen sind bisher nicht möglich. Aufgrund dieser gesellschaftlichen Strukturen entscheiden sich viele queere Japaner dafür, ihre Sexualität in der Anonymität und in speziellen Clubs auszuleben und sich nicht oder nur selten zu outen. LGBTQ+ Reisende können neben kleineren Bars, die hauptsächlich auf einheimische Stammkunden ausgerichtet sind, in den japanischen Großstädten auch größere Schwulenclubs mit einem gemischten Publikum aus Einheimischen, Expats und Touristen besuchen.

Seit 1994 findet in Tokio jedes Jahr die Tokyo Rainbow Pride statt und die Teilnehmerzahl steigt stetig an. In jüngster Vergangenheit scheinen sich positive Veränderungen für die LGBTQ+ Community anzudeuten. Gerichtsbeschlüsse wie die Entscheidung eines Bezirksgerichts in Sapporo im März 2021, dass die Nichtanerkennung der gleichgeschlechtlichen Ehe nach der japanischen Verfassung verfassungswidrig sei, legen dies nahe.

frische Wind trieb die Grashalme und Kornähren vor sich her, und am Horizont konnte ich bereits die ersten Berge erkennen, die wie gemalte Sequenzen aus einem der japanischen Animations- und Zeichentrickfilme aussahen.

»Schau mal, siehst du das, diese wellenförmigen Bewegungen der Grashalme im Wind?«, fragte ich Karl. »Wie schnell sie sich über die Wiesen ausbreiten, einfach so und ohne erkennbares Muster. So friedlich. Das sind genau die Bilder, die wir aus den Ghibli-Filmen kennen, oder?«

Karl legte den Reiseführer beiseite, in dem er gerade gelesen hatte und sagte: »Wunderschön. Du hast vollkommen recht. Ganz so wie in den Anime-Produktionen Mein Nachbar Totoro oder Chihiros Reise ins Zauberland (Spirited Away). Ich kann nur zu gut verstehen, dass diese Zeichentrickfilme zu deinen absoluten Lieblingen gehören. Seit ich dich kenne, gehören sie auch zu meinen.«

Ich ergänzte: »Und nach unserem Besuch im Ghibli-Museum in Tokio wissen wir nun endlich, wovon sich die Macher des japanischen Filmstudios inspirieren lassen.«

Die restliche Zeit im Zug klebten wir mit unseren Nasen förmlich an den Fensterscheiben, um ja nichts zu verpassen. Wolkenverhangene, saftig grüne Wälder, majestätische Gebirgszüge und tiefe Schluchten mit kleinen Gemeinden, die aussahen wie aus einem Bilderbuch, zogen an uns vorbei.

Nochmals mussten wir umsteigen, in einen Zug, der uns bis an den Fuß der Berge bringen würde. Das tat diese kleine, ältere Kraftmaschine dann auch. Man konnte sie beinahe schnaufen hören, so viel Mühe schien sie zu haben, die Fahrgäste bergauf zu bringen. Doch schließlich erreichen wir die Haltestelle Gokurakubashi in Kōya. An dieser Station stiegen wir in unser nächstes Fortbewegungsmittel, in die Standseilbahn Nankai

## GHIBLI MUSEUM

Das Animationsstudio Ghibli mit schönen Skizzen und Kunstwerken erlebten wir in diesem thematisch aufgebauten Museum in Mitaka in der Präfektur Tokio. Neben einem Totoro-Kuscheltier für Daan nahmen wir einen original 35-mm-Filmstreifen als Eintrittskarte mit nach Hause. Für wahre Fans ein echtes Muss.

**ghibli-museum.jp**

Cable von 1930, die uns 800 Meter steil bergauf zum Berg Kōya, einem berühmten buddhistischen Pilgerort, bringen sollte. Magisch war der Ausblick über die Berge der Kii-Halbinsel, der uns auf die kommenden Tage einstimmen sollte.

Oben angekommen, gab es für uns und die Handvoll einheimischer und internationaler Pilger, die mit uns den Berg mit der Standseilbahn erobert hatten, nur einen Weg: direkt in einen kleinen Bus. Beim Einsteigen versuchten wir in unserem besten Japanisch, den Namen unserer Unterkunft auszusprechen: »Zum Tempel Kumagaiji.« Der Fahrer nickte und winkte uns mit einer Handbewegung in sein Gefährt hinein.

Die kurvige Strecke durch dichten Wald führte talabwärts. Nach einer letzten Biegung erreichten wir die Siedlung, die bei Pilgern und immer mehr auch bei Touristen wegen der knapp 120 Tempelbauten, über 600 Mönchen und sogar einer Universität für religiöse Studien bekannt ist. Rechts und links der engen Hauptstraße sahen wir im Vorbeifahren Restaurants, Geschäfte sowie kleinere und größere Unterkünfte. Immer wieder stoppte der Bus, meist direkt vor einem Hotel. Doch wir würden diesmal nicht in einem bequemen, weichen Bett übernachten.

Wieder gehörten wir zu den letzten Passagieren, die aus dem Bus ausstiegen, ganz am Ende des Tals, so schien es.

»Bist du dir sicher, dass wir hier richtig sind?«, fragte ich. »Gar niemand ist hier zu sehen, kein Auto steht im Klosterhof.«

Karl zuckte mit den Schultern. Er hatte sein abenteuerlustiges Gesicht aufgesetzt. Mit halb offenem Mund und gleichzeitig überzeugt, alles richtig herausgesucht und geplant zu haben, betrat er als Erstes den Innenhof des Klosters. Ein mächtiger Torbogen aus Holz deutete darauf hin, dass der Weg nicht ganz falsch sein konnte. Das Schild neben der Eingangstür mit der Aufschrift »Kumagaiji« ermutigte uns, die schwere, quietschende Holztür zu öffnen. Einen Schritt später standen wir in der Empfangshalle vor einer breiten, aber kurzen Treppe, die zu einem offenen, mit japanischen Papierwänden ausgekleideten Raum mit Blumen, Buddha-Statuen und anderen Meditationsgegenständen führte.

Vorsichtig betraten wir die knarrenden Holzstufen und blieben gleich wieder stehen. Oben, auf der letzten Stufe, standen Dutzende brauner und weißer Pantoffeln aus Kunstleder. Richtig. Wir erinnerten uns daran, dass wir in den Tempelanlagen in Tokio und Kyōto auch immer unsere Schuhe hatten ausziehen müssen. In einem Klosterkomplex wie hier in Koyasan gab es da natürlich keine Ausnahmen. Die schweren Wanderschuhe ausgezogen, wollten wir gerade in ein paar dieser Hausschuhe schlüpfen, als wir plötzlich in das freundliche Gesicht eines kahl geschorenen jungen Mönchs in brauner Robe blickten. Mit einem Nicken und einer kurzen Geste gab er uns die Anweisung, ihm zur Anmeldung zu folgen.

Hölzerne Wandvertäfelungen, japanische Zeichnungen, kleine Statuen und Keramikblumentöpfe mit Räucherstäbchen schmückten die Gänge. Der Geruch dieser Räucherstäbchen und klarer, frischer Bergluft wehte uns um die Nase. Ganz wichtig war dem Mönch, die Toilettenschuhe für die Gemeinschaftstoiletten zu erwähnen, die nach Geschlechtern unterteilten Onsen, die heißen Quellen, zu erklären und uns in unserem Zimmer im traditionellen Ryokan-Stil (Ryokan bedeutet wörtlich übersetzt: »Reisegasthaus«) mit Aussicht auf den Garten einen Tee zu servieren. Mit jedem Schritt, den wir in unseren Pantoffeln setzten, mit jedem Schluck Jasmintee, den wir schlürften, und mit jedem Blick, den wir uns zuwarfen, stellte sich eine innerliche

Gartenblick aus unserem kleinen Zimmer im Ryokanstil in Koyasan

Ruhe ein, bei uns beiden. Fast meditativ. Tiefenentspannt. Gemeinsam. Glücklich.

In unserem Zimmer, das nur durch Papierwände von den Nachbarzimmern abgegrenzt war, erzählte uns der junge Mönch alles über den morgendlichen Gebetsgottesdienst und die Feuerzeremonie, an der wir pünktlich um 6:30 Uhr teilnehmen konnten, falls wir Lust dazu hätten. Danach verschwand unser Gastgeber wieder, auf leisen Sohlen, und wir hatten Zeit anzukommen.

»Findest du es nicht auch erstaunlich, was heutzutage alles möglich ist«, rief Karl begeistert aus, rücksichtsvoll halblaut natürlich. »Vor ein paar Monaten haben wir lange über unsere Pilgerwanderung gesprochen, haben ein Zimmer in diesem buddhistischen Tempel in den japanischen Bergen gebucht. Und heute folgen wir den Anweisungen eines jungen Mönchs in Ausbildung.«

Karl hatte recht, die weite Welt schien auf einmal klein und überschaubar zu sein. Per Mausklick war es möglich, sogar direkten Kontakt mit einem buddhistischen Mönchskloster in Japan aufzunehmen.

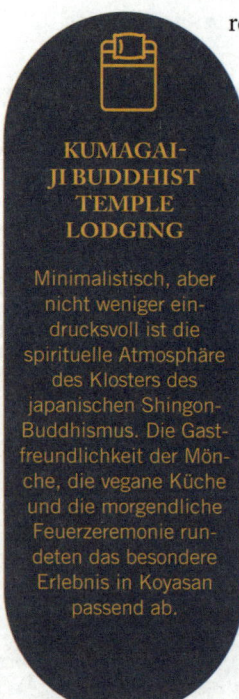

**KUMAGAI-JI BUDDHIST TEMPLE LODGING**

Minimalistisch, aber nicht weniger eindrucksvoll ist die spirituelle Atmosphäre des Klosters des japanischen Shingon-Buddhismus. Die Gastfreundlichkeit der Mönche, die vegane Küche und die morgendliche Feuerzeremonie rundeten das besondere Erlebnis in Koyasan passend ab.

Während wir in Tokio noch eine Spätsommerhitzewelle erlebten, fühlte sich das hier oben in den Bergen schon deutlich herbstlicher an. Tagsüber waren die Temperaturen recht angenehm, mit einer dünnen Jacke oder einem Pullover waren wir warm genug gekleidet. Wir hatten aber auch von den strengen und kalten Herbstnächten in Koyasan gelesen. Für uns Grund genug, dass wir ein paar dicke Socken in unserem Reisegepäck verstaut hatten. Doch bevor wir sie aus unseren Rucksäcken herausholten, zog es uns erst einmal nach draußen, zu den berühmten Tempeln und Pagoden und auf den sagenumwobenen Friedhof.

Der Haupttempel mit Namen Kongōbu, der neben einem weiteren Tempel in Kyōto zu den wichtigsten Anlagen der buddhistischen Shingon-Schule (wörtlich: »Schule des wahren Wortes«, auch als esoterischer Buddhismus bezeichnet)

Beeindruckende Grabsteine auf dem Friedhof Okunoin

gehört, gilt als das Zentrum der Siedlung. Diesem sind alle kleineren Tempel untergeordnet. Damit nicht genug. Zu den berühmtesten Bauten in Koyasan zählt der Okunoin, der größte Friedhof Japans. Verteilt auf über zwei Quadratkilometer Waldfläche fanden wir die Gräber von über 20 000 Mönchen und vielen Persönlichkeiten des Landes, nicht nur religiösen. Schon beim Überqueren der Ichinohashi-Brücke begriffen wir, was den Okunoin zu einem der heiligsten Orte Japans machte.

Alles war ruhig, kaum einem anderen Touristen begegneten wir, als wir unsere Schritte auf den gepflasterten Pfaden des Friedhofs setzten. Die Nachmittagssonne schien durch das dichte Grün der üppigen Baumkronen riesiger Zedern hindurch, deren Wurzeln über alte Grabsteine und Buddha-Statuen gewachsen waren. Fähnchen, hölzerne Gebetsschilder, Geldstücke und andere kleine Glücksbringer lagen auf dem Moos, das über Laternen und Grabsteine wucherte.

Ohne Eile, nachdenklich, liefen wir vorbei an den wundersamen Ruhestätten, die von uralten, unglaublich hohen Bäumen umringt waren. Licht und Schatten wechselten sich ab mit Rinnsalen, die aus den umliegenden Bergen in steinerne Gefäße tropften. Die Stimmung war geheimnisvoll und keinesfalls bedrückend. Das konnte vielleicht auch am Shingon-Buddhismus seines Gründers Kōbō Daishi gelegen haben.

Er war davon überzeugt gewesen, dass auf diesem Friedhof keine Toten begraben liegen, sondern wartende Seelen verweilen würden.

Mehrmals bogen wir auf einen der kleinen Pfade ab, die zur nächsten Ebene oder zu einer noch beeindruckenderen Grabstätte führten. Hin und wieder liefen in Weiß gekleidete Pilgernde an uns vorbei, eine Gruppe Mönche folgte dem Hauptweg tiefer hinein in den Wald. Wir schlossen uns ihnen an und vernahmen schon bald den Gesang von betenden Mönchen und den Geruch von Weihrauch. Dann erkannten wir das größte Gebäude des Friedhofs auf der anderen Seite einer mächtigen Brücke. Es war die letzte Ruhestätte von Kōbō Daishi, die auch den heiligsten Bereich des Friedhofs bestimmte. Fotografieren war hier nicht erlaubt und, um ehrlich zu sein, nicht notwendig. Egal ob spirituell veranlagt oder nicht, dieser Ort strahlte eine besondere Energie aus, die wir lieber mit allen Sinnen in uns aufnehmen wollten.

Die Sonne war bereits hinter den Bergen verschwunden, als wir in unserer Unterkunft ankamen. Pünktlich, um das vegetarische Abendessen zu uns zu nehmen. Serviert wurde das Mahl von einem angehenden Mönch in hübschen Gefäßen, Schalen und Bechern. Im Schneidersitz saßen wir auf dem Boden und konnten uns kaum sattsehen an den im Kloster angebauten und zubereiteten Speisen, die zusammen mit Reis und einer dampfenden Kanne Tee serviert wurden. Über den im Tempel selbst hergestellten und zubereiteten Tofu hatte ich gelesen. Und meine Erwartungen waren dementsprechend hoch. Je nach Schälchen schmeckten die Gerichte von köstlich bis anders, von interessant bis, sagen wir, gewöhnungsbedürftig.

»Irgendwie erinnert mich dieses Zimmer an die Kapsel in Tokio. Nicht allzu groß, rechteckig, minimalistisch eingerichtet, am Tag ein Wohnzimmer, das nachts in ein Schlafzimmer umgebaut wird«, sagte ich, während ich mit den Essstäbchen nach einem Stück Tofu griff (irgendwie war er für meinen Geschmack etwas zu fad).

Karl schlürfte gerade seine Miso-Suppe, das japanische Nationalgericht aus Dashi (Brühe) und Miso (Sojabohnenpaste). »Stimmt eigentlich, auch wenn die traditionelle Architektur nicht unbedingt zu den Konzepten der Metabolisten zählte. Auf jeden Fall funktional, oder?«

Natürlich durfte auch ein reinigendes Bad vor dem Schlafengehen im klostereigenen Onsen nicht fehlen. Wir hatten Glück und die heiße Quelle für uns allein. Nach der gründlichen Reinigung auf einem kleinen Hocker im Sitzen konnten wir im heißen Wasser abtauchen und entspannen. Als gleichgeschlechtliches Paar hatten wir den Vorteil, dass wir zusammen das Bad nehmen konnten.

»Nicht vergessen«, rief Karl zu mir rüber, als er sich im Sitzen mit der Dusche abbrauste, die Worte des jungen Mönchs wiederholend. »Nicht aufstehen beim Duschen, unter den Armen und zwischen den Beinen schön sauber machen, den Seifenschaum gründlich abspülen und ein frisches Tuch für den Schweiß nicht vergessen, wenn wir ins Wasser gehen.«

Schließlich schlüpften wir in die ordentlich gefalteten klostereigenen Bademäntel und huschten über die leeren Gänge zurück in unser Zimmer. Unterdessen hatten die Mönche bereits unser Futon auf dem Fußboden ausgerollt und die dicken Daunenfederbetten sogar nebeneinandergelegt. Nur die Geräusche des Waldes waren noch zu hören, als wir eingekuschelt einschliefen.

Im Onsen mit kleinem Handtuch auf dem Kopf für den Schweiß

## Zurück in der Zeit – eine Pilgerreise

 Unsere spirituelle Reise in den Bergen war aber noch nicht vorbei, auch wenn wir am nächsten Morgen schon wieder auschecken mussten. Bevor wir mit unseren Rucksäcken wortwörtlich auf Wanderschaft gehen würden, besuchten wir erst noch die wichtigsten Tempelanlagen in Koyasan. Dann hieß es Abschied nehmen von den Mönchen. Frohen Mutes saßen wir wieder in der Bahn, diesmal ging es allerdings gegen den Uhrzeigersinn entlang der Küste der Halbinsel Kii. Am folgenden Tag begann unsere größte Herausforderung in Japan, unsere viertägige Pilgerwanderung auf dem Kumano Kodō.

Den Regenschirm in der einen, die ausgedruckte Karte der ersten Etappe in der anderen Hand, wanderten meine Blicke schon ohne mich los über die alten, von Wurzeln überwucherten graugrünen Stufen und teils unbefestigten Wegabschnitte. So steil und rutschig wie dieser Aufstieg aussah, wirkte der Beginn des Kumano Kodō nicht gerade einladend auf mich. Doch ich war mir sicher, was unzählige Pilgernde schon vor mir geschafft hatten, würde auch uns halbwegs sportlichen und übermotivierten Männer aus Amsterdam gelingen. Wobei: Berge gibt es in den Niederlanden eigentlich keine, nur Radwege ... Hoffentlich würde es aufhören zu regnen.

Mit einem tiefen Seufzer Richtung Himmel lief ich los. Daan folgte meiner Route, mit etwas Sicherheitsabstand, damit herabfallendes Geröll und Steine ihn nicht trafen. Schnell gewannen wir an Höhe, wobei mir mit jedem Meter mehr und mehr die Puste ausging. Schon nach wenigen Minuten in straffem Tempo bergauf musste ich haltmachen. Als Daan zu mir aufschloss und wir uns nach Luft schnappend anschnauften, wurde uns klar, dass wir es deutlich langsamer angehen lassen mussten. Eine Pilgerwanderung ist nun mal kein Kurzstreckensprint. Vor allem dann nicht, wenn die Route steil bergauf führt und es sich durch den Dauerregen anfühlt, als würden wir in einem Gewächshaus Treppen steigen. Obendrein sollten wir auf dem ersten Kilometer bereits über 400 Höhenmeter zurücklegen. Für ungeübte Pilger eine

*Jahrhunderte alte Stufen – die Pilgerpfade des Kumano Kodō*

ordentliche Hausnummer. Doch das macht eine Wanderung ja gerade so intensiv, fordert sie von den Pilgernden doch einiges an Kraft, Ausdauer, Durchhaltevermögen und Willen, über die eigenen Grenzen hinauszuwachsen.

Zu gemütlich durften wir es auf unserer ersten Etappe aber auch nicht angehen lassen. Denn wie war das noch gleich mit der Dämmerung in Japan? Pünktlich um achtzehn Uhr würde die Sonne hinter den Bergen verschwinden und binnen weniger Minuten die Dunkelheit hereinbrechen. Knapp vierzehn Kilometer mussten wir heute schaffen, nur vierzehn, versuchte ich, mir selbst gut zuzureden. Das wollten meine Oberschenkel nicht so recht glauben, denn sie machten bereits jetzt mit ersten leichten Zuckungen auf sich aufmerksam.

Es regnete weiterhin in Strömen – und obwohl mich mein Schirm von oben her trocken hielt, war mein T-Shirt total durchnässt. Mir liefen regelrecht Schweißbäche von der Stirn und auf der anderen Seite den Rücken hinab. Gut, dass ich die Geschirrhandtücher meiner Mutter für unsere Mittagspausen eingepackt hatte. Etwas zweckentfremdet hing das karierte Handtuch nun vorn an meinem Rucksack, damit ich mir den Schweiß aus meinem Gesicht wischen konnte.

## UNTERWEGS OHNE LAST

Wanderer und Pilgernde können auch ohne ihre Koffer und großen Rucksäcke losgehen. Sperriges, unpraktisches Gepäck wird zum nächsten Reiseziel transportiert, während man nur mit einem Tagesrucksack zu seinem nächsten Minshuku unterwegs ist! Besonders praktisch bei längeren Touren.

Wonach suchte ich eigentlich auf dieser Wanderung? Es war gar nicht so einfach in Worte zu fassen, was einem als Pilger so durch den Kopf ging. Vor allem in einem Land, in dem man die Sprache nicht beherrscht, sich nur oberflächlich mit der hiesigen Religion auseinandergesetzt und eigentlich mit Religion generell nur wenig am Hut hat. Und doch, so überlegte ich weiter, kann ich von mir behaupten, eine spirituelle Person zu sein, auch wenn ich als Kind getauft und nach meinem Coming-out aus der Kirche ausgetreten war. Allerdings ist es das Mystische, Freie und irgendwie auch das Kreative, was meine Spiritualität ausmacht. Es muss mir guttun, mich in Balance bringen, mich so akzeptieren wie ich bin, so, wie ich mein Leben eben leben möchte. Die religiösen Schreine und die Gesten der Demut vor einer jahrhundertealten Statue, ja, das gehört dann eben auch dazu.

Ich musste an Hape Kerkeling denken, der vor einigen Jahren allein nach Santiago de Compostela pilgerte. Als großer Fan des schwulen Entertainers hatte ich sein Buch »Ich bin dann mal weg« förmlich gefressen. Vor allem das von ihm selbst gelesene Hörbuch hatte Spuren bei mir hinterlassen. Ich hoffte, eines Tages auch einmal eine Pilgerwanderung machen zu können. Wann und wo und mit wem, wusste ich damals noch nicht. Und jetzt lief ich doch tatsächlich einfach mal so los, aber nicht allein. Und ich war auch nicht auf der Suche nach Gott. Vielmehr wollte ich eins werden mit der Natur, wollte entschleunigen, Japan ohne Neonlicht, ohne Spielekonsolen und fernab des hektischen Großstadtlebens kennenlernen und all diese Momente mit dem Mann an meiner Seite teilen. Koyasan hatte uns gut auf das eingestimmt, was wir die nächsten Tage erleben oder eben nicht erleben würden.

Entlang des Weges lichtete sich der Wald auf kurzen Strecken und gab den Blick auf grüne Grasterrassen und dichtbewaldete Täler frei.

»Es sieht hier wirklich aus wie in einem der Ghibli-Filme, meinst du nicht auch? Dass hier Totoros, also japanische Natur- und Waldgeister leben, steht für mich außer Frage.« Daan schnaufte zwischen jedem Wort, so anstrengend war es, den Berg hinaufzuwandern. Immer wieder blieb er stehen und deutete auf einige uralte Bäume, in denen er Gesichter und Gestalten erkannt haben wollte, die uns auf unserem Weg in östlichern Richtung begleiteten.

Die enge Verbindung von mystischen Wesen mit der sagenumwobenen Natur wurde aber noch deutlicher, als wir den kleinen moosbewachsenen Schreinen begegneten, die am Wegesrand aufgestellt waren. Ohne zu wissen, ob wir es richtig oder falsch machten, falteten wir jedes Mal unsere Hände wie zu einem Gebet und verbeugten uns vor dem heiligen Etwas. Ich bedankte mich für unsere Gesundheit und wünschte mir eine sichere Weiterreise. Manchmal steckte ein abgebranntes Räucherstäbchen in einer mit Sand gefüllten Schale. Oder es lagen ein paar silbern glänzende Yen-Münzen vor den Füßen einer winzigen, teils verwitterten Statue.

Nach dem ersten Anstieg: Füße hoch und Aussicht genießen

Wie es wohl den Abertausenden Pilgern vor uns ergangen sein mussten, die die Kumano-Kodō-Nakahechi-Route, die kaiserliche Route,
zurückgelegt hatten? Heute Morgen hatte ich im Bus vom Kii-Tanabe
nach Takijiri-Oji noch gelesen, dass der Pilgerweg Kumano Kodō als
Bruder des europäischen Jakobswegs gilt. Auf diesem pilgerten schon
seit Jahrhunderten christliche Gläubige (und auch Hape Kerkeling),
auf der Suche nach sich selbst, nach Gott, dem Netz an Pilgerwegen
durch Frankreich und Spanien folgend.

Daan und ich hatten noch mehr gemein: Wir mochten es, zu Fuß
unterwegs zu sein. So konnten wir das Tempo selbst bestimmen und
uns mehr von einer fremden Kultur gewissermaßen erlaufen. Zum anderen war es für uns beide wichtig, so viel Zeit wie nur möglich in der
Natur zu verbringen. Jeder Wald, jeder Park und jede Küste ließ uns
zur Ruhe kommen, so auch in Japan. Koniferen im perfekten Einklang
mit Schreinen und gut gewählten Laubgehölzen wechselten sich ab
mit kleinen Brücken, Teichen und Seen. Wir waren unterwegs zu den
drei großen Kumano-Schreinen. Und während ich einen Schritt nach
dem anderen auf den immer noch von Regen getränkten Boden setzte,
lenkten mich meine Gedanken vom immer steiler werdenden Aufstieg

ab. Ich drehte mich um und blickte auf einen rotbärtigen Mann, der hinter mir keuchend den Berg raufkraxelte. Ja, es war die richtige Entscheidung, nach nur sechs Monaten Beziehung mein Leben in Berlin hinter mir zu lassen und mein Glück in Amsterdam zu suchen. Nur ein Jahr später, während ich mich einen Berg in der japanischen Präfektur Wakayama hinaufarbeitete, ertappte ich mich dabei, vor Freude zu grinsen: Ich hatte ebenfalls meinen Traum von Japan verwirklicht, zusammen mit Daan.

Geschafft. Wir erreichten endlich den ersten Gipfel unserer Tagesetappe, den Tsurugi Sutra. Die steilste Etappe der Pilgerwanderung war überstanden. Fast unbemerkt hatte es aufgehört zu regnen, und die Wolkendecke bekam immer größere Löcher, bis schließlich die Sonne durchbrach. Der nun bestens präparierte Weg, rechts und links mit stabilem, hölzernem Geländer, führte uns über den ersten, mit nur 400 Metern Höhe noch recht niedrigen Gebirgskamm. Dann ging es durch ein lichtes Waldstück bergab zu einer offen angelegten Aussichtsplattform. Der Wind frischte merklich auf, was bei den tropischen Temperaturen und der hohen Luftfeuchtigkeit eine willkommene Abkühlung bedeutete.

Wir ließen uns auf einer der Bänke nieder. Endlich konnten wir den strapazierten Beinen eine Pause gönnen. Zeit, um unseren ersten Erfolg und die Aussicht auf die weiten grünen Berghänge zu genießen. Und während mein T-Shirt im Wind langsam vor sich hin trocknete, nahm ich einen großen Schluck aus der Trinkflasche. Eine tiefe Zufriedenheit breitete sich in mir aus. Die wärmende Sonne auf dem Rücken und die frische Brise um die Ohren – was benötigte man eigentlich mehr, um glücklich zu sein? Lange konnten wir allerdings nicht bleiben, denn etliche Kilometer

### GETRÄNKE-AUTOMATEN

Sogar auf unserer Pilgerwanderung begegneten sie uns in regelmäßigen Abständen an den Rastplätzen, mit isotonischen Getränken bis hin zu Eiskaffee. Was wir noch mehr schätzten, war, dass die Menschen in Japan ihre Abfälle normalerweise nicht auf den Boden werfen, sondern diese so lange bei sich behalten, bis diese ordnungsgemäß entsorgt werden können.

über Stock und Stein lagen noch vor uns. Aber mit neuer Energie und guter Laune ging es weiter. Zunächst konnten wir noch gemütlich nebeneinander über den befestigten Weg schlendern, doch vor unserer Mittagspause begann der zweite Anstieg. Auf knapp sechs Kilometern Länge ging es von rund 300 Höhenmetern auf über 700 Meter, das war der höchste Punkt des ersten Teilstücks. Breite Stufen teils aus Holz, teils aus Steinplatten gaben die Richtung zum nächsten Gipfel vor. Ich begann zu pfeifen, eine ganz betimmte Melodie konnte ich einfach nicht aus dem Kopf bekommen.

»Hey, was pfeifst du denn da so vor dich hin? Ist das nicht die Melodie der DisneySea-Attraktion ›Sindbad's Storybook Voyage‹?« Daan strahlte vor Freude. »Du kannst dir gar nicht vorstellen, wie glücklich mich das gerade macht, dass du offenbar genauso Disney-verrückt bist wie ich!«

»Na ja, nicht ganz so verrückt wie du. Aber die Melodie könnte ich den ganzen Tag trällern. Wenn ich nur den Text könnte …«

Abendessen in einem Minshuku am Ende des ersten Pilgertages

Wie gut Daan und ich doch zusammenpassen, dachte ich, nicht nur zu Hause in Amsterdam, sondern auch auf Reisen, von der Planung bis über die täglichen Herausforderungen, in einem unbekannten Land unterwegs zu sein. Es ist so wichtig, sich aufeinander verlassen zu können und sich an den nerdy Besonderheiten zu erfreuen. Denn diese machen gerade in einer Beziehung den besonderen Reiz aus.

Wie wir letztlich den weiteren Aufstieg und den anschließenden Abstieg schafften, ist mir bis heute ein Rätsel. Nur die schmerzenden Beine bleiben in Erinnerung, vor allem die Knie. Jede weitere Stufe war eine Qual, besonders bergab. Was sehnte ich mich nach einer Badewanne.

Während sich die Landschaft um uns herum mit jedem Meter bergab veränderte, wurden wir von einer Geräuschkulisse aus Zirpen, Zwitschern, Piepen und Quietschen begleitet. Unheimlich und fantastisch zugleich. Die Sonne war bereits hinter den Bäumen verschwunden. Nur die Gipfel der gegenüberliegenden Berge leuchten noch in goldenen Herbstfarben auf.

**MINSHUKU TSUGIZAKURA**

Familie Yuba gab uns in ihrem gemütlichen Minshuku in Tsugizakura-Oji das Gefühl, sich für einen Moment wie zu Hause zu fühlen. Sie servierten uns auch das beste Abendessen auf unserer Reise, selbst gekocht und vegan-friendly.

**kumano-travel.com**

Pünktlich um achtzehn Uhr erreichten wir mit dem Hereinbrechen der Dunkelheit unsere Unterkunft im Tal. Mit einem breiten Lächeln und einer Verbeugung wurden wir von unseren Gastgebern, der Familie Yuba, in ihrem Minshuku, ihrer Pension, empfangen. Wer auf den Pfaden des Kumano Kodō unterwegs ist, hat die einmalige Möglichkeit, bei japanischen Familien zu übernachten. Die Familie Yuba nahm uns auf, als wären wir entfernte Verwandte. Stolz zeigten sie uns ihr einfach eingerichtetes Heim, das von einem Garten mit wunderschönen Bäumen umgeben war. Hier werden wir uns wohlfühlen, dachte ich. Unser Zimmer für die folgende Nacht war mit Reismatten ausgelegt, und für jeden von uns standen ein paar Pantoffeln am Eingang bereit. Papierschiebetüren trennten den Wohn- und Schlafbereich von der Essecke, mit in den Boden eingelassenen Sitzbänken.

Etwas, was ich in den vergangenen Tagen schätzen gelernt hatte, war die ruhige Höflichkeit, die die Japaner untereinander, aber auch gegenüber Fremden an den Tag legen. Dazu hatte uns der Mönch im Kloster erklärt, dass seine Landsleute selbst dann höflich bleiben würden, wenn sie die Meinung und Ansichten des Gegenübers nicht unbedingt teilen, befremdlich finden oder sogar ablehnen. Freundlich und höflich, ja, so hatten wir die Japaner bisher auf unserer Reise erlebt. Nicht ein einziges Mal hatte ich das Gefühl gehabt, dass wir unsere Beziehung verstecken mussten. Eher liefen sie kichernd und mit der Hand vor dem Mund an uns vorbei – wie im Disney Park. Diese Rücksicht und das Empfinden dafür, zu wissen, wann man etwas sagen sollte und wann es überflüssig ist, seinen Senf dazu abgeben zu müssen, machte für uns einen wichtigen Teil der japanischen Kultur aus. Davon konnte sich der ein oder andere Europäer oder Amerikaner auf jeden Fall noch eine Scheibe abschneiden.

Das sollte sich auch im Minshuku der Familie Yuba nicht ändern. Wir unterhielten wir uns mit Händen und Füßen und ein paar Brocken Englisch, und begegneten unseren Gastgebern mit demselben Respekt, der uns entgegengebracht wurde. Dass Daan und ich ein Paar waren, mussten sie bemerkt haben, nicht nur, weil wir unsere Betten zusammengelegt hatten, sondern auch, weil wir uns immer wieder einen flüchtigen Kuss gaben und Arm in Arm ein Selfie aufnahmen. Doch das schien in diesem Minshuku keinen zu stören.

Nach dem traditionellen Waschritual in ihrem kleinen Badezimmer – dazu wuschen wir uns mit Seife auf einem kleinen Hocker und tauchten dann in ein kleines Becken mit Wasser ab – wurden uns frisch zubereitete Speisen serviert. Fisch, verschiedene Gemüsesorten, Reis, Tofu in allen Varianten und eine heiße Kanne Jasmintee: Nach über vierzehn Kilometer zu Fuß in den Bergen waren wir hungrig wie zehn Sumoringer, im Genusstempel angekommen. Ausnahmslos köstlich. Und selbst Daan, seit seinem zwölften Lebensjahr Vegetarier, probierte ein Stück gebratenen Thunfisch.

Pagode des Seigantoji-Tempels
neben dem Nachi-Wasserfall

**HOTEL URASHIMA**

Im Urashima reisten wir zurück in die Achtzigerjahre. Das Hotelareal ist so groß, dass wir uns anhand von farbigen Markierungen auf dem Boden und einer Karte orientieren mussten. Verschiedene Onsen, Saunen und Pools – alles wirkte so authentisch, dass wir am liebsten noch eine Nacht geblieben wären.

hotelurashima.co.jp

Der Abend verging in herzlicher Runde, mit vielen Missverständnissen und lustigen Anekdoten von unserem Pilgerabenteuer und in vollem Einklang mit der Kultur unseres Gastgeberlandes. Todmüde krabbelten wir schließlich unter die dicken Federbetten, die auf dem Boden ausgebreitet lagen. Es musste so gegen einundzwanzig Uhr gewesen sein, doch wen interessierte das schon nach einem Pilgertag. Begleitet vom Zirpen einiger Zikaden vor unserem kleinen Fenster schliefen wir erschöpft und glücklich ein.

Am nächsten Tag ging unsere Reise weiter, natürlich erst nach einem Selfie mit der Gastgeberfamilie vor ihrem kleinen Palast in der Natur. Drei kräftezehrende Tage lagen noch vor uns auf den Pilgerstraßen mit den heiligen Stätten in den Kii-Bergen, die 2004 von der UNESCO in die Liste des Weltkulturerbes aufgenommen wurden. Zunächst Kumano Hongū-Taisha, (im Allgemeinen auch nur als Hongū bezeichnet) mit den berühmten Tempelanlagen und heißen Quellen. Ein weiterer Höhepunkt und auch offizielles Ende der Nakahechi-Route war Kumano Nachi-Taisha, oder einfach nur Nachi, mit der leuchtend roten Pagode des Seigantoji-Tempels und dem mit 133 Metern Fallhöhe höchsten Wasserfall Japans.

Nach unserer Wanderung über Stock und Stein und Berg und Tal hatten wir uns einen entspannenden Tag in einer der heißen Quellen verdient. Glücklicherweise waren wir beim Planen auf dieses eine besondere Hotel gestoßen, das mit zahlreichen heißen Quellen auf einer kleinen, dem Küstenort Nachi vorgelagerten Insel nur auf uns zu warten schien. Per Boot erreichten wir das Hotel, völlig am Ende mit unseren Kräften, mit schmerzenden Knien und den Kopf voller Eindrücke.

Beim Einchecken an der Hotelrezeption erhielten wir eine Karte, auf der alle Onsen der Anlage verzeichnet waren. »Sie müssen ganz einfach nur den farbigen Pfeilen auf dem Boden folgen. Ihr Zimmer ist ganz oben mit Blick auf das Meer.«

Ganz oben. Das bedeutete für uns, dass wir auf dem 154 Meter langen Spacewalker den größten Höhenunterschied auf einer Rolltreppe in Japan zurücklegen würden, 77 Meter in einem Winkel von 30 Grad. In unserem Zimmer angekommen, schlüpften wir in die bereitgelegten Kimonos, schnappten unsere Handtücher und begaben uns auf die Suche nach den besten Onsen.

»Fast wie im verzauberten Badehaus in dem Film Spirited Away – Chihiros Reise in Zauberland«, sagte Daan.

Ich sagte: »Oder wie in einem Themenpark mit heißen Quellen.«

Wir erreichten eine ganz besondere heiße Quelle. Nach einem gründlichen Waschritual betraten wir, nur mit unserem Handtuch gekleidet, eine Grotte mit einem steinernen Bogen, durch den wir Wellen erkennen konnten, die gegen die Klippen schlugen. Wir wateten durch das heiße Nass und versanken in der wohltuenden, dampfenden Wärme direkt über der Brandung.

»Denkst du gerade an das, was ich denke?« Mit rosigen Wangen und Schweißperlen auf der Stirn grinste mich Daan von der Seite an.

»Hast du auch so einen Bärenhunger?«

»Ja, und wie! Fünf Minuten noch im heißen Wasser und dann auf zum Abendessen!«

## NOCH MEHR JAPAN

Einen ganzen Monat verbrachten wir in Japan. Neben der Erkundung des städtischen Lebens in Tokio sahen wir uns das traditionelle Kabuki-Theater in Kyōto an, besuchten »Hello Kitty« in den Universal Studios Osaka und fuhren mit der schnellsten und höchsten Achterbahn der Welt (1995) am Fuße des Vulkans Fuji. Aber das ist noch nicht alles. Scanne den QR-Code und erfahre mehr über unser Japan-Abenteuer auf unserem Blog.

coupleofmen.com

Moose und Felsen in den unterschiedlichen Farben, so weit das Auge reicht

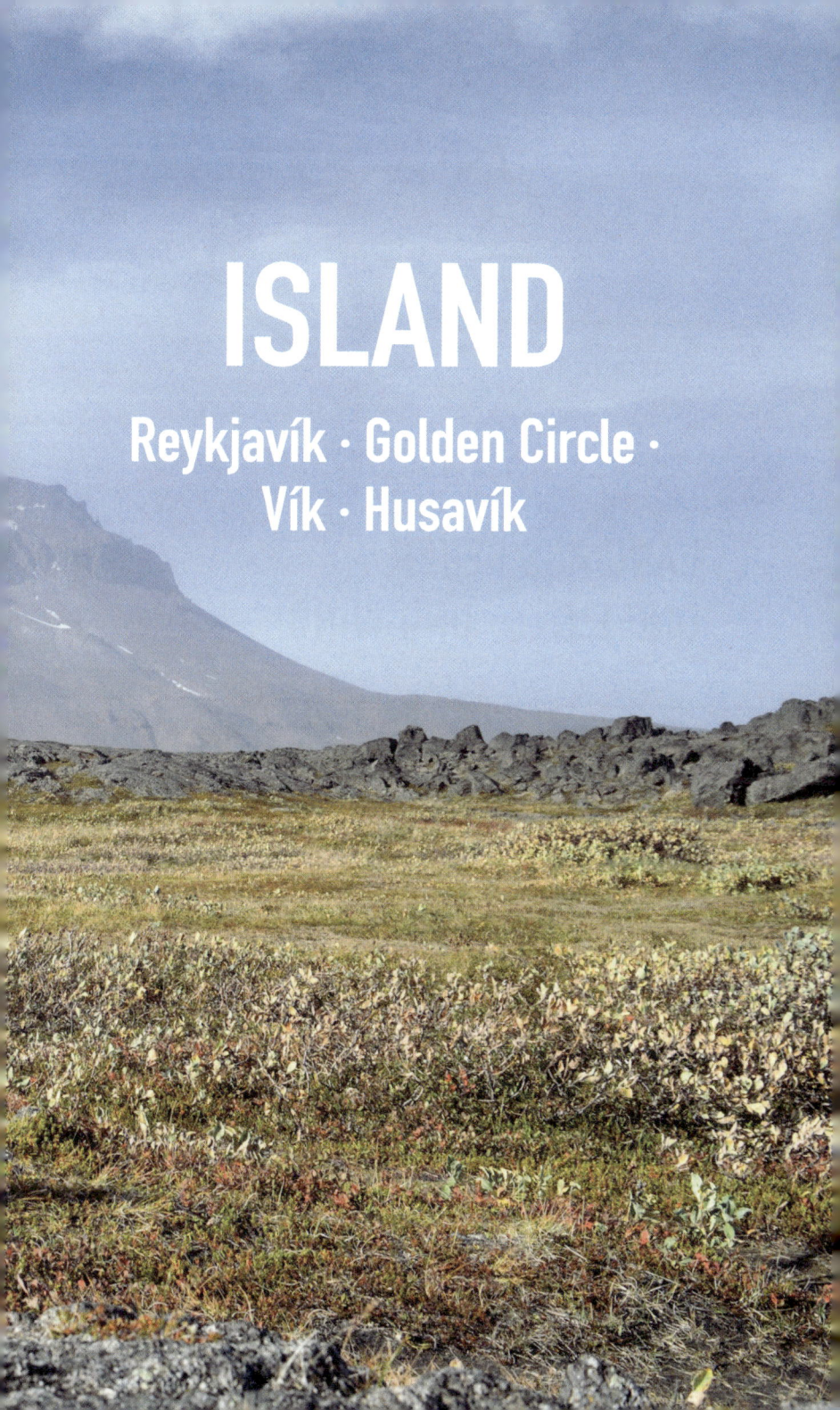

# ISLAND

## Reykjavík · Golden Circle · Vík · Husavík

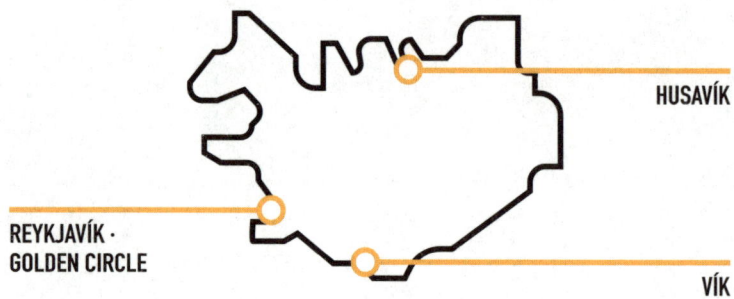

HUSAVÍK

REYKJAVÍK ·
GOLDEN CIRCLE

VÍK

# LAND AUS FEUER
# UND EIS ... UND WIND!

»Bist du schon fertig? Zieh dir lieber noch ein paar dicke Socken an. Es ist ziemlich frisch draußen!« Ich schloss die Tür der kleinen, aber feinen, mit Holz verkleideten und modern eingerichteten Holzhütte hinter mir und trat in die Wohnküche. Meine Hände waren kalt, doch sie aneinander zu reiben half ein wenig.

»Ja, bin so weit. Ich habe die Kamera und das Stativ eingepackt und eine Thermoskanne mit heißem Tee.«

Karl hatte an alles gedacht, und so konnte die nächtliche Polar-lichter-Tour im Norden Islands beginnen. Ein kalter Wind pfiff uns um die Ohren, als wir in unseren Allrad-Jeep einstiegen, Karl ans Lenkrad und ich, mit der Kamera in der Hand, auf den Beifahrersitz.

»Fertig?« Karl gab mir einen Kuss und startete das Auto.

Ganz weit in der Ferne, am Horizont, konnten wir einen Hauch von Grün am Nachthimmel erahnen. Doch das war uns für das heutige Abenteuer nicht gut genug. Wir wollten das Wunder der Aurora borealis in voller Pracht erwischen. Schließlich waren wir ganz im Norden der zweitgrößten Insel Europas unterwegs, und die Chancen standen laut diverser Internetseiten, die eine Vorhersage wagten, nicht schlecht.

Dass uns der Wind auf unserer Reise um den Inselstaat so sehr beschäftigen würde, hatten wir nicht erwartet. Grund genug, es sogar in unsere Kapitelüberschrift zu packen. Windiges Wetter ist Teil meines Alltags in Amsterdam. In meiner Heimat weht uns in regelmäßigen Abständen eine ordentliche Brise frischer Atlantikluft um die Ohren. Nicht ohne Grund gehören traditionelle Windmühlen genauso zu den Niederlanden wie in der Gegenwart die riesigen Windparks auf der Nordsee. Doch zu Hause konnten wir uns an Sturmwarnungen und das kräftezehrende Radeln gegen den Wind gewöhnen, wussten die Wettervorhersagen einzuordnen, und selbst die Piloten unserer nationalen Fluggesellschaft KLM (Royal Dutch Airlines) zählen, auch diesem Umstand geschuldet, zu den besten der Welt. Und so waren wir, ohne es zu wissen, auf etwaige, widrige Wetterbedingungen zumindest mental vorbereitet und doch überrascht, dass stürmische Böen unsere gesamte Reise bestimmen würden. Rau empfing uns also die Natur Islands. Doch wir hofften auf das Beste.

Bereits seit guten zehn Tagen befanden wir uns auf Island. Ausgerüstet mit Zelt, Luftmatratze und herbstlich wetterfester Kleidung wollten wir in drei Wochen einmal um die Insel fahren und dabei so viel wie nur möglich sehen und erleben. Beobachtungen von Walen im Norden der Vulkaninsel standen genauso auf dem Programm wie Gletscherwanderungen, ein Besuch der schwarzen Lavastrände im Süden, mehrere tosende Wasserfälle, nervenkitzelndes Wildwasser-Rafting, Reitausflüge auf isländischen Pferden und Bäder in den zahlreich und natürlich vorkommenden heißen Quellen. Unsere Tage waren voll gespickt mit Höhepunkten, natürlich auch, weil wir gerade mit unserem Blog begonnen und die ersten Kooperationen ins Auge gefasst hatten. Selbstverständlich gehörten die Nordlichter dazu, denn was wäre eine Reise nach Island im September,

## ABTAUCHEN IN HEISSEM THERMALWASSER

Nicht nur in der Blauen Lagune oder dem Thermalbadeort in Myvatn können sich Reisende aufwärmen. Überall in Island verteilt gibt es natürlich vorkommende heiße Quellen. Mach dich nackig und lerne im heißen Wasser die Isländer bei ihrer Lieblingsbeschäftigung – Entspannen im Thermalwasser – bei einem Bier kennen. Aber Vorsicht: Das Wasser ist gut für die Haut, riecht aber wie faules Eier.

wenn die Polarlicht-Saison gerade begonnen hatte, ohne die wehenden grünen Vorhänge am Himmel auch tatsächlich wahrhaftig beobachtet zu haben?

Ausgangspunkt für unsere nächtliche Jagd auf dieses wundersame Lichtphänomen über Island war unser kleiner, aber luxuriös ausgestatteter Bungalow aus Holz direkt am Wasser der Lagune Ólafsfjarðarvatn. Ja, an die Namen und kompliziert geschriebenen und selbstverständlich auch gesprochenen Wörter in isländischer Sprache mussten wir uns erst einmal gewöhnen. Dazu zählen ebenso die kreativen Wortschöpfungen, die mich ein wenig an die deutsche Sprache erinnerten. In Island dienen die zusammengesetzten Bezeichnungen dazu, die nordische Sprache zu schützen und die Verbreitung ausländischer Begriffe und Anglizismen einzudämmen. Als längstes isländisches Wort gilt übrigens der Begriff »Vaðlaheiðarvegavinnuverkfærageymsluskúraútidyralyklakippuhringur«, was so viel bedeutet wie »Ein Ring an einer Schlüsselkette für die Haupttür eines Werkzeuglagers von

Dramatisch wie Arielle: Kamikaze-Schaf am Strand

Straßenarbeitern am Hügel Vaðlaheiði«. Gut, dass sich die Isländer darüber im Klaren sind, dass gerade einmal knapp 300 000 Menschen weltweit Isländisch beherrschen und dementsprechend recht gut Englisch sprechen. Wir machten uns also auf die Jagd nach den Norðurljós, den Nordlichtern.

## Kamikaze-Schafe und ihr Verhältnis zum Allradantrieb

Zweifelsohne zählt Island zu unseren intensivsten und spannendsten Reisen, die wir in den letzten Jahren gemeinsam erlebt haben. Nach unserer gelungenen Premiere in Japan verständigten wir uns auf eine gemeinsame Bucket-Liste. Von nun an wollten wir jedes Jahr mindestens einen längeren Trip unternehmen und dabei besonders auf den Naturaspekt Wert legen. Doch allein die Vorstellung daran, dass wir drei Wochen mit dem Auto unterwegs sein und in einem Zelt schlafen würden, flößte mir gehörigen Respekt ein. Ich plane gerne im Voraus, auch auf Reisen. Zum einen, weil ich somit sichergehen kann, dass ich auch wirklich all das anschauen kann, worauf ich mich freue. Und auf keinen Fall will ich zu viel Zeit damit verbringen, die nächste schwulenfreundliche Unterkunft zu suchen. Zum anderen, weil ich dann garantiert nicht zu viel bezahlen werde. Letzteres schiebe ich ein wenig auf die niederländische Mentalität, immer nach Angeboten und preisgünstigen Alternativen Ausschau zu halten. Wir nennen das Korting, also Rabatte, auf die wir fliegen wie die Motten auf das Licht.

Hotels standen bei uns für diese Reise allerdings nicht auf dem Programm, zumindest nicht außerhalb der Hauptstadt Reykjavík und bis auf eine wohlverdiente Ausnahme, ganz im herbstlichen Norden, zur Halbzeit unserer Reise. Der Hauptgrund dafür waren die Kosten, denn Island ist selbst für uns, die in einer der nicht gerade günstigsten Städte Europas leben, ein teures Pflaster. Logisch sind die Preise schon, wenn man bedenkt, dass alle Lebensmittel und sonstige Konsumgüter entweder per Schiff oder Flugzeug nach Island gebracht werden müssen. Doch für uns war das kein Grund, auf unsere Reise in den hohen Norden zu verzichten, und so entschieden wir uns recht schnell für einen kostensparenden Campingurlaub mit Selbstverpflegung. Ein Zelt samt

Luftmatratze und Schlafsäcken brachten wir in unserem Gepäck unter. Einen Gaskocher sowie die passenden Kartuschen liehen wir bei einem örtlichen Campingverleih in Reykjavík aus. Schon von Amsterdam aus hatten wir einen allradgetriebenen Jeep gebucht, wobei wir besonders auf die Größe des Gepäckraums Wert gelegt hatten, schließlich wollten wir bei äußerst widrigen Witterungsbedingungen nicht im Zelt, sondern mit ausgestreckten Beinen im Auto schlafen können. Gut, dass wir beide keine Riesen sind.

Und so saß Karl die meiste Zeit am Steuer, während ich, meinen Laptop auf dem Schoß, unsere Abenteuer plante – falls diese verfügbar waren. Stress pur, denn was ich gar nicht ertragen kann, ist der Gedanke, etwas nicht erleben zu können, weil ich mir vorab nicht genügend Zeit dafür genommen habe. Zudem kam etwas Neues hinzu: In Verbindung mit unserer gerade erst gestarteten Arbeit als Blogger versuchte ich, mögliche Kooperationspartner zu finden, die daran interessiert sein könnten, die schwulenfreundliche Seite Islands zu bewerben. Gar nicht so einfach, denn zu dieser Zeit, 2015, stand Island für viele Abenteuerlustige noch nicht wirklich ganz oben auf der Liste der wichtigsten Reiseziele auf dieser Welt. Island forderte uns also heraus, anders zu reisen, vertraute Verhaltensmuster zu überdenken, unsere Tage freier zu gestalten und bisweilen einfach so in den Tag hineinzuleben. Drei Wochen lang.

Und dann waren da noch die Islandschafe. Hundertausende dieser kleinen, pummeligen Vierbeiner, deren Fell wohl siebzehn verschiedene Farbtöne haben kann, leben verteilt auf der ganzen Insel. Es wird vermutet, dass die ersten Tiere wohl schon vor über Tausend Jahren von den Wikingern nach Island gebracht wurden. Den Islandschafen, die sich über die Zeit besonders gut an die raue Natur anpassen konnten, begegneten auch wir unzählige Male. Nicht immer waren es schöne Erlebnisse. »Kamikaze-Schafe! Halt dich fest, ich muss eventuell scharf abbremsen, wenn diese verrückten Viecher uns wieder vors Auto rennen!« Karl, der ein ausgezeichneter Autofahrer ist, hatte so manch einen schlimmeren Moment oder sogar Unfall verhindern können.

Ich erinnere mich noch an eine Situation, als wir im Osten der Insel unterwegs waren und entlang eines recht steil abfallenden Küstenstreifens fuhren. Etwa 500 Meter rechter Hand vor uns sahen wir sie bereits, ein Mutterschaf mit einem Jungen, die wie vom Blitz getroffen in Richtung Straße liefen, als sie uns in der Ferne ausgemacht hatten. Zunächst gingen wir davon aus, dass wir die Schafe nur aufgeschreckt hatten und diese schnell auf der anderen Straßenseite in der Wildnis verschwinden würden.

»Fahr mal ein bisschen langsamer. Dann haben die beiden genügend Zeit, sich in Sicherheit zu bringen«, gab ich Karl als Hinweis.

Die Straße machte eine Biegung, und wir fuhren über eine kleine Erhebung, als Karl mit quietschenden Reifen auf die Bremsklötze gehen musste. Campinggeschirr, unsere Wanderschuhe, Lebensmittel, Wasserflaschen, alles flog durcheinander, als wir in knappem Abstand zu den beiden Schafen zum Stillstand kamen. Mitten auf der Straße verharrten die beiden weißen Monster und blickten in unsere Richtung.

»Kamikaze-Schafe, sag ich doch!« Weiß wie die Schafe, derentwegen wir anhalten mussten, blickte mich Karl erschrocken an.

»Alles gut gegangen. Gut gemacht«, beruhigte ich.

Aber warum die Schafe immer in Richtung Straße rannten, wenn sie uns sahen, können wir bis heute nicht erklären. Vorsicht war also geboten.

Was mich an unserer Autorundreise am meisten beeindruckte, das war die Schönheit der Natur: weit, saftig grün und gleichzeitig karg, dabei frei von Hektik, Lärm und Stress. Dass Moos, Flechten und Felsen so viele Farben, Oberflächen und Formen annehmen konnten, das war schon umwerfend. Allein der Anblick einiger Wasserfälle hat mich zum Weinen gebracht. Aus dem Auto heraus, mit dem wir oft Dutzende Kilometer am Tag unterwegs waren, schien es so, als würde sich die Landschaft jede fünfzehn Minuten in etwas völlig Neues verwandeln. Fast so, als ob wir auf einer neuen Insel ankommen würden.

Normalerweise liebe ich uralte, dichte Wälder, wie jene in den mystischen Bergen auf der japanischen Halbinsel Kii seitens unserer Pilgerwanderung im Jahr zuvor. Doch hier auf Island war naturmäßig alles radikal anders und gleichzeitig einfach nur wunderschön. Weite Ebenen wechselten sich mit Berg- und Felsformationen in unerwarteten Höhen ab. Die wenigen Autos, die wir in der Ferne vor den massi-

ven Gesteinswänden vorbeifahren sahen, wirkten wie kleine Spielzeug-autos, winzig und unwichtig. Höher als ein Strauch, wie wir ihn vom europäischen Festland kennen, wuchs hier nichts. Bedingt durch die Eiszeit war so gut wie kein einziger wilder Baum zu sehen, was es noch schwieriger machte, Distanzen auf der Karte und durch die Front-scheibe aus dem Auto heraus wahrzunehmen. Alles war glasklar zu er-kennen. Kein Smog oder Feinstaub trübten die Linse unserer Kamera. Der Hashtag #nofilter war im Dauereinsatz, denn jede Fotoaufnahme hatte Tiefe, Kontrast und einen unbekannten Farbenreichtum. Zum Glück gab es entlang unserer Route einmal um die Insel gegen den Uhrzeigersinn immer wieder Möglichkeiten, anzuhalten und diesen Anblick tief einzuatmen, in sich aufzusaugen. Am Ende erlebten wir Dinge, die wir vorher nicht hätten einkalkulieren können, und das machte diese Reise in gewisser Weise zu etwas Magischem.

## Auf der Jagd nach den leuchtenden Vorhängen

Auch wenn wir unsere Reise relativ kurzfristig gebucht hatten, schien alles genau nach Plan zu verlaufen. Karl konnte einigermaßen flexi-bel Urlaub in der Redaktion anmelden und die meisten Highlights Islands waren im August und September noch für Besucher geöffnet. Wir entschieden uns, unsere Reise in der letzten Augustwoche zu be-ginnen. Pünktlich mit dem Erreichen des nördlichen Teils der Insel sollte nämlich die Nordlichter-Saison starten. Natürlich ohne Garan-tie. »Manifestieren, fest daran glauben, dass es passieren wird!« Meine Mutter ist eine überzeugte Optimistin, die in jeder herausfordernden Situation das Positive, die Wachstumsmöglichkeiten sieht. So unglaub-lich das klingen mag, so kann sich ihre Bilanz, was ihre Überzeugun-gen betrifft, sehen lassen. Und während Karl jeden Abend in seinen Island-Reiseführern nach den interessantesten Orten entlang unserer Route forschte, versuchte ich das Universum davon zu überzeugen, dass sich die eine oder andere Aurora borealis doch bitte rechtzeitig einfinden sollte.

Stjórnarfoss, einer der zahlreichen
spektakulären Wasserfälle auf Island

Es war bereits dunkel, als wir spät am Abend in Amsterdam in den Flieger in Richtung Norden stiegen. Noch wenige Stunden vor dem Abflug steckten Karl und ich bis über beide Ohren in Arbeit, sodass wir im Flieger erst einmal tief durchatmen und den Schalter auf Urlaub umlegen mussten. Irgendwie fühlte es sich schon ein wenig komisch an, Ende August mit frühwinterlichen Klamotten im Gepäck unseren Sommerurlaub im tief herbstlichen Norden zu verbringen. Doch die Vorfreude auf die einmalige Natur der Insel und die stille Weite sollte uns geborenn Abenteurern genau das geben, wonach wir auf der Suche waren. Weg vom Computer, von Meetings und vom Alltag – und einfach mal entspannen und den Kopf durchwehen lassen. »Uitwaaien« (»windige Erholung«), so sagen wir Niederländer dazu, würde nicht nur bei sommerlichen Temperaturen auf einer Sonnenliege am Strand unter einer Palme funktionieren, da war ich mir sicher. »Schau mal da! Ist das … sind das … siehst du das?« Ich deutete mit meiner rechten Hand aufgeregt aus dem Fenster in die schwarze Nacht.

»Was meinst du? Ich kann nichts erkennen. Das Licht aus der Kabine spiegelt sich in der Fensterscheibe.« Karl löste seinen Anschnallgurt und beugte sich über meine Beine hinweg ganz nah ans Fenster. »Das glaube ich jetzt nicht, sind das etwa Polarlichter?« Mit beiden Armen versuchte er das kleine Fenster abzudunkeln, um einen deutlicheren Blick zu erhaschen. Ja, das waren Polarlichter, die uns auf unserem Weg Richtung Island begleiteten. Mit offenen Mündern schauten wir uns an. Und gleich wieder aus dem Fenster. Wie ein grüner Schleier lag das sich wellenförmig fortbewegende Band über uns am Nachthimmel. Ein Foto missglückte kläglich, doch wir hatten zum ersten Mal ein Nordlicht gesehen. Nicht zum letzten Mal, hofften wir.

Gut zehn Tage später waren wir an dem nördlichsten Punkt unserer Reise angekommen, nur eine kurze Autofahrt von der viertgrößten isländischen Stadt Akureyri entfernt. Wenn wir auf Island wirklich Polarlichter zu Gesicht kriegen wollten, mussten wir die Nächte hier im Norden für eine Jagd nach den Polarlichtern nutzen. Und so saßen wir, warm einpackt, im Auto und näherten uns dem 3,4 Kilometer langen, spärlich beleuchteten und einspurigen (!) Tunnel Múlagöng (auch Ólafsfjarðargöng genannt). Himmel! Nur einige wenige

Ausweichpunkte ermöglichte es uns, dem entgegenkommenden Verkehr auszuweichen. Allerdings war es ziemlich schwierig, in der Dunkelheit die Abstände und Geschwindigkeiten abzuschätzen, sodass es ab und an reichlich eng wurde auf der Straße.

Es musste wohl gegen Mitternacht gewesen sein, als wir Dalvík, die nächstgelegene Ortschaft, erreichten, durchquerten und nach möglichen Aussichtspunkten in der Umgebung verließen. Nichts. Keine grünen Vorhänge. Nicht mal ein Schimmer am Horizont. Ich war enttäuscht, müde und verlor mit jedem Kilometer, den Karl zwischen uns und unsere Unterkunft brachte, die Hoffnung, in dieser Nacht noch erfolgreich sein zu können. Mit isländischer Musik im Radio und dem silbrig im Mondlicht glänzenden Fjord zu unserer Rechten ging es dann nach über zwei Stunden auf der Straße wieder zurück in Richtung Unterkunft. Loslassen und es am nächsten Abend einfach noch mal probieren – sich das zu sagen, war gar nicht so einfach.

## Farbkleckse in Reykjavík

Dabei hatte unsere Reise mit so vielen leuchtenden Momenten begonnen. Nach unserer Landung verbrachten wir zunächst ein paar entspannte Tage in Reykjavík im Westen der Insel. Besonders die vielen Holzhäuser hatten es mir angetan. Klein, skandinavisch und in allen Farben schienen sie dem eher grauen, sonnenarmen Wetter zu trotzen. Mir zauberten die bunten Farbkleckse, die wir während stundenlangen Spaziergängen durch die Hauptstadt sahen, ein Lächeln auf die Lippen, auch wenn es einmal wieder zu regnen anfing.

Es waren gerade einmal drei Wochen vergangen seit der Reykjavík Pride Anfang August. Offiziellen Zahlen zufolge schaute sich jährlich knapp

### ZELTEN IN ISLAND

Eine preiswerte und abenteuerliche Art, auf Island zu übernachten. Zahlreiche Zeltplätze mit Dusch- und Kochmöglichkeiten sind auf der ganzen Insel zu finden. Einige von ihnen in spektakulärer Lage am Wasser, an Berghängen oder im Grünen. Unsere Lieblingscampingplätze befinden sich in Vík und Ásbyrgi. Deine Campingausrüstung kannst du bequem in Reykjvik ausleihen.

# LGBTQ+-COMMUNITY IN ISLAND

Alles begann mit dem mutigen isländischen Sänger und Song-schreiber Hörður Torfason, der heute als erster offen schwuler Isländer bekannt ist. Sein Coming-out war der Beginn einer Bewegung und der Durchbruch für die Akzeptanz homosexueller Menschen als vollwertiger Teil der modernen isländischen Gesellschaft. Er gründete die National Queer Organization Samtökin '78, die wichtigste Organisation für die Rechte von LGBTQ+-Menschen im Land ist. Heute ist Island ein Land, in dem jeder Bürger die gleichen Rechte hat. Seit mehreren Jahren wird Island vom jährlichen Gay Travel Index zu den schwulenfreundlichen Reiseländern weltweit gezählt. Zu den drei bedeutendsten Veranstaltungen für die isländische Queer-Community zählt das alljährliche Reykjavík Pride Festival, das in der Regel Anfang August stattfindet. Für die Bären- und Bierliebhaber in der schwulen Community wird das Bears on Ice Event im September organisiert. Und auch im Winter wird gefeiert und zwar beim Rainbow Reykjavík Festival Ende Januar respektive Anfang Februar. Im Rahmen unserer Reise lernten wir bei einer queeren Städtetour, organisiert von Pink Iceland, mehr über die Community Islands.

Regenbogenstraße in Reykjavík

ein Drittel der isländischen Bevölkerung die Parade an, für die nicht nur ein Regenbogen-Zebrastreifen angelegt wurde. Freiwillige aus der Bevölkerung, CSD-Organisatoren und sogar der Bürgermeister hatten auch Hand angelegt und eine ganze Straße in Rot, Orange, Gelb, Grün, Blau und Pink gestrichen.

»Wie schön diese Straße doch mit dem Regenbogen aussieht«, schwärmte Karl. »Und am Ende sieht man das leuchtende, fast weiße Wahrzeichen von Reykjavík, die Pfarrkirche Hallgrímskirkja des isländischen Architekten Guðjón Samúelsson.« Gottchen, war das schattig (Niederländisch für: »süß«, »niedlich«), wenn Karl probierte, den Namen des Architekten auszusprechen. Glücklicherweise muss ich diesen hier nur aufschreiben. Isländische Namen können zu echten Zungenbrechern werden.

## Auf und davon – Golden Circle & mehr

Vier Tage, zwei Saunagänge, einen Besuch im Penismuseum und eine Partynacht in der Kiki Bar – die einzige queere Bar Islands – später erreichten wir die erste Station unserer Reise außerhalb von Reykjavík, die drei Stationen des weltberühmten Golden Circle, des Goldenen Kreises. Schon die Fahrt aus der Stadt war ein Erlebnis gewesen, denn wir ließen das Urbane hinter uns, durchquerten Felder und Wiesen ohne ein einziges Gebäude im Hintergrund, kamen an kargen Felsformationen vorbei – und immer wieder wurden wir mit einer schier endlosen Weite konfrontiert.

Karl saß angespannt hinter dem Steuer, fast ein wenig verkrampft. Er schien noch nicht wirklich loslassen zu können. Auch mir fiel es schwer, den Alltagsstress zu vergessen, mich auf diese neue Umgebung mit kaum Menschen einzustellen.

»Ich muss anhalten«, sagte Karl nach einer Weile. »Ich brauche frische Luft, eine Pause. Wollen wir ein Stück laufen?«

### KIKI BAR REYKJAVÍK

Ausgehen in Islands einziger Schwulenbar gehörte zu den ganz besonderen Erfahrungen während unserer Islandrundreise. Das Publikum der Kiki Bar war dabei besonders divers. Mit einem Bier in der Hand lernten wir nicht nur die schwule Community näher kennen.

**kiki.is**

»Nichts dagegen.«

Er nahm die nächste Ausfahrt, fuhr auf einem Schotterweg ein Stück und warf die Autotür hinter sich zu. Dann lief er los, die Arme in die Luft reißend und sichtlich befreit, auf die im Sonnenschein golden glänzende Wiese vor uns. Lange Grashalme bewegten sich im Wind hin und her, und überall flogen die weißen Büschel des arktischen Wollgrases durch die Luft. Ich steckte mir ein paar dieser weißen Flocken in meinen Bart und nahm meinen gestressten Freund von hinten in den Arm. Da war es wieder, sein Lächeln, das ich so liebe.

Zwei Stunden später, am frühen Nachmittag, erreichten wir den Thingvellir-Nationalpark, die erste der drei Stationen. Dieser Ort hat für Isländer eine besondere Bedeutung, wurden hier bereits seit 930 Versammlungen abgehalten; heute gilt er als eines der weltweit ältesten Parlamente. Doch auch geologisch hat er als Teil des Goldenen Kreises große Bedeutung, denn Thingvellir liegt inmitten einer Grabenbruchzone, wo wir das Auseinanderdriften der amerikanischen und eurasischen tektonischen Platten gewissermaßen erlaufen konnten. Genau dazwischen, umgeben von imposanten Felsspalten und

Tief durchatmen, bevor unser Island-Abenteuer so richtig beginnen kann

Aussichtspunkten über das Tal und die Thingvalla-Kirche, gingen wir spazieren, bevor wir unsere Tour fortsetzten.

Die Sonne war bereits hinter den Bergen verschwunden, als wir unseren Übernachtungsort, den Zeltplatz im geothermischen Gebiet des Haukadalur-Tals, erreichten. In unmittelbarer Nähe zum Großen Geysir – Namensgeber für Geysire auf der ganzen Welt und zweite Station – schlugen wir zum ersten Mal unser Zelt im Freien auf. Bisher hatten das nur einmal getan, in unserem Wohnzimmer, als Trockenübung. Jetzt ging es allerdings ans Eingemachte. Alles funktionierte einwandfrei und zudem unerwartet schnell.

»Riechst du das auch? Was ist das? Sind das faule Eier?« Karl bemerkte es als Erstes, während ich noch mit dem Aufblasen der Luftmatratze beschäftigt war.

»An den Geruch musst du dich gewöhnen«, stöhnte ich aus dem Zelt, in dem ich auf allen vieren die Matratze zurechtrückte. »Das sind Schwefelgase, die an die Oberfläche kommen, wenn die Geysire ausbrechen. Und auch im Wasserdampf befinden sie sich. Hörst du auch das Zischen und Brodeln? Nach dem Abendessen würde ich sehr gern noch einen Spaziergang zum Geysir machen.«

»Kann man denn da auch einfach so hingehen, im Dunkeln?«, fragte Karl verdutzt.

»Aber klar«, sagte ich, ohne es genau zu wissen.

»Dann lass uns gern die Umgebung erkunden. Ich hoffe, man kann noch etwas erkennen.«

Gesagt, getan. Es war geradezu mystisch, durch die aufsteigenden Dampfsäulen zu laufen und vorsichtig einen Schritt vor den anderen zu setzen, um nicht aus Versehen in heißes Wasser zu treten. Der Mond warf gespenstische Schatten auf die heißen Quellen. Wir waren allein. Keine anderen Besucher. Alles kam uns herrlich irreal vor.

Auf dem Rückweg drehte sich Karl plötzlich um und starrte in den Himmel, als ob ihm jemand gesagt hätte, es genau in diesem Augenblick zu tun. Und da sahen wir sie zum ersten Mal von isländischem Boden aus, Nordlichter, nicht so leuchtend wie die, die wir aus dem Fenster im Flieger gesehen hatten, aber es waren welche. Und diesmal nicht nur die grünen Vorhänge, sondern auch das seltenere Lila. Fasziniert blieben wir stehen und genossen das Naturschauspiel.

»Lass uns zurück zum Zelt gehen«, schlug ich nach einer Weile vor, »dann können wir uns auf unseren Campingstühlen die Nordlichter anschauen, bevor wir in unsere Schlafsäcke kriechen.«

Mit einem Drink in der Hand saßen wir da, fast allein auf dem riesigen Zeltplatz. Die Feuchtigkeit der Nacht hatte alles mit Tau überzogen, als wir ins Zelt krabbelten und zufrieden in den Schlaf fielen.

Dann, am nächsten Morgen, nach einer unruhigen, kühlen ersten Nacht im Zelt konnten wir besser erkennen, was dieses geothermale Gebiet mit dem Großen Geysir so einzigartig macht. Zusammen mit anderen Besuchern standen wir um ihn herum und starrten auf das hellblaue Wasserloch. Mit tosendem Blubbern türmte sich die Wasserfontäne zunächst nur leicht und schließlich immer höher auf, bis durch den Druck die kraftvolle Säule in voller Pracht in den wolkigen Himmel aufstieg. Ein Spektakel, das wir gleich mehrere Male beobachteten, bevor wir uns losreißen konnten. Nach einem Zwischenstopp an den kraftvoll hinabstürzenden Wassermassen des zweistufigen Gullfoss (der Wasserfall ist die dritte Attraktion des Goldenen Kreises) ging es auf der Ringstraße weiter.

## Schwarze Strände und ein versteinertes Schiff

Wer glaubt, dass es langweilig wird, nur so durch die karge Landschaft zu fahren, dem kann ich nur widersprechen. Da gibt es zum Beispiel Vík í Mýrdal, eine kleine Gemeinde im Süden Islands, die besonders für ihre schwarzen Strände, fantastischen Steinformationen und aus dem Meer ragenden burgartigen Felsen bekannt ist. Letztere entdeckten wir sogar in der Netflix-Serie *Sense8* wieder. Gleichzeitig erinnerte mich diese Burg, die der Legende nach ein von Trollen hierhergebrachtes versteinertes Schiff darstellen soll, an den Jim-Henson-Film *Der dunkle Kristall* von 1982. Mir schien es allerdings so, dass jeder Reisende, der diesen Ort besucht, seine ganz eigenen Erfahrungen mit Vík í Mýrdal machen wird. So auch Karl und ich.

Das Tolle an Island ist, es gibt hier viel zu sehen. Die Insel ist so groß, dass man selbst in der Hochsaison – oder ausgehenden Hochsaison – das Gefühl hat, allein unterwegs zu sein. Besonders wenn

# DAS VERSTECKTE VOLK –
# ELFEN UND TROLLE

Die Isländer glauben fest daran: Auf ihrer Insel sind Naturgeister, also Elfen und Trolle, zu Hause. Sie wohnen unter großen Steinen und nehmen es einem übel, wenn man sie von dort vertreibt. Deshalb sind – allen Ernstes – schon Straßen verlegt worden. Und jeder, der nicht an die Gestalten glaubt, kann Kurse besuchen, um sich von deren Existenz zu überzeugen. Doch das ist gar nicht nötig. Eine Fahrt zum Eldhraun, dem Lavastrom von 1783 und 1784 an der Südküste Islands, wird jeden Zweifler überzeugen. Die Landschaft dort gleicht einer versteinerten Meeresbrandung, mit mächtigen Wellenkämmen und tiefen Tälern. Der Fels ist dick mit Moos bedeckt, in dem die Füße knöcheltief versinken. An Nebeltagen wird der Eldhraun zum unheimlichen Labyrinth. An jeder Ecke glaubt man, skurrile Gestalten zu erkennen. Wo sonst könnte die Heimstatt der Trolle und Elfen sein?

»Versteinertes Schiff«
vor Vík í Mýrdal

man vom Goldenen Circle aus nicht wieder zurück nach Reykjavík fährt, sondern weiter auf der Ringstraße. Wir saßen also wieder im Auto, wie es sich für eine Autorundreise gehört. Natürlich nicht nur, denn dafür gab es entlang unserer Route zu viele Naturwunder zu bestaunen. Überwältigend waren für uns die Wasserfälle Seljalandsfoss und Gljúfrafoss, die nur einen Steinwurf von der Ringstraße entfernt fantastische Momente zu bieten hatten. Das Wetter selbst war nicht das beste, wolkenverhangen mit Nieselregen, was auch etwas hatte. Im Wagen lauschten wir isländischer Musik, die wie eine Meditation war und uns inspirierte.

Die schwarzen Strände, die riesigen Basaltstrukturen und das »Schiff« im Meer vor Vík í Mýrdal passten zu unserer Stimmung. Die Sonne kämpfte sich durch die vorbeieilenden Wolkenfelder, und da waren sie plötzlich: kleine, dicke Flugkünstler mit rot-bunten Schnäbeln, die über uns in der Luft segelten und hinter mehreren großen Felsen zu landen schienen. Ob wir die Papageientaucher – die geheimen isländischen Nationalvögel, auch Puffin genannt – auch noch aus der Nähe sehen konnten?

Ich war so neugierig, sie genauer zu beobachten, war unternehmungslustig wie meine Mutter. Ihren Entdeckergeist hatte sie mir quasi in die Wiege gelegt. Schon von klein auf lernte ich von ihr, nicht schüchtern zu sein, sondern hinter unbekannte Türen zu schauen, auf der Suche nach einem neuen Erlebnis. Das hatte auch Karl schon live erleben und von mir lernen können. Im Laufe unserer Beziehung verleitete ich ihn immer wieder dazu, abseits der Touristenströme sein persönliches Abenteuer zu suchen.

Ich erinnere mich noch gut an eine nachdrückliche Kindheitserfahrung, in den Ferien mit meiner Mutter in Griechenland, auf Lesbos, um genauer zu sein. Auch hier waren wir häufig fernab der ausgetretenen Touristenpfade unterwegs. Einmal, am Ende eines etwas versteckten Wegs am Rand des schroffen Küstenstreifens, fanden wir uns auf einem kleinen Friedhof wieder. Die Sonne schien über die Grabsteine, und eine ältere Frau war damit beschäftigt, eines dieser Gräber, auf dem das Foto eines jungen Mannes zu sehen war, zu versorgen. Sie musste von der Insel stammen, denn wir verstanden kein Wort, als sie begann, mit uns auf Griechisch zu sprechen. Manchmal sagen Gesten aber mehr als tausend Worte. Mit Tränen in den Augen begann die Frau zu singen und strich sich langsam über die Brust, auf Höhe ihres Herzens. Wir hörten einfach nur zu und konnten ihren Schmerz fast mitfühlen. Als sie das Lied beendet hatte, umarmten sich meine Mutter und die Griechin, ohne sich zu kennen, ohne dass sie nur ein Wort hatten wechseln können.

»Los, klettern wir über die Felsen. Ich will wissen, wohin diese verrückt aussehenden Vögel verschwinden«, sagte ich.

Karl war sofort dabei, die schwer zu erklimmenden Hindernisse zu überwinden. Mein neugieriges Gehirn musste einfach herausfinden, was für Schätze dieser Strand noch für uns bereithielt. Dabei mussten wir vorsichtig sein, dass wir unsere Kleidung nicht zerrissen oder wir unsere Kamera zwischen den Felsen in das eiskalte Meerwasser verloren. Nachdem wir von Felsbrocken zu Felsbrocken geklettert, gesprungen und sogar unter ein paar Gesteinsformationen hindurchgekrochen waren, bot sich uns ein atemberaubender Ausblick.

Basaltstruktur am schwarzen Strand von Vík í Mýrdal

Direkt über uns saßen Tausende von Papageientauchern auf den Klippen, die kurz vor dem Ausfliegen waren oder, den Schnabel voller Fische, eine Frühstückspause einlegten. Puffins kommen nur an Land, um Eier zu legen und sich um ihre Jungen zu kümmern. Zwischen August und April bleiben sie auf dem Meer und jagen nach Fischen. Doch während ihres Aufenthalts an der Küste sind diese kleinen Vögel wahre Draufgänger, wenn es darum geht, einen Landeplatz zu finden. Auf den mit Gras überwachsenen Felsvorsprüngen legten sie eine Bruchlandung nach der anderen hin. Und wir konnten dieses Schauspiel aus der Nähe betrachten. Eine geraume Weile saßen wir da, schauten uns diese schrägen und gleichzeitig so imponierenden Vögel an.

»Gar nicht so einfach«, sagte Karl, als er versuchte, einige Nahaufnahmen von den Puffins zu machen. »Die sind so schnell. Ich hoffe, einige der Bilder sind scharf. Die sehen so putzig aus!«

Wir hatten das Glück, genau an diesem Tag meinem Abenteuerinstinkt gefolgt zu sein: Nur kurze Zeit später sollten die Papageientaucher weiterziehen, hinaus aufs Meer, um dort zu überwintern. Die Küste von Vík í Mýrdal würde sich, statt eine spektakuläre Stuntflugschule zu sein, wieder in ein wunderschönes Klippengebiet verwandeln.

Für Karl schien unsere Reise ebenfalls von großer Bedeutung zu sein. Während wir den schwarzen Strand in westlicher Richtung erkundeten, begann er wie aus dem Nichts drauofloszureden: »Wie du ja weißt, schon als Kind verehrte ich den Schriftsteller und seine unglaublichen Abenteuergeschichten. Und Island spielt da eine große Rolle. Immerhin soll sich hier, am Vulkan Snæfellsjökull, der Eingang in die Unterwelt befinden, zum Mittelpunkt der Erde.« Natürlich. Jules Verne. Ich kann mir Karl sehr gut vorstellen, wie er bis in die Nacht hinein mit den Abenteuerbüchern des französischen Schriftstellers in seiner eigenen Traumwelt versank. Und so ließ ich ihn reden, mit Händen, Füßen und seiner bildhaften Sprache. Ich erinnerte mich an Disney in Tokio. Hier sah es nicht so aus wie in DisneySea, aber ich wusste nun, woher die Imagineers von Disney ihre Inspirationen für ihren Park gefunden hatten.

Eine frische Brise vom Meer pfiff uns um die Ohren und ließ unsere Wangen rosig leuchten, doch uns war nicht kalt. Die Sonne hatte noch Kraft genug, uns mit einem Lachen im Gesicht die mächtigen Klippen, verstecken Höhlen und Wasserläufe erkunden zu lassen. Unter unseren Füßen unbekanntes Gestein, so schön, so einzigartig, so schwarz und doch nicht völlig dunkel, vor allem im Sonnenlicht. Mit einem Müsli-Kraftriegel in der einen und einer Thermoskanne Tee in der anderen Hand setzten wir uns fast am Ende des Küstenstreifens auf einen schwarzen Felsbrocken mit Blick auf die See. Der Himmel war inzwischen wolkenlos und die Sonne knallte uns ins Gesicht.

»Mach mal deine Augen zu«, forderte mich Karl mit halb vollem Mund auf. »Hörst du das?«

Für einen Moment stoppte ich mit Kauen und hielt meine Ohren gegen den Wind. »Was ist das?«, fragte ich neugierig.

»Das sind die rund gelutschten Steine, die, von der Brandung bewegt, übereinander klappern. Vor und zurück. Klingt das nicht irre? Ich könnte hier stundenlang sitzen bleiben und dem Meer lauschen.«

Ich gab Karl einen Kuss. Es war einer dieser perfekten Momente, die wir als Souvenir von dieser Reise mit nach Hause nehmen würden.

### EIN HOF IN HOFGARÐAR

Im Zelt zu schlafen und dabei der rauhen Natur Islands ausgesetzt zu sein, ist nicht für jeden Reisenden das Richtige. Komfortable Blockhütten verteilen sich über die gesamte Insel. Das Gästehaus Hof hatte dabei die spektakulärste Aussicht auf den Vulkan Snæfellsjökull zu bieten, den man bei guter Sicht sogar aus Reykjavík sehen kann.

## Wale oder Kamera? Das ist hier die Frage

Für uns beide sollte dann ein nächster Traum in Erfüllung gehen. Nach den Puffins stand eine weitere, aber eine seltene und für die Insel doch so typische Tierart auf unserer To-do-Liste. Genau, Wale. Die Küstenregionen ebenso wie die tiefen, weit ins Land reichenden Fjorde im Norden sind beliebte Futterplätze für die größten Säugetiere dieser Erde. Ja, sogar Blauwale wurden hier bereits gesichtet. Die Monate Juni, Juli und August gelten als die beste Zeit für eine erfolgreiche Begegnung. Aber selbst im September und Oktober können Reisende Glück haben, glaubt man der Werbung der zahlreichen Anbieter, die Beobachtungstouren sogar von Reykjavík aus im Angebot hatten. Wir entschieden uns allerdings, unser Glück von der nördlichen Küstenstadt Húsavík aus zu versuchen, die seit vielen Jahren als inoffizielle »europäische Wal-Hauptstadt« gilt.

Das Wetter war alles andere als optimal. Regen peitschte über die Frontscheibe unseres Jeeps, und die sonst so majestätischen Berge der Fjorde waren in dichte Wolkenfelder gehüllt, als wir in Húsavík ankamen. Getreu dem Motto: »Es gibt kein schlechtes Wetter, nur schlechte Kleidung«, fühlten wir uns in den quietschorangefarbenen, wasserabweisenden und gefütterten Anzügen wie nordische, ja beinah arktische Entdecker. Das Beobachtungsboot mit dem Namen *Sylvia* stach in See, und der ältere Herr mit Pfeife im Mund hinter dem Steuer im Fahrerhäuschen warnte uns gleich zu Beginn vor sehr heftigem Wellengang.

Wir hatten uns einen Platz im kleinen Ausguck gesichert, von dem wir einen hervorragenden Blick über das Boot hatten. Meterhohe Wellen peitschten gegen *Sylvia*, die stur ihren Weg hinaus aufs Wasser fortsetzte. Ich hielt unsere Kamera fest umschlossen, wollte ich doch genau im richtigen Moment die ultimative Aufnahme im Kasten haben, entweder von einer Schwanzflosse, vom Blas – der Ausatemluftfontäne beim Wal – oder im Idealfall von einem springenden Buckelwal. Gespannt suchten unsere Augen die raue Wasseroberfläche ab, so wie alle anderen Hobbyfotografen auch, die auf dieser Tour unterwegs waren.

Schwanzflosse eines Wales in Dalvík mit Zeichnungen und Narben

»Siehst du was? Ich kann vor lauter Wellen nichts erkennen.« Karl wischte sich die Regentropfen aus seinem Bart und starrte weiter hinaus aufs Wasser.

Nach etwa dreißig Minuten verlor unser Schiff langsam an Fahrt, während wir auf etwas zusteuerten, das nach nichts anderem ausschaute als noch mehr grauer See. Angestrengt schauten alle an Bord auf das Meer, was wahrscheinlich recht ulkig ausgesehen haben musste.

Aber nichts war zu erkennen. Nur die Wellen, die gegen *Sylvia* schlugen. Doch dann, plötzlich und unerwartet, ein Aufschrei. Alle drehten sich in die Richtung, in die der Tourguide mit dem Finger deutete, und rannten von einer Seite des Boots auf die andere. Eine Flosse! Ich schwenkte meine Kamera in diese Richtung, doch schon war sie wieder unter Wasser verschwunden. Zu spät. Oder hatte ich sie noch erwischt? Konnte ich überhaupt genug heranzoomen, damit sich ein Bild auch lohnte? Langsam wurde ich nervös. Doch ich hatte keine Zeit zum Nachdenken, denn wieder gab es Geschrei und ausgestreckte Finger. Schweißperlen liefen mir den Rücken hinunter, während mir der Regen von der Nasenspitze tropfte. Da! Da flatterte nicht nur eine Flosse, sondern ein ganzer Schwanz! Ich zoomte heran – und … erwischte nur noch glitzernde Wellen. Wo war der Wal geblieben? Ich hatte ihn doch gerade noch gesehen? Wie konnte sich ein derart riesiges Tier nur so schnell bewegen? Da! Blasen stiegen aus der Tiefe auf …

»Die Tiere müssen doch irgendwann nach oben kommen, um Luft zu holen, oder?«, fragte ich Karl, der mindestens genauso gestresst dreinschaute, wie ich mich fühlte.

Klick! Klick! Klick! Die ganze Zeit hörten wir diese Kakofonie an Kamerageräuschen, die langsam zu nerven anfing. Keine Zeit, um zu genießen. Jeder wollte das eine, das ultimative Foto machen und auf keinen Fall den Moment verpassen, wenn ein Wal zum legendären Sprung aus dem Wasser ansetzen würde.

»Wow!« Ich deutete mit meinem Finger auf ein großes Muttertier, das mit seinem Kalb auf einmal neben unserem Boot auftauchte. Diesmal hatte ich Glück und erwischte die Schwanzflosse. Ihre dicke, schwarze, gummiartige Haut war übersät mit seltsamen Linien, die wir von unserem Ausguck aus beobachteten konnten. »Das sind Narben und Zeichnungen, die die raue See und womöglich Fleischfresser im

Ozean hinterlassen haben«, erklärt der Tourguide über das Mikrofon. »Die meisten Wale sind nämlich Vegetarier und fressen Plankton.«

Langsam zogen die beiden Tiere an uns vorbei, bevor sie nach einem tiefen Luftzug und einem lauten Knall ihrer Schwanzflossen auf die Wasseroberfläche in der Tiefe verschwanden. Es war wunderschön, fast so, als wären der Wind und das Geräusch des brausenden Wassers für einen Augenblick verstummt. Doch mich beschäftigte nur eine Frage: Hatte ich diesen Moment festhalten können? Hatte ich *das* Bild gemacht? Würde Karl enttäuscht sein, wenn mir keine Nahaufnahme geglückt war?

Und dann war die Tour auch schon vorbei. *Sylvias* Motor heulte auf, und ehe ich mich versah, waren wir schon auf dem Weg zurück zur Anlegestelle.

Ich machte meinen Frust gegenüber Karl deutlich, wir saßen inzwischen wieder im Auto: »Ich bin enttäuscht und sogar ein bisschen wütend. So ein Stress war das. Ich habe das Gefühl, dass ich die Fahrt und die besonderen Momente verpasst habe, nur weil alles so rasch ging und ich mit der Kamera nicht hinterherkam. Soll so unsere Arbeit als Blogger aussehen? Immer auf den besten Augenblick warten, um diesen dann zu verpassen? Oder gar nur durch die Kamera zu erleben?«

»Lass uns das beim nächsten Mal besser machen, aus dieser Erfahrung lernen«, sagte Karl.

Ich war dankbar, dass er meine Sorgen und mich ernst nahm. Auf dem Weg entlang des Fjords, gar nicht weit von unserer Blockhütte, hielt Karl plötzlich an und sagte: »Schau mal! Auch hier in Dalvík werden Walbeobachtungstouren angeboten. Lass uns noch eine Tour machen? Diesmal übernehme ich die Kamera, und du kannst dir alle Zeit der Welt nehmen und jeden Wal-Moment genießen.«

Und so nahmen wir, kurz vor unserer Weiterreise Richtung Westen, an einer frühmorgendlichen Tour in Dalvík teil. Das Wetter war deutlich besser, die See viel ruhiger und das Schiff ein wenig gemütlicher. Das machte den Unterschied. Und auch wenn wir den berühmten *Free Willy*-Moment nicht erlebten, so hatte ich die Chance, ohne Kamera vor der Nase, mit meinen eigenen Augen die riesigen, friedlichen Säugetiere aus der Nähe zu erleben. Einzig für einen kurzen

Moment ließ ich mich zu einem Foto hinreißen, unserem Wal-Selfie, das uns jedes Mal zum Lachen bringt, wenn wir es anschauen.

## Der Himmel beginnt zu leuchten

Nicht immer müssen es Abenteuer, Adrenalin und Spannung sein, um einen Traummoment zu erleben. Manchmal muss man dafür allerdings lernen, von eigenen Ambitionen abzurücken und den Dingen ihren Lauf zu lassen. Unsere Reise einmal um die ganze Insel hatte uns auf die Probe gestellt. Meine Abenteuerlust und der Stress, alles oder zumindest so viel wie möglich von Island in nur drei Wochen zu erkunden, hatte bei uns beiden emotionale Reaktionen ausgelöst. Wir waren einfach überwältigt von der allgegenwärtigen Schönheit der Natur, der immer intensiver werdenden Beziehung zwischen uns sowie den alltäglichen Herausforderungen dieses irgendwie ungeplanten Urlaubs.

Und zurück von unserer Polarlichter-Tour, zurück in unserer hölzernen Blockhütte, waren wir wieder einmal enttäuscht, noch dazu müde und durchgefroren.

»Es hat nicht sein sollen. Vielleicht erwischen wir die Polarlichter noch, wenn wir den Westen Islands erreicht haben?«

Gemeinsames Mittagessen mit Aussicht über den Fjörd Eyjafjörður

Eigentlich wäre jetzt der perfekte Augenblick gewesen, um uns in unsere Daunenbetten zurückzuziehen.

»Nein, so beenden wir diesen Tag nicht. Nur weil unsere Polarlichter-Jagd nicht so erfolgreich war wie gehofft, bedeutet das noch lange nicht, dass unser Urlaub weniger schön ist.« Karl stampfte auf den Boden und schloss mich demonstrativ in seine Arme. »Weißt du, was wir jetzt tun? Du lässt heißes Wasser in unseren Whirlpool draußen auf der Veranda ein und ich sorge für Drinks und Badetücher.«

Mit einem: »Ja, das machen wir« verschwand ich in der Dunkelheit.

In der feuchten Kälte der Nacht dampfte das Wasser im Pool wie bei einer heißen Quelle. Der Mond spiegelte sich in der Lagune, und der Himmel war übersät mit so vielen Sternen, wie ich es noch nie zuvor gesehen hatte. Karl schlüpfte aus seinen Klamotten, nur mit einem Glas Bier in der Hand stieg er vorsichtig in das heiße Nass. Mit einem tiefen Seufzer ließ er den Kopf nach hinten sinken. Was für eine wohltuende Wärme. Arme in Arm lagen wir unter dem Sternenhimmel, glücklich, ohne Stress und ohne Ambitionen. Und ohne unser Zutun begann der Himmel zu leuchten. Zunächst legten sich zögerlich grüne Streifen über den Horizont, die langsam größer, kräftiger und wilder wurden. Bis diese als leuchtend grüne Vorhänge, in wellenförmigen Bewegungen über den Himmel wehten. Uns fehlten die Worte. Wahnsinn.

»Warum sind wir eigentlich nicht gleich in unseren Whirlpool gestiegen, anstatt die Polarlichter über zwei Stunden lang mit dem Auto zu jagen? Lass uns bloß kein Foto machen. Ich will es hier und jetzt mit dir genießen.« Mit diesen Worten lächelte, nein, lachte ich Karl an. Er nickte nur, die Augen gen Himmel gerichtet.

Vom heißen Wasserdampf umgeben, vergingen gut zwanzig Minuten, bis er es nicht mehr aushielt. »Können wir ein Foto machen, ein einziges, ja? Ich muss das festhalten. Danach komm ich gleich wieder zu dir ins heiße Wasser, versprochen.«

Der Himmel stand in grünen Flammen, als Karl nackt und mit der Kamera in der Hand zum Pool zurückkehrte. Leider glückten nur wenige Aufnahmen, denn so schnell in der Kälte und ohne Klamotten die richtigen Einstellungen zu finden, war kaum möglich. Karl sprang dann zurück in die heißen Fluten, und wir ließen die Naturgewalten einfach wieder auf uns wirken.

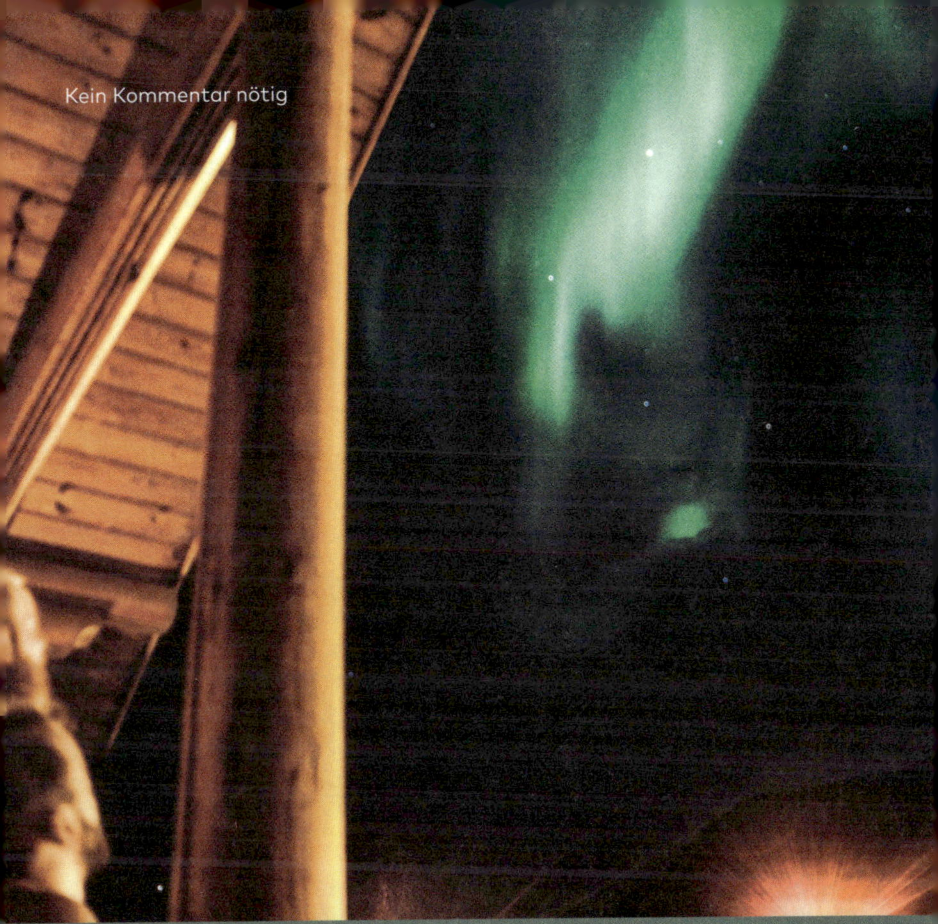

## DREI WOCHEN IN ISLAND

Während unserer dreiwöchigen Reise nach Island verbrachten wir zunächst vier Nächte in Reykjavík. Von dort
aus machten wir uns gegen den Uhrzeigersinn mit unserem gemieteten Geländewagen daran, Island einmal
komplett zu umfahren. Gletscherwandern im Süden,
Eisklettern in Lavahöhlen bis hin zum Wildwasser-Rafting im Westen – Island, wir kommen wieder! Scanne
den QR-Code und entdecke all unsere Island-Erlebnisse.

coupleofmen.com

# KANADA

## Calgary · Jasper

Blick über den
Pyto Lake

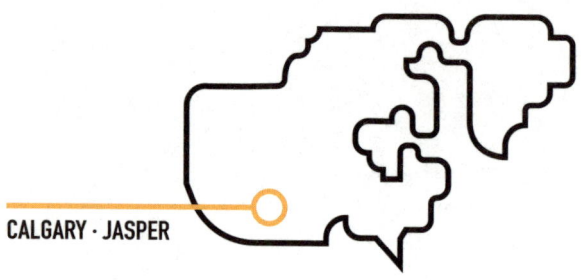

CALGARY · JASPER

# KANADA – ODER EIN BERGDORF FEIERT DEN REGENBOGEN

»Einladung zur Teilnahme am Jasper Pride Festival in Alberta, Kanada.« Es passiert nicht jeden Tag, dass eine E-Mail in unseren Posteingang flattert, die uns vor Freude durch unsere kleine gemeinsame Wohnung im Westen von Amsterdam tanzen lässt. Nach über zwei Jahren harter Arbeit passierte es aber einfach so, aus heiterem Himmel: Unser Reiseblog »Couple of Men«, unser gemeinsames Projekt als schwules Männerpaar auf Reisen, wurde gelesen, tausendfach gelesen und nun auch weltweit bemerkt. Dass eine Einladung für unsere erste internationale Pressereise dann ausgerechnet von Kanada kam, hatte uns wirklich umgehauen. Nach Japan und Island stand für uns Naturliebhaber und Abenteurer die Traumdestination Kanada ganz oben auf der Bucket-Liste. Noch dazu sollte es eben nicht nur eine Städtereise werden, sondern ein Roadtrip durch die kanadische Provinz Alberta, die neben Calgary und Edmonton vor allem der kanadischen Rocky Mountains wegen bekannt ist. Der Grund für die Einladung war die LGBTQ+-Winterveranstaltung in der kleinen kanadischen Berggemeinde Jasper, die wir für die Leser unseres Blogs und in den sozialen Medien begleiten würden.

»Ich rufe gleich meine Eltern an«, rief ich. »Das wird sie umhauen.«
Ja, das Verhältnis zu meinen Eltern war Jahre nach meinem Coming-
out richtig gut. So einen großen Durchbruch wollte ich natürlich sofort
mit ihnen teilen.

Daan grinste vor sich hin und las sich die E-Mail, die uns aus
Calgary erreicht hatte, gleich noch einmal durch, um sicherzugehen,
dass wir kein Detail überlesen oder missverstanden hatten.

»Ja, nach Kanada. Ich kann es auch noch gar nicht fassen. Schon in
zwei Monaten soll die Reise losgehen. Und meinen Geburtstag feiern
wir dann auch gleich in den Rocky Mountains«, teilte ich meiner Mutter mit, als sie sich meldete.

Mein Vater hatte sich ins Gespräch eingeschaltet und wollte hör-
bar aufgeregt wissen, wohin es konkret gehen sollte. Natürlich hatten
wir bereits von Jasper und dem gleichnamigen Nationalpark in Kanada
gehört, gelesen und einiges über ihn in Fernsehdokumentationen gesehen. Doch wo sich das Bergstädtchen mit gerade einmal knapp
über 4500 Einwohnern genau befindet, das mussten wir erst einmal
nachschlagen. »Ich melde mich mit den exakten Flugdaten wieder bei
euch!«, beendete ich das Telefonat.

Grob eingeordnet, liegt sich Jasper am Ende des berühmten Icefields
Parkway (von Calgary kommend), der kurz nach den bekannten Fe-
rienorten Banff und Lake Louise beginnt und durch eine Bilderbuch-
landschaft entlang des Flusses La Biche führt, umgeben von dichten
Wäldern und Gebirgszügen. Auch von Edmonton aus, der Hauptstadt
der kanadischen Provinz Alberta, ist der Nationalpark über den Yel-
lowhead Highway zu erreichen.

So weit, so gut. Etwas machte uns allerdings ein wenig stutzig:
das Datum. Auf der Einladung hieß es, dass die Reise im März 2017
stattfinden sollte. Würde es für eine Pride-Veranstaltung mitten im
Winter in den Rocky Mountains nicht zu kalt sein? Schließlich hatten die Skigebiete teilweise bis in den Mai hinein geöffnet. Wie sich
herausstellen sollte, waren unsere Bedenken völlig unbegründet. Denn
das Jasper Pride Festival ist, wie wir nachlasen, kein Event, das eine
Demonstration oder Parade auf der Straße organisiert. Jasper zählt
zu den wenigen Orten weltweit, die eine Winter Pride, mithin eine

Gay Ski Week ausrichten, also eine farbenfrohe Regenbogenveranstaltung auf den Pisten des Skigebiets, in Jasper auf den Hängen des Skiresorts Marmot Basin.

Als leidenschaftlicher Snowboarder und Wintersportler konnte ich es kaum glauben, schließlich hatte ich für viele Jahre die »Eliteschule des Sports« in Altenberg besucht. Jedes Jahr im Oktober oder November, also mit dem ersten Schnee, wurde der Sportunterricht aus der Turnhalle des Bergstadtgymnasiums auf die Skipisten und Langlaufloipen des Erzgebirges verlegt. Selbsterklärend sind die Wintersportverhältnisse im deutschen Mittelgebirgsraum natürlich nicht annähernd zu vergleichen mit den spektakulären, teils bewaldeten Abfahrten und dem legendären Champagner Powder, ein ganz besonders feiner und trockener Pulverschnee, der vor allem in den kanadischen Rocky Mountains vorkommt und hervorragend zum Skifahren und Snowboarden geeignet ist.

Die Vorbereitungen für unsere erste gemeinsame Winterreise konnten somit beginnen. Doch Moment mal! Wie konnte es eigentlich sein, dass eine so kleine, so überschaubare Gemeinde auf knapp über tausend Meter Höhe in den Bergen eine weit über die Grenzen hinaus bekannte Veranstaltung für die LGBTQ+-Community organisiert, und das bereits seit über zehn Jahren? Glücklicherweise sollten wir die Möglichkeit haben, genau das vor Ort herauszufinden.

Ausgerüstet mit unserer Regenbogenfahne und zwei Kostümen – ein Ewok-Outfit für Daan und ein Tiger-Outfit für mich – saßen wir gespannt im Flieger. Unsere Recherchen sowie zahlreiche Gespräche mit Einheimischen über unsere Social-Media-Kanäle hatten ergeben, dass ein Teil der Veranstaltung in Kostümen auf der Skipiste stattfinden würde. Und dass wir auf gar keinen Fall unsere große Regenbogenfahne vergessen dürften, für den Höhepunkt des Pride-Events: einer Parade auf Brettern im Schnee. So viel Neues, so viel Unbekanntes –

und obendrein ein ganz neuer Reisegrund für uns. Denn bislang gehörten Trips mit dem Ziel, an einem Pride-Event oder einer CSD-Demonstration teilzunehmen, nicht zu unseren Abenteuern. Für den Blog sollte es also losgehen, ins zweitgrößte Land der Erde und zum ersten Mal zum Jasper Pride & Ski Festival.

Auch wenn der Flug wahrhaftig wie im Flug verging, war an Schlafen nicht zu denken. Immer wieder wanderten unsere Augen zum Fenster, um die spektakulären Ausblicke auf Grönland und die unendlich weit erscheinenden Eisflächen, die die Insel mit dem kanadischen Festland verbinden, nicht zu verpassen.

Angekommen in Calgary, verbrachten wir zunächst ein paar entspannte Tage in der kanadischen Olympiastadt, um uns an die acht Stunden Zeitverschiebung zu gewöhnen. Die viertgrößte Stadt Kanadas kann auf eine lange Wintersportgeschichte zurückblicken, als deren Höhepunkt zweifelsfrei die XV. Olympischen Winterspiele im Jahr 1988 gelten.

## Im Schneesturm durch die Rocky Mountains

Drei Tage später saßen wir im Auto, einem modernen SUV mit Allradantrieb, den wir in Calgary gemietet hatten. Unser regenbogenfarbiges Rocky-Mountain-Abenteuer konnte also beginnen. Das Fahren in Kanada erinnerte mich sehr an unseren Roadtrip in Island im Jahr zuvor. Doch es gab einen wesentlichen Unterschied. War es auf der recht isolierten Insel eher eine Ausnahme, anderen Fahrzeugen unterwegs zu begegnen, bekam ich auf den breiten Highways mit sechs oder mehr Spuren vor Nervosität wirklich feuchte Hände. Am Anfang zitterten sie sogar. Das musste auch Daan mitbekommen haben, der seine linke Hand beruhigend auf meinen rechten Oberschenkel legte.

»Keine Sorge, mein Schatz. Du kannst das. Ich habe mich noch nie so sicher in einem Auto gefühlt wie an deiner Seite.« Daan war so lieb und versuchte mir gut zuzureden, als wir auf die 16 Avenue N fuhren, die im weiteren Verlauf in Richtung Westen zur südlichen Route des Trans-Canada Highways wurde. »Kann ich etwas für dich tun?«, fragte Daan weiter. »Und keine Angst, du kannst das, ich vertraue dir. Wenn du eine Pause benötigst, halten wir einfach an.«

# LGBTQ+-COMMUNITY IN KANADA

Kanada ist neben den Niederlanden wohl eines der liberalsten Länder weltweit. Das gilt im gleichen Maße auch für die LGBTQ+-Rechte. Bereits 1969 wurden gleichgeschlechtliche sexuelle Handlungen legalisiert, und als viertes Land weltweit führte die nordamerikanische Nation die Anerkennung der gleichgeschlechtlichen Ehe ein. Ein weiterer Meilenstein ist die offizielle Entschuldigung von Premierminister Justin Trudeau bei den Mitgliedern der LGBTQ+-Gemeinschaft für die ungerechte Behandlung und Verfolgung queerer Menschen in der Vergangenheit: »Mit Scham und Trauer und tiefem Bedauern über das, was wir getan haben, stehe ich heute hier und sage: Wir haben uns geirrt. Wir entschuldigen uns. Es tut mir leid. Es tut uns leid ... An die Mitglieder der LGBTQ+-Gemeinschaften, Jung und Alt, hier in Kanada und auf der ganzen Welt: Ihr werdet geliebt. Und wir unterstützen euch ...«

Damit gilt das kanadische Staatsoberhaupt als wichtiger Verbündeter der LGBTQ+-Community, ein sogenannter Ally. Doch damit nicht genug. Im Gegensatz zu Deutschland – hier wird das Verbot erst noch erwartet – sind Konversationstherapien zur Veränderung der sexuellen Ausrichtung, der Geschlechtsidentität und des Geschlechtsausdrucks queerer Personen seit dem 7. Januar 2022 gesetzlich verboten.

Wie immer im Auto übernahm Daan die Rolle des kartenlesenden Beifahrers, der uns mit Snacks, Getränken und der nötigen entspannenden Musik versorgte.

Die ersten hundert Kilometer fuhren wir von Calgary aus durch eine Tiefebene, der Prärie, an deren Horizont wir winzig klein die Berggipfel der Rockies erkennen konnten. Mit der Sonne im Rücken hatten wir unsere Tour gestartet, doch es dauerte nicht lange, bis das Wetter umschlug. Dunkle Wolken zogen auf, und auch die Landschaft um uns herum begann sich zu verändern. Wohngebiete außerhalb von Calgary, die uns zunächst begleitet hatten, machten weiten, schneebedeckten Graslandschaften Platz. Und während wir mit unseren Nasen der Frontscheibe näherkamen, um den ersten Blick auf die Rocky Mountains auch ja nicht zu verpassen, fing es auf einmal beinahe unbemerkt an zu schneien. Es war außerhalb des Fahrzeugs laut unserem Temperaturanzeiger ziemlich kalt, so kalt, dass die weißen Schneekristalle zunächst wie Puderzucker über die fast schwarze, asphaltierte Straße fegten. Wir waren jedoch nicht allein unterwegs. Zahlreiche Lastwagen teilten sich mit uns den Weg in die Berge, auf ihrem Weg Richtung Westen.

Hätte das Wetter gehalten, hätten wir unseren Zeitplan einhalten und pünktlich zum Abendessen in Jasper eintreffen können. Stattdessen wurde das Flockentreiben immer dichter, und der Schnee blieb

Winterliche Autoreise von Calgary über Banff, Lake Louise nach Jasper

allmählich auf der Straße liegen. Diese wiederum begann sich mehr und mehr dem Fluss anzupassen, dem wir seit Calgary stetig zu folgen schienen und der sich entlang der permanent höher werdenden Berge schlängelte. Bis Lake Louise mussten wir nur den dunkelgrünen Straßenschildern mit dem weißen Ahornblatt und der Zahl Eins folgen. Dann erst würden wir den Trans-Canada Highway Richtung Norden auf den Icefields Parkway verlassen.

Zeit, um sich abzulenken. Mit den Lieblingsliedern der Playliste von unserer Island-Rundreise im Hintergrund begannen wir, die Planung für die nächsten Tage durchzusprechen.

»Heute ist Mittwoch. Dann wird also morgen das Jasper Pride Festival offiziell eröffnet, und zwar mit dem Hissen der Regenbogenfahne im Zentrum der Gemeinde. Danach steht unsere Wanderung auf einem zugefrorenen Fluss in den Maligne Canyon auf dem Programm und am Samstag die Parade auf Skiern.« Daan hatte sich in den letzten Tagen und (Jetlag-bedingt) Nächten in Calgary intensiv damit beschäftigt, während ich den Reiseführer von Lonely Planet studierte.

Ich wusste, dass Daan gehörigen Respekt vor dem Skifahren hatte, erst recht, nachdem er von den steilen Tiefschneeabfahrten in den Rocky Mountains gehört hatte. Deshalb sagte ich: »Gut. Dann lass uns am Freitag noch eine Wintersportausrüstung ausleihen, und wir schließen uns einem Skikurs mit Skilehrer an, damit wir noch vor der Parade ein wenig auf den Brettern üben können und auch sicher die Pisten hinunterfahren. Schließlich ist es auch bei mir ein paar Jährchen her, dass ich einen verschneiten Berg gesehen habe.«

»Bin dabei. So haben wir Zeit, um uns ein wenig einzufahren.« Daan lächelte etwas gequält. »Keine Angst. Ich bin bei dir – und ein Skilehrer.« Ich freute mich schon sehr auf den Pulverschnee, was sich Daan nicht so richtig vorstellen konnte.

Apropos Schnee. Wir erreichten Banff, doch viel konnten wir von dem Wintersportort nicht erkennen. Das Schneetreiben hatte sich zu einem Schneesturm entwickelt. Unsere Scheibenwischer schafften kaum noch das Wegwischen der Flocken. Mehr als dreißig Kilometer pro Stunde waren bei diesen Wetterbedingungen einfach nicht drin. Streckenweise kam der Verkehr völlig zum Erliegen. Auch Daan musste es ein wenig mulmig zumute sein, doch er ließ sich nichts anmerken.

»Zum Glück sitzen wir in einem Auto mit Allradantrieb«, seufzte ich vor mich hin, während Daan nur nickte.

Auch von dem sicher nicht minder reizvollen Skiort Lake Louise sahen wir nur das halb zugeschneite Straßenschild. Immerhin wussten wir nun, dass wir hier nun auf den Icefields Parkway abbiegen mussten. Wir hatten bislang nicht entschieden, ob wir lieber die alte, gemütlichere Strecke oder die neue, breite Autobahn nehmen wollten (beide Möglichkeiten hatte unser Reiseführer vorgeschlagen). Doch das Wetter nahm uns diese Entscheidung ab. Es war bereits nach fünfzehn Uhr, und wir hatten gerade einmal die Hälfte des Weges hinter uns gebracht.

»Ist dir kalt? Soll ich die Heizung hochdrehen?«, fragte Daan und deutete auf meine wieder zitternden Hände am Lenkrad. Bei all der Anspannung, unter der ich stand, als wir durch das dichte Schneetreiben fuhren, angesichts der Verantwortung, die ich für uns beide trug, sowie dem Versuch, einen Blick auf die Rocky Mountains zu erhaschen, war mir gar nicht aufgefallen, wie kalt meine Hände geworden waren. Mein Rücken schmerzte, ich musste aufs Klo und gleichzeitig verfolgte ich krampfhaft die Spuren im Schnee, die der große Jeep mit

Nach dem Sturm in den Rocky Mountains misst Karl die Schneehöhe.

genügend Abstand vor mir in den Schnee drückte. Dass das alles eine überwältigende, beeindruckende und überfordernde Situation für uns war, lag buchstäblich auf der Hand. Darunter mischten sich jedoch auch freudige Gedanken. So viel Schnee hatte ich schon lange nicht mehr gesehen – und konnte es immer noch kaum fassen, in einem Schneesturm durch die Rocky Mountains zu fahren.

Schon als Kind stürmte ich zu Hause immer an die Fenster und schob die Gardinen beiseite, um bei jeder tanzenden Schneeflocke »Schneeflöckchen, Weißröckchen« zu singen. Der Winter, die Kälte, die Berge, der Schnee und ich, das ist eine Liebesgeschichte für sich. Dem Knirschen unter den Schuhen zu lauschen, das Gleiten auf Langlaufskiern zu spüren sowie das befreiende Gefühl, sich in den tiefen Schnee fallen lassen zu können – diese Momente verursachen bei mir regelmäßig eine Gänsehaut. Und würde mich heute jemand fragen, was ich am meisten daran bereue, nach Amsterdam gezogen zu sein, ich würde ohne zu zögern antworten:»Berge und Schnee, das vermisse ich am meisten.«

»Alles in Ordnung«, entgegnete ich. »Ich bin nur etwas nervös. Und irgendwie muss ich die ganze Zeit daran denken, was uns in Jasper erwartet.« Schließlich waren wir nach Kanada eingeladen worden, um über ein Regenbogenevent in den Bergen zu berichten, Fotos zu machen und alles auf unseren Blog zu veröffentlichen. »Spürst du auch so einen Druck, dass alles funktioniert und wir trotz der Arbeit Spaß haben können?«

Natürlich hatte Daan schon darüber nachgedacht. Und wenn es etwas in unserer Beziehung gibt, das wir beide an uns schätzen, dann ist es Ehrlichkeit. Wir hatten uns von Beginn an vorgenommen, immer über alles zu sprechen, was uns auf dem Herzen liegt.

»Das wird alles toll werden«, beruhigte mich Daan. »Wir sind zusammen, haben alles gut durchdacht und vorbereitet, und wenn wir jetzt noch dieses Wetter überstehen, wird es grandios! Du wirst es sehen.«

Nach etwa anderthalb Stunden Autofahrt, wir hatten ungefähr die Hälfte der Icefields-Parkway-Strecke hinter uns gebracht, begann die Dämmerung. Und wir konnten endlich erleichtert aufatmen. Denn mit jedem Kilometer in Richtung Norden ließ der Schneefall nach und die Straßenverhältnisse verbesserten sich zusehends. Außerdem waren wir allein unterwegs. Nirgends Lastwagen oder Pkw, die den Weg vor uns erhellten. Nur der Mond lugte hinter den majestätischen Berggipfeln hervor. Gut gelaunt rollte unser Auto in gemütlichem Tempo durch den dichten Wald aus Fichten, Kiefern und Douglasien.

Schnell wollte ich nicht fahren, ich war inzwischen müde und kannte die Route nicht. Zum Glück. Denn nach einer relativ scharfen Kurve musste ich völlig unerwartet bremsen. Unser Gepäck donnerte von hinten gegen unsere Sitze. Erschrocken starrten wir beide geradeaus. Mitten auf der Straße stand ein ausgewachsener Wolf und schaute in das aufgeblendete Licht unseres Wagens. Wie angewurzelt blieb er stehen, wie versteinert sahen wir zurück. Ein kurzer Blick in den Rückspiegel verriet mir, dass ich keine Angst haben musste, von hinten von einem anderen Auto eingeholt zu werde. So verharrten wir für ein paar Sekunden, bevor der Wolf in der Dunkelheit der Nacht verschwand. Sprachlos schauten Daan und ich uns an, dann begannen wir zu lachen.

»Ich glaub es nicht. Ist uns das wirklich gerade passiert? Ein Wolf. In freier Wildbahn«, sagte ich mit Tränen in den Augen.

Daan schaute fassungslos in die Richtung, in die der graue Vierbeiner sich entfernt hatte. »Und das an unserem ersten Abend in den Rocky Mountains!«

Wir waren einem der Tiere begegnet, für die das Gebiet am westlichen Teil von Alberta so bekannt ist: Bären, Elche und eben Wölfe. Tiere, die wir in Deutschland nur aus Büchern oder dem Zoo kennen. Zugegeben, die Wölfe finden langsam wieder zurück in die Wälder Europas. Doch einem Wolf in einer tief winterlichen Nacht auf der Straße zu begegnen, das war etwas ganz Besonderes.

Eine halbe Stunde später hielten wir an der ersten Kreuzung kurz vor Jasper. Schneekristalle glitzerten im Licht der Straßenlaternen, das ein oder

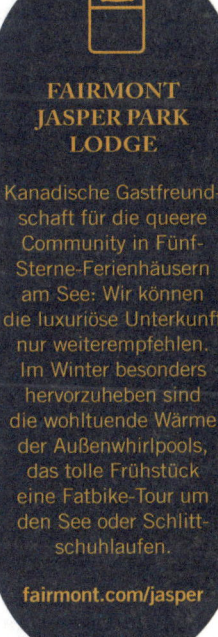

Fairmont Jasper Park Lodge vor den schneebedeckten Rocky Mountains

andere Auto flitzte plötzlich an uns vorbei. Der Ort wirkte dennoch um diese Zeit verschlafen. Passte zu unserem Energielevel. Erschöpft erreichten wir die Fairmont Jasper Park Lodge, die etwas außerhalb an einem See liegt. Mit einem freundlichen »Welcome at the Fairmont Park Lodge« wurden wir an der Rezeption empfangen. Unkompliziert checkten wir ein, danach ging es im Auto weiter durch ein kleines Dörfchen, das aus verschieden großen Ferienhäusern bestand. Unsere Hütte – eher eine Luxusunterkunft mit Hüttencharme – befand sich direkt am zugefrorenen See, dessen Ausmaß wir in der Dunkelheit nur erahnen konnten. Und bis auf die Schale am Bett gefüllt mit Süßigkeiten und frischem Obst konnte ich sowieso kaum noch etwas aufnehmen. Todmüde fiel ich auf das herrlich weiche Bett. »Willkommen in Jasper – Happy Pride«, las Daan vor, er hielt eine Karte in der Hand. Das bekam ich gerade noch mit. Dann fielen mir meine Augen zu und ich war eingeschlafen.

### Happy Pride Jasper!

Das Gesicht von Jasper, das gestern Nacht noch so einen verschlafenen Eindruck machte, hatte sich am Morgen verändert. Auf den tief winterlichen Straßen und Fußwegen herrschte reges Treiben. An den Laternenmasten und Anschlagtafeln hingen Regenbogenfahnen und Plakate, die auf das Festival aufmerksam machen sollten. Doch bevor wir uns in der Berggemeinde genauer umschauen konnten, hatten wir einen offiziellen Termin.

Dick eingemummelt und mit roten Nasen standen wir inmitten einer überschaubaren Menge queerer Menschen, Journalisten und Politiker vor dem Gebäude der Rettungsdienste, den Emergency Services von Jasper, und warteten. Minus 20 Grad Celsius hatte die Temperaturanzeige im Auto verkündet. Glücklicherweise gab es eine Sitzheizung. Sonst wären wir wahrscheinlich auf dem Weg von unserer Hütte zum offiziellen Hissen der Regenbogenflagge in der Innenstadt auf unseren Autositzen festgefroren. Trotz Kälte konnte man in den Mienen der Anwesenden lesen, wie stolz sie alle waren – wir eingeschlossen –, bei diesem symbolischen Akt dabei zu sein und das Jasper Pride Festival zu eröffnen. Durchgeführt wurde die Zeremonie von einer Mountie, einer kanadischen Polizistin in roter Paradeuniform samt breitkrempigem »Campaign«-Hut von Stetson. Als die leuchtend bunte Fahne dann oben an der Fahnenstange angekommen war und vor dem strahlend blauen Himmel neben der kanadischen Flagge im eisigen Wind wehte, brach Jubel aus. Ich kann mich sogar an ein paar Tränen erinnern. Freudentränen, zweifelsohne. Was diese sechs Farben doch für eine Wirkung haben!

Ob Gilbert Baker, ein US-amerikanischer Künstler und LGBTQ+-Aktivist, bereits 1979 geahnt hatte, dass seine Regenbogenfahne für die Lesben- und Schwulenbewegung solch emotionale Reaktionen hervorrufen würde, können wir heute nur vermuten. Was ich jedoch sicher sagen kann: Die Flagge mit den sechs Farben – Rot, Orange, Gelb, Grün, Königsblau und Violett – ist zum offiziellen Symbol die LGBTQ+-Community geworden und steht für die Vielfalt der Lebensweisen von allen Menschen. Ursprünglich hatte Baker noch zwei weitere Farben vorgesehen, diese wurden jedoch in der weiteren Entwicklung der offiziellen Pride-Flagge, vordergründig aus praktischen Gründen, weggelassen. Natürlich kommt den Farben auch eine Bedeutung zu: Rot steht für Leben, Orange für Gesundheit, Gelb für

Sonnenlicht, Grün für Natur, Königsblau für Harmonie und Violett für Geist. Für mich ist die Flagge zu einem Zeichen meiner Homosexualität und den damit verbundenen Herausforderungen geworden, die ich zu meistern hatte: Coming-out, Aktivismus, Liebe und der eigene Platz in einer sich ständig verändernden Welt.

Nach der Zeremonie wollten wir uns so schnell wie möglich aufwärmen. Schließlich stand noch ein Ausflug ins nicht ganz so ewige Eis auf dem Tagesplan. Wir waren mit der Eigentümerin des Coco's Cafés auf der Patricia Street verabredet. Der Geruch von frischen Backwaren, vegetarischen Köstlichkeiten, würzigen Milchshakes sowie eine gemütliche Wärme schlugen uns beim Öffnen der Tür entgegen. Überall hingen Poster und Plakate und über der kleinen Theke dunkelgrüne Tafeln, auf dem unter anderem das tagesaktuelle Menü stand. Zu ruhiger, jazziger Musik saßen mehrere – der Kleidung nach – Wintersportler an den Tischen und unterhielten sich in freudiger Erwartung auf den Pistentag. Herrlich. Eine Stimmung ganz nach meinem Geschmack. Zudem hatte ich einen Bärenhunger, so ganz ohne Frühstück.

»Good morning! Wir sind zum Frühstück oder besser Brunch verabredet«, stellten wir uns bei Lynn vor, einer kleinen, kurzhaarigen Frau mit überschäumender, freudiger Energie, mit der sie auch das kleine, queer-freundliche Café leitet.

Keine zehn Sekunden später wurden wir mit einer dicken Umarmung in Empfang genommen. »So, ihr beide kommt aus Amsterdam? Wir toll ist das denn! Ich freue mich so sehr, dass ihr bei unserem Jasper Pride Festival dabei seid. Was wollt ihr denn essen? Ich setze mich dann zu euch.«

Wir ließen uns mit Bagels, frisch gepressten Fruchtshakes und einem heißen Kaffee an einem Tisch am Fenster nieder. Lynn nahm sich Zeit, um uns mehr über die Geschichte des Jasper Pride Festivals zu erzählen, auch über ihre Rolle als Mitorganisatorin und langjährige Unterstützerin.

»Also, alles begann für mich mit einem Aufkleber, einem kleinen Regenbogensticker, den ich als Unterstützung für die LGBTQ+-Community vor knapp zehn Jahren auf die Eingangstür meines Cafés geklebt habe. Damals hatte ich es gerade erst übernommen. Kurz darauf wurde dieser dann abgerissen. Unglaublich fand ich das. Doch anstatt enttäuscht den Kopf in den Sand zu stecken, bin ich in die Offensive gegangen. So habe ich Jordan von den Mountain Park Lodges kennengelernt, der wie ich die Idee eines Pride Events in Jasper hatte. Unser Jasper Pride Festival nahm ab diesem Zeitpunkt langsam Gestalt an.«

Wir lauschten gespannt ihrer Geschichte, vergaßen dabei aber auch das Schlemmen nicht.

»Eine Veranstaltung wie diese ein- oder zweimal zu organisieren, ist nicht das Problem«, fuhr Lynn fort. »Es international bekannt zu machen und vor allem am Leben zu erhalten, das ist die eigentliche Herausforderung. Es ist so wichtig, dass die gesamte Gemeinde hinter

Mit dem Hissen der Regenbogenflagge gilt das Festival als eröffnet.

dem Festival steht. Am besten sieht man den Zusammenhalt an unserer Fensterdekoration.« Sie deutet mit einer knappen Handbewegung auf die großen und sehr bunt geschmückten Schaufenster. »Wusstet ihr beiden, dass wir jedes Jahr einen Wettbewerb organisieren, bei dem die besten und beliebtesten Regenbogen-Fensterdekorationen gekürt werden?«

Moment, was hatte Lynn da soeben gesagt? Wir hatten es richtig verstanden. Jedes Jahr nahmen fast alle Geschäfte, Restaurants, Bars und Unterkünfte im Stadtzentrum von Jasper an dem Wettbewerb teil, mit Sprüchen, Zeichnungen und natürlich so vielen Regenbögen wie nur möglich. Von solch einem Wettstreit hatten wir noch nicht gehört. Und gleichzeitig gab uns dies und die herzliche Begegnung mit Lynn das Empfinden, dass wir uns in diesem Bergstädtchen sehr wohlfühlen würden.

Gerade in dem Moment, als wir zur Tür hinausgehen und uns die anderen Schaufenster ansehen wollten, rief uns eine freundliche, rauchige Frauenstimme zurück. »Hey, ihr seid doch Karl und Daan von Couple of Men, oder?«

Wir drehten uns um und schauten in das breite Lächeln einer, dem Akzent nach, Kanadierin mittleren Alters. Mit einem kraftvollen Lachen winkte sie uns zu ihrem Tisch. Besonders auffällig war ihre Kopfbedeckung. Ihre langen dunklen Haare hatte sie unter einer dicken, aufgetürmten Regenbogenmütze versteckt. Daan erkannte sie sofort, Barbara Snelgrove. Er folgt der Twitter-Influencerin der lesbisch-queeren Community aus Vancouver bereits seit einer Weile. Barb, wie sie sich selbst vorstellte, gehörte genauso wie wir zu der kleinen Gruppe aus LGBTQ+-Journalisten, die in diesem Jahr zum Festival eingeladen waren. Zu Wort sollten wir allerdings fast gar nicht kommen, denn Barb schüttelte einen Witz nach dem anderen aus dem Ärmel. Und zwischendurch nahm sie einen großen Bissen von ihrem Schoko-Muffin. Was für eine liebenswerte und laute Persönlichkeit.

Barb setzt sich für die Rechte von queeren Menschen über ihren Twitter-Kanal ein. Daan hatte mit ihr bereits vor unserem Trip Kontakt gehabt und freute sich sichtlich über diesen Moment.

Nach diesem kurzen Gespräch hatten wir sie bereits ins Herz geschlossen.

## Zu Fuß durchs nicht so ewige Eis

Nachdem Barb ihren Muffin verputzt hatte, verließen wir gemeinsam, nach einer weiteren herzlichen Umarmung von Lynn, das kleine und doch so bedeutsame Café. Wir liefen durch das Stadtzentrum, vorbei an all den bunt verzierten und geschmückten Schaufenstern, einige davon mit sehr kraftvollen Botschaften.

Auf dem Parkplatz hinter der frisch gehissten Regenbogenfahne wurden wir bereits erwartet. Wir bestiegen einen kleinen Bus, der uns zu unserem ersten Abenteuer mitten in den Jasper Nationalpark bringen sollte. Eingepackt in unsere dicksten Winterjacken plus Thermounterwäsche und einem extra Paar Socken in den Winterwanderschuhen waren wir bestens für diesen Ausflug gerüstet. Im Gänsemarsch ging es vom Parkplatz aus hinein in die Berge, mit Unterbrechungen. Unser Ziel war der Maligne Canyon, den wir im Rahmen einer Wanderung als sogenannter Ice Pride Walk (auch außerhalb des Festivals möglich) über den gefrorenen Fluss Maligne River erleben konnten. Doch ich musste immer wieder stehen bleiben, um den Ausblick auf die Schönheit der Winterlandschaft in mir aufzusaugen. Dunkelgrüne, vom Schnee bedeckte Tannen begrenzten die umliegenden Berge bis zur Baumgrenze, während die gefrorenen Gipfel, zackig und weiß, den Horizont markierten. Der Schnee knirrschte unter den Füßen, ein Geräusch, das mich bei jedem Schritt an meine Kindheit, an meine Liebe zu Schnee erinnerte.

Unsere kleine Gruppe von internationalen Abenteurern war natürlich nicht allein unterwegs, sondern mit einem einheimischen Wanderführer. William, ein fröhlicher Mann mittleren Alters, der in einer leuchtend gelben Daunenjacke auch im Canyon kaum zu übersehen war, kam aus Alberta und war schon seit einigen Jahren als Tourguide im Jasper Nationalpark unterwegs.

»Wir müssen keine Angst haben, von Schwarzbären oder auch Grizzlybären überrascht zu werden«, erzählt er. »Normalerweise halten Bären bis ungefähr Mai Winterruhe und kommen nur in ganz besonderen Ausnahmefällen aus ihrem Winterversteck.« Auf einen ausgewachsenen Grizzly zu treffen, hätte uns zwar die Möglichkeit für ein paar tolle Fotos gegeben (falls wir es überlebt hätten). Doch vor einem ausgehungerten Allesfresser im Tiefschnee wegrennen zu müssen, darauf hatten wir keine Lust. »Im Frühjahr wird der zugefrorene Fluss, auf dem wir gerade wandern, durch das Schmelzwasser zu einem reißenden Strom«, fuhr William fort. »Und jetzt bitte vorsichtig weiterlaufen. Das Eis kann gefährlich glatt werden, besonders am Eingang zum Maligne Canyon.«

Wir wussten nicht, worauf wir uns gefasst machen sollten, sonst wären wir wahrscheinlich schon viel zügiger unterwegs gewesen. Umso mehr überrascht waren wir, als wir uns nach ein paar Kurven der aufeinander zulaufenden Felswände plötzlich vor einer riesigen gefrorenen Wand aus Wasser wiederfanden.

Mit einem Staunen im Gesicht griff Daan nach meinem Arm: »Wahnsinn. Ich hatte ja keine Ahnung, was uns hier erwarten würde.« Schnell begann er in unserem Rucksack nach dem Stativ zu suchen. »Hier müssen wir unbedingt ein Foto machen. Oder lieber gleich zwei oder drei. Das ist so schön, und das Licht ist genau richtig.«

Augenblicklich suchte er nach dem besten Standort für die Kamera. Ich hatte also einen Moment, um nach den an Sicherungsseilen vom Wasserfall herabhängenden Eiskletterern in ihren roten Winteranzügen zu schauen. Wir waren in einer Zauberwelt angekommen. Die Eisskulpturen, die türkisblau leuchtenden Eiszapfen und die auskristallisierten Eissterne an den Felswänden, die sich aus Wasserdämpfen aus dem Untergrund geformt hatten, hätten auch in einem Disneypark nachgebaut worden sein können. Unwirklich und doch wunderschön. Erfreulicherweise blieben wir ein wenig in dieser fantastischen Eiswelt. William erzählte uns über den Nationalpark, dass er 1907 entstand und zusammen mit den Nationalparks von Banff, Kootenay und Yoho 1984 zum UNESCO-Welterbe erhoben worden war.

Die Fotos im Kasten, ging es schließlich zurück Richtung Bus. Allerdings diesmal nicht übers Eis, sondern über die Berge. Majestätisch und fast surreal, wie aus einem Science-Fiction-Film, lagen sie vor uns am Horizont, die Rocky Mountains.

Es war hier ganz anders als in Island oder Japan und doch mindestens genauso beeindruckend. Glücksgefühle stiegen in mir auf, ge-

*Ice Pride Walk durch den Maligne Canyon*

nauso wie die Lust, endlich auf einem Snowboard durch den Pulverschnee zu gleiten.

Eine gute halbe Stunde später saßen wir wieder im warmen Bus in Richtung Jasper Town, als Daan unerwartet mit dem Finger auf etwas deutete. »Was ist das? Schau, da drüben stehen sie! Riesige Hirsche!« Gerade, als wir das Ortseingangsschild von Jasper passiert hatten, entdeckte er eine Gruppe Rothirsche, die gemütlich ästen oder in der Sonne im Schnee lagen. »Wapitis werden die Rothirsche hier in Nordamerika genannt. Sie sind auch etwas größer als ihre europäischen Verwandten«, erklärte William, der Daans Bemerkung gehört hatte. »Sie sind so eine Art Haustier für die Einwohner in Jasper. Die Wapitis kennen die Menschen hier und sind daher nicht sehr scheu, sie essen manchmal auch die Blumen aus deren Gärten, bleiben aber zumeist auf Sicherheitsabstand.«

Der Ausflug hätte kaum besser zu Ende gehen können.

Zurück in Jasper, wollten wir dem alljährlich temporär eingerichteten Jasper Pride House einen Besuch abstatten. Ganz im Sinne des Pride House, das seit den Olympischen Winterspielen in Vancouver 2010 für LGBTQ+-Teilnehmer und -Organisatoren eingerichtet wurde – das betraf auch die Paralympics und seitdem viele andere internationale Sportereignisse –, finden ebenfalls in Jasper Besuchende des Festivals in dem Pride House einen sicheren und freundlichen Ort, an dem sie plaudern, Pride-Artikel kaufen oder mit anderen queeren Einheimischen in Kontakt kommen können. Hier trafen wir den lokalen Drag-Superstar der Stadt, Toni Lester Van Blam, zum ersten Mal.

»Ich hoffe, ihr habt gute Laune und ganz viel Lust mitgebracht, um am Samstag die Pisten bunter zu machen«, begrüßte uns die Dragqueen in ihrem schrillen Outfit, mit farbenfrohem Make-up und voluminöser blonder Perücke.

Auch von ihr hörten wir nur das Beste über das immer größer werdende Event, dass mittlerweile zu den größten jährlich stattfindenden Veranstaltungen in Alberta zählte.

Nach einem kurzen Plausch wollten wir noch die letzten Sonnenstrahlen des Tages nutzen und eine abschließende Runde durch die Stadt machen.

## WIE ENTSTAND
## DAS AKRONYM LGBTQ+?

Die Entwicklung eigener Bezeichnungen, über die sich die LGBTQ+-Community definiert und mit denen sie beschrieben wird, begann als eine Kombination aus wissenschaftlichen Begriffen (»homosexuell«) und alltäglichen Beleidigungen (»Schwuchtel«, »Dyke«, »Tunte«, »Mädchen«). Als homosexuelle Personen, also Lesben und Schwule, mehr Sichtbarkeit und Akzeptanz bekamen, wurden diese anfänglich abwertend benutzten Wörter alltäglicher. Und nachdem die LGBTQ+-Community politisch und finanziell an Bedeutung gewonnen hatte, wurden sie auch als potenzielle Zielgruppe für Unternehmen attraktiver. Eine verständliche und nicht mehr diskriminierende Sprache musste sich entwickeln. So entstand das Akronym LGBT (lesbisch, gay oder schwul, bisexuell, trans; in Deutschland auch LSBT), verbunden waren damit rechtliche Errungenschaften für Menschen unterschiedlichen Geschlechts und unterschiedlicher sexueller Orientierung. Mit den Rechten (und dem Internet) verstärkte sich die Selbstidentifikation. »Queer« etwa wurde zu einer mit Stolz verbundenen Bezeichnung »zurückgefordert«, vorwiegend von jüngeren Generationen. Die Abkürzung LGBT wurde mit dem Q für »queer« ergänzt und zu LGBTQ, das sich zu LGBTQ+ weiterentwickelte. LGBTQ+ bietet eine Möglichkeit, die wachsende Gruppe der mit der Community assoziierter Identitäten kurz zu beschreiben, ohne jemanden auszuschließen. Dabei steht das + für ein insgesamt neunzehn Zeichen umfassendes Akronym: LGBTTQQIAA2SNBGNCPK.

Zurück in unserer Unterkunft umarmte mich Daan, griff nach meiner Hand und zog mich gleich wieder nach draußen an den gefrorenen See hinter dem Resort.

»Alles Gute zum Geburtstag!«, flüsterte er mir ins Ohr und überreichte mir ein kleines Päckchen. Vor lauter neuen Eindrücken hätte ich beinahe vergessen, was heute für ein Tag war: mein dreiunddreißigster Geburtstag.

»Ah, wie lieb von dir. Danke!« Ich flüsterte ebenfalls. »Ist es hier nicht einfach nur traumhaft schön? Ich bin so glücklich, dass ich meinen Geburtstag an diesem Ort mit dir an meiner Seite erleben kann. Vor fünfzehn Jahren, gerade nach meinem Coming-out, hätte ich niemals daran gedacht, einmal einen LGBTQ+-Reiseblog zu haben und damit den Norden Kanadas zu bereisen. Und, ganz wichtig, mit dieser Arbeit auch für andere queere Menschen etwas zu bewirken.«

Mit dem Geschenk in der Hand (noch unausgepackt) standen wir beide verliebt eine Weile am See. Obwohl es noch dämmerte, schien

Selfie im Skilift in Tiger- und Ewokkostüm

schon der Mond über den schneebedeckten Bergen, und ein paar Wapitis liefen am See entlang.

## Und einfach so fliegt ein Regenbogen über die Skipisten

Am übernächsten Morgen war die Spannung in unserer Hütte kaum zu überbieten. Draußen war es noch dunkel. Doch an Ausschlafen war nicht zu denken. Wie zwei aufgezogene Duracell-Häschen rannten wir in Unterhosen in unserem Ferienhäuschen umher. Unsere Koffer lagen explodiert auf dem Sofa, über den Stühlen hingen die Wintersportklamotten von unserem gestrigen Skikurs, und auf dem Bett probierten wir all das, was wir heute nicht vergessen durften, ordentlich in Reih und Glied zu sortieren.

Jetzt war nicht ich es, der wie Espenlaub zitterte. Sosehr sich Daan auf die Parade freute, sosehr beängstigte ihn die steile Abfahrt. Als wir gestern im Schnee unterwegs gewesen waren, meisterte er, der Flachländer, die Pisten noch gemütlich mit seinem Skilehrer, während ich mich auf meinem Snowboard Bahnen durch den Wald zog. »So macht Skifahren Spaß«, meinte Daan hinterher überzeugt. »Ohne Zeitdruck und ohne hohe Geschwindigkeitsvorgaben erfahrener Skifahrer und Snowboarderinnen.« Jetzt fragte er verzagt: »Muss ich wirklich mit? Kann ich nicht einfach unten auf dich warten?«

Während mein Herz vor Freude Purzelbäume schlug, wäre Daan am liebsten unter die Bettdecke gekrochen oder in die nächstgelegene Sauna verschwunden. Nur gut, dass wir uns bereits mit unseren Leihausrüstungen vertraut gemacht hatten. Es blieb uns noch genügend Zeit, um ausgiebig zu frühstücken und pünktlich um zwölf am Treffpunkt zu sein. Wir wussten: Um das richtige Foto aufzunehmen, durften wir den Beginn der Parade nicht verpassen.

»Hast du die Kamera eingepackt?«, fragte Daan, während er eine Orange schälte. »Die Regenbogenfahne habe ich schon zusammengerollt und auf unser Bett gelegt. Weißt du, wo meine langen Unterhosen geblieben sind? Sollen wir unsere Kostüme hier im Hotel oder erst am Lift anziehen?« Ach ja, die Kostüme. Für Daan war das kein Problem. Er verkleidet sich leidenschaftlich gern für diverse Anlässe, sei es für eine Themenparty, eine Halloweenparty oder eben für eine Regenbogen-Parade. Schauspieler eben. Ich hingegen bin davon nicht so überzeugt. Auch wenn ich es Daan zuliebe und immer wieder über mich ergehen lasse. Wie dem auch sei: Für mich hatte Daan das Tiger-Outfit zurechtgelegt. Er wollte als Ewok (*Star-Wars*-Fans kennen diesen pelzigen Zweibeiner) verkleidet die Skipisten hinunterfahren. Natürlich war ich dagegen, dass er sich vor der Abfahrt drückte. Das Wetter war okay, es schneite ein wenig. Die Pisten waren gut präpariert, und auch der Wind, der sich gestern noch auf der Piste bei unter minus 20 Grad Celsius wie kleine Nadelstiche im Gesicht angefühlt hatte, hatte etwas abgenommen. An der Mittelstation würde die Parade beginnen. Verkleidet als Ewok und Tiger standen wir nun am Berg zusammen mit vielen anderen Wintersportlern. Gerade waren wir dabei, die Regenbogenfahne auszupacken, als sich die Parade bereits in Bewegung setzte. Skifahrer und Snowboarder sämtlicher Geschlechter und Geschlechteridentitäten, mit Regenbogenperücken, Regenbogenfähnchen oder in Skianzügen komplett aus Regenbogenfahnen wedelten singend, pfeifend und lachend die Piste hinunter.

Es sollte sich für uns als ziemlich kompliziert herausstellen, das Skifahren respektive Snowboarden mit dem Fotografieren, Filmen und Schwenken der Regenbogenfahne in Einklang zu bringen. Doch ein paar tolle Schnappschüsse gelangen uns.

»Fahrt einfach über mich drüber«, rief ich acht Skifahrern zu, die mit einer riesigen, mindestens fünf Meter langen Regenbogenfahne den Hang hinunterfuhren.

»Happy Pride Jasper«, schallte es aus allen Richtungen. Und ich mittendrin, auf Knien im Schnee mit der Flagge über mir im Wind.

Ich fragte mich, warum ich das noch nie in meinem Heimatdorf erleben durfte? Sollten sich nicht auch ostdeutsche Gemeinden mit einer vergleichbaren Veranstaltung hinter die LGBTQ+-Community stellen? Mir kamen aber sofort Zweifel, ob das je gelingen würde. Erinnerungen an meine Schulzeit gingen mir durch den Kopf, an eine Zeit, in der ich mich abends in den Schlaf geweint hatte. Aber ich hatte das alles überstanden, auch über das Reisen, gemeinsam mit Daan an meiner Seite.

## PRIDES AUF WINTERPISTEN

Neben dem Jasper Pride Festival in Alberta haben wir bereits eine weitere kanadische Gay Ski Week besucht. Nördlich von Vancouver, im Skigebiet Whistler, findet seit vielen Jahren die Whistler Pride statt. Doch nicht nur in Kanada gibt es Skiwochen für Schwule. In den USA, aber auch auf den schneebedeckten Gipfeln Skandinaviens, der Pyrenäen und der Alpen werden sie für die queere Community organisiert. Zumal in vielen kleinen Bergdörfern queere Menschen leben, die nicht vollständig akzeptiert werden und sich jeden Tag aufs Neue besonderen Herausforderungen stellen müssen. Während dieser LGBTQ+-Snow-Events können Einheimische gemeinsam mit gleichgesinnten Wintersportreisenden feiern und ein Stück queere Kultur in die Berge bringen – mit einer geringeren Chance auf homo- oder queerphobe Aggression und einer großen Chance auf fabelhaften Wintersport unterm Regenbogen.

Video
Whistler Pride
Regenbogen-
Parade

Regenbogen-Parade auf den Pisten von Marmot Basin

## Solidarität und ein Zebrastreifen

Ohne die traditionelle Gala-Veranstaltung am Abend nach der Parade wäre wohl kein Japser Pride Festival komplett. Die Proud & Free-Party – nach diesem Event sollte die Bezeichnung zum festen Slogan des Festivals werden – in der Fairmont Jasper Park Lodge ist für viele queere Einheimische die jährliche Hauptattraktion (heute findet die Gala im Sportzentrum statt, weil so mehr Teilnehmer Karten kaufen können). Zu ihren Höhepunkten, bei der wir im typisch kanadischen rot-schwarz karierten Holzfäller-Outfit erschienen, zählten gleich mehrere Shows. Darunter die der Frauengruppe Send in the Girls mit ihrem Backstreet-Boys-Tribute, die Männerband Man Up! mit ihrem Spice-Girls-Tribute sowie die Dragqueens der Rocky Mountain Gurrrls mit ihrer Pride-Performance.

Bei der Gala spendet die Gemeinde für den Regenbogen-Zebrastreifen.

Dann sollte etwas passieren, was uns symbolisch für unsere Kanada-reise im Gedächtnis blieb. Toni Lester Van Blam, der Drag-Superstar, hatte eine Benefizauktion organisiert, um einen Zebrastreifen in Regenbogenfarben im Stadtzentrum von Jasper zu ermöglichen.

»Leider haben wir den notwendigen Betrag für den Rainbow-Crosswalk nicht zusammen bekommen. Wir werden aber dafür kämpfen, dass ...« Doch viel weiter kam die Dragqueen nicht mit ihrer Erklärung. Binnen weniger Sekunden streckten sich Hände mit Dollarnoten in die Höhe. Immer mehr Menschen aus dem Publikum wollten den Regenbogentraum wahr werden lassen. Als Lynn vom Coco Café und Mister Al'Bear'ta, der Gewinner des Mister Bear in Alberta, zum Schluss erklärten, dass jeder Cent des fehlenden Betrags von ihnen übernommen werden würde, gab es für Toni Lester Van Blam kein Halten mehr. In Tränen aufgelöst, nahm sie die gespendeten Geldnoten in Empfang und die beiden Helfer in ihre Arme. Eine Community, eine Mission, ein erreichtes Ziel. Magisch und überwältigend.

Die kanadische Kleinstadt in den Bergen der Rocky Mountains hatte uns mit offenen Armen empfangen und gezeigt, wie es ist, in einer die queere Community unterstützenden Umgebung Urlaub zu machen. Während des Jasper Pride Festivals konnten alle Personen, egal ob Einheimische, Eingewanderte oder Reisende, so sein, wie waren. Schwule Männer tanzten mit lesbischen Frauen, es wurde Farbe in die Schaufenster der Geschäfte der Stadt gebracht und der Regenbogen auf die Skipisten. Was uns alle verband? Unsere Unterschiede, der Kampf um Gleichberechtigung und der Respekt voreinander.

Veränderungen und Fortschritt machen selbstverständlich auch vor der LGBTQ+-Community nicht Halt. Längst sind es nicht mehr »nur« die (weißen) Lesben und Schwulen, die für Sichtbarkeit, Gleichberechtigung und Anerkennung in der Gesellschaft kämpfen. Das verändert zunehmend auch die Wahrnehmung der einzelnen Gruppen innerhalb unserer Community. Inklusion ist das Zauberwort, um auch alle so kleinen und gleichzeitig so wichtigen diversen Personengruppen in die LGBTQ+-Community einzuschließen. Die Buchstabenfolge LGBTQ+ (in Deutschland wird auch die Abkürzung LSBTIQ+ verwendet) ist eine zusammenfassende Abkürzung für ein insgesamt neunzehn Buchstaben umfassendes Akronym. Jeder Buchstabe steht für eine Besonderheit, mit der sich Personen identifizieren (wollen). Für manchen kommen auch mehrere Buchstaben infrage.

Daher ist verständlich, dass es Bestrebungen gibt, die Regenbogenflagge weiterzuentwickeln und an die immer vielfältiger werdende Community anzupassen. Nicht nur wegen der »Black Lives Matter«-Demonstrationen ist es wichtig, auch für die unterrepräsentierten Gruppen von transidenten Menschen und Inter*Personen, von Menschen mit Aids sowie Schwarzen und anderen Personen of Colour mehr Sichtbarkeit zu ermöglichen. Für uns ist es daher von größter Wichtigkeit, zuzuhören, einen Schritt beiseitezutreten und die über Jahre hinweg aufgebaute und erreichte Emanzipation für andere Minderheiten der LGBTQ+-Community einzusetzen. Rassismus, Ausgrenzung und Diskriminierung finden sich leider auch innerhalb dieser wieder. Ein Grund mehr, nicht stehen zu bleiben, sondern nach Möglichkeiten zu suchen, sich gegenseitig zu unterstützen und somit gemeinsam in die Zukunft zu blicken.

Der Regenbogen hat für mich schon lange einen großen Stellenwert. Kurz nach meinem Coming-out war es ein kleiner Regenbogen-Anstecker an meinem Rucksack, der es mir ermöglichte, von anderen schwulen Männern oder auch lesbischen Frauen im Alltag erkannt zu werden. Ich freute mich immer riesig, wenn ich ein kleines Zeichen aus der Community erhielt. Damals, als man noch mit Modem im Internet surfte und an ein Smartphone nicht einmal zu denken war, hütete ich meine ersten Regenbogen-Dinge wie einen Schatz: Anstecker, Schlüsselband oder Aufkleber. Schließlich musste ich bis zum nächsten CSD warten, um einen neuen Regenbogen kaufen zu können.

Diese Freude und das Gefühl von Stolz, ihn in die Welt zu tragen, motiviert uns auch heute noch, Fotos mit der Regenbogenflagge aufzunehmen. Es ist für uns selbstverständlich geworden, immer eine (große) Regenbogenfahne in unserem Rucksack zu haben, um diese gemeinsam über einem Reiseziel wehen zu lassen. Nicht um Grenzen zu markieren oder Personen auszugrenzen. Sondern um als schwule Reiseblogger auf der ganzen Welt ein Zeichen für Vielfalt, Toleranz und Gleichberechtigung zu setzen.

## IM LAND DER HOLZFÄLLERHEMDEN

Für insgesamt zweieinhalb Wochen waren wir in den winterlichen kanadischen Rocky Mountains unterwegs. Natürlich waren wir auf dem tiefgefrorenen Lake Louis unterwegs und haben im legendären Hotel Fairmont Banff Springs übernachtet. Aber auch Whistler, Vancouver, Toronto und die Niagara-Fälle haben wir in Kanada inzwischen besucht. Neugierig? Mehr gibt's auf unserem Blog: QR-Code scannen!

coupleofmen.com

Blick über die Wüste Namib

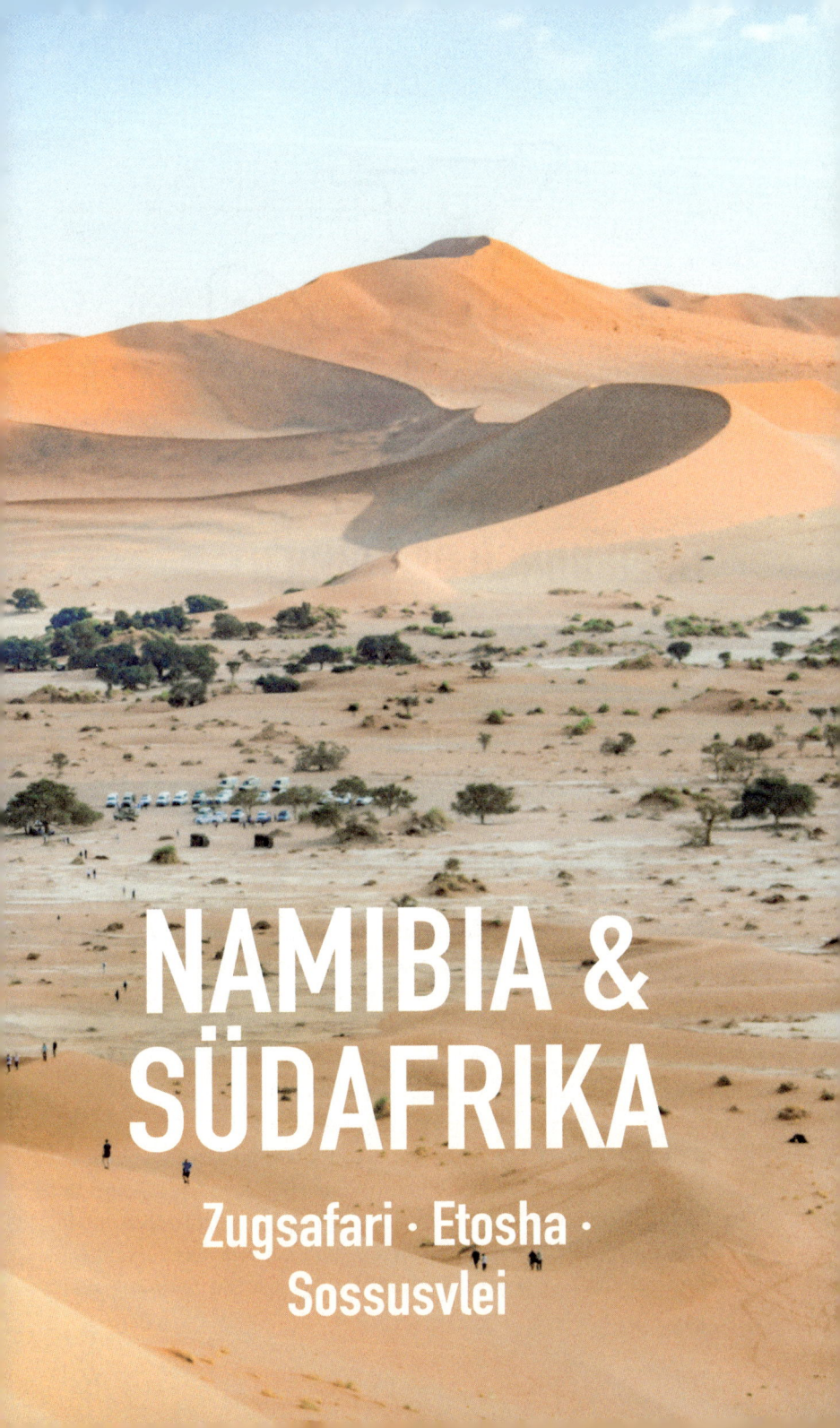

# NAMIBIA & SÜDAFRIKA

## Zugsafari · Etosha · Sossusvlei

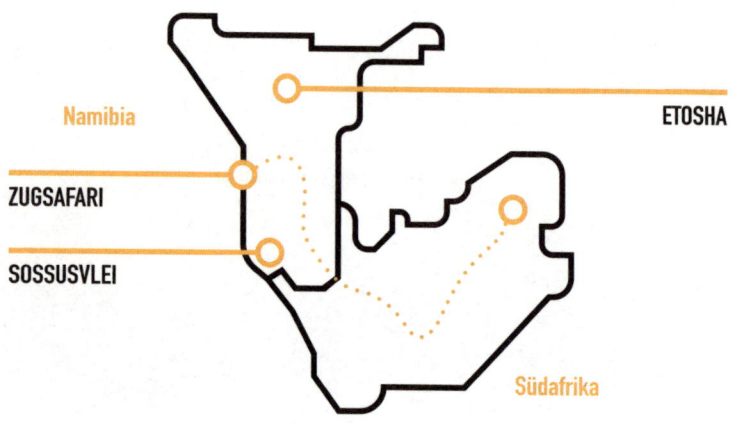

Namibia          ETOSHA

ZUGSAFARI

SOSSUSVLEI

Südafrika

# QUER DURCH DEN SÜDEN AFRIKAS IM ZUG

Das Programmheft für unsere Zugreise las sich wie ein Handbuch für eine waschechte Abenteuerreise aus längst vergangenen Zeiten. Nach einer Woche in Kapstadt, einem Meet and Greet mit den Brillenpinguinen am Boulders Beach, einer Wander- und Klettertour auf den Lion's Head (der »Löwenkopf« liegt unmittelbar neben dem Tafelberg) und einer Nacht im namibischen Swakopmund an der Atlantikküste sollte unsere Zugsafari durch den Süden Afrikas beginnen. Allerdings war uns die Entscheidung, diese Reise Ende April 2019 anzutreten, zunächst nicht leichtgefallen, da Homosexualität in Namibia durch ein Gesetz aus der Zeit der Apartheid auch heute noch verboten ist und gesellschaftlich tabuisiert wird. Doch jüngste Entwicklungen ermutigten uns, den Schritt in einer pinken Blase zu wagen, unternehmungslustig und bedacht.

Schließlich steht die Bahn seit dem 19. Jahrhundert für eine ganz besondere Möglichkeit des Reisens. Wagemutige konnten auf eine für heutige Verhältnisse entschleunigte Art und Weise wortwörtlich durch eine ihnen unbekannte Welt fahren – statt beispielsweise über diese hinwegzufliegen. Für uns sollte es auf der Namibia-Südafrika-Zugsafari zehn Tage lang – oder 3400 Schienenkilometer – im »Pride of Africa« von der Atlantikküste in die südafrikanische Hauptstadt Pretoria gehen. Und ganz nebenbei sollten wir uns in Elefant, Giraffe und Nashorn, in die Schönheit der hiesigen Natur verlieben.

Daan sah in seinem grün gestreiften Hosenanzug, mit seinem markanten Vollbart und dem in Kapstadt gekauften braunen Lederhut tatsächlich wie ein wahrer Erlebnisreisender aus. Wir saßen auf dem komfortablen Doppelbett in unserem De-luxe-Abteil – es war ungefähr doppelt so groß wie unsere Kapselunterkunft in Japan –, das tagsüber in ein bequemes Sofa umfunktioniert wurde, und konnten unsere Freude kaum in Worte fassen. Wir ließen uns rücklings aufs Bett fallen und mussten beim Blick aus dem Fenster und auf die wechselnden Landschaften laut für uns wiederholen: »Ja, wir sind wirklich in Afrika!«

Mit einer liebevollen Melodie, gespielt auf einem Xylofon, wurden wir aus unseren Tagträumen gerissen. Es war Zeit für unser erstes Abendessen. Schnell packten wir den Inhalt unserer Koffer in den geräumigen Wandschrank und legten einige ausgewählte Kleidungsstücke, die für das Dinner in Frage kamen, aufs Bett.

»Welches Hemd ziehst du an? Ich will mein Outfit darauf abstimmen.«, fragte ich Daan.

Daan, der dabei war, in unserem Badezimmer zu verschwinden, antwortete flüchtig: »Das braun-blau gestreifte, dazu meine dunkelblaue Fliege.«

»Gute Wahl.«

Es galt Anzugpflicht für alle männlichen Reisenden, und ohne Krawatte oder Fliege hätte man uns nicht an einen Tisch gelassen. So schick hatten wir uns schon lange nicht mehr gemacht – und doch, das schnieke Herausputzen hatte etwas. Immerhin taten wir es für unseren Blog. Und so liefen wir in blank geputzten Schuhen die mit Teppich-

boden ausgelegten schmalen Gänge entlang in Richtung der Speisewagen – es waren insgesamt zwei –, die sich im vorderen Teil des Zugs
befanden. Gar nicht so einfach, denn es rumpelte gerade heftig.

»Halt dich an den polierten Mahagoni-Paneelen fest!« Daan drehte
sich um und schmunzelte über meinen nicht ganz so ernst gemein-
ten Rat.

»Genauso luxuriös stelle ich mir den Orient-Express vor«, bemerkte er.

Wir erreichten ohne zu strauchlen die gemütlich beleuchteten
Speisewagen, mit größeren Tischen für vier Personen zu unserer Rechten und kleineren Tischen für zwei Personen auf der linken Seite, auf
die unsere Wahl für diesen ersten Abend fallen sollte. Feinstes Por-
zellan, schwere Kristallgläser und ein kleiner Blumenstrauß standen
vor uns. Für einen Moment sagten wir beide nichts, schauten uns an
und lauschten dem Rattern des Zugs, der leisen Lounge-Musik sowie
dem Wirrwarr aus verschiedenen Sprachen unserer Mitreisenden.
Neben Afrikaans, eine der elf Amtssprachen Südafrikas, dem Niederländischen sehr ähnlich, konnten wir auch Englisch und Deutsch aus-

Herausgeputzt und hungrig im Speisewagen des Pride of Africa

machen. Doch auch andere afrikanische Sprachen waren zu vernehmen, stammte die Zugbegleitung doch aus verschiedenen Ländern des riesigen Kontinents, etwa Tansania oder Botswana.

Noch rollten wir durch den Norden Namibias und genossen unser erstes Fünf-Gänge-Menü samt passenden Getränken. Selbst für den Vegetarier Daan hatte die Küche eine eigens für seine Bedürfnisse ausgerichtete Speisekarte zusammengestellt, was ihn mehr als beeindruckte und sichtlich fröhlich stimmte. Statt der vorgeschlagenen Weine entschieden wir uns aber für ein regionales Bier. Nach dem Hauptgang erschien der Zugmanager, ein aufgeschossener Südafrikaner, der sich und sein Team vorstellte und uns über den weiteren Verlauf der Reise informierte. Während uns der Nachtisch serviert wurde, entließ er uns in die Nacht, unter Applaus der Gäste.

Zurück in unserer Kabine, war die Bettdecke bereits zurückgeschlagen. Auf dem kleinen Tisch daneben stand eine Kanne mit heißem Roibuschtee und das Licht war gedimmt. Schnell schlüpften wir in unsere Schlafanzüge, knipsten die Lampen aus und schlossen vorsichtig die schweren Fensterläden. Noch nie hatten wir auf Schienen geschlafen, die Nachtzüge in Europa waren ja größtenteils eingestellt worden.

Video
Zugsafari mit
Rovos Rail

»Daran muss ich mich wirklich erst gewöhnen«, murmelte Daan am nächsten Morgen in seinen zerzausten Bart, als er die Fenster wieder öffnete. Augenblicklich vergrub ich mein Gesicht ins Kopfkissen, denn mit dieser Lichtflut hatte ich um acht Uhr morgens noch nicht gerechnet. Man hatte uns vorgewarnt: Schlaflose Nächte würden zu einem Zugabenteuer in Afrika dazugehören. Bei diesem Schaukeln, Knattern und Quietschen der Waggons wäre Schlafen eine Herausforderung. Die Warnung konnten wir bestätigen, auch wir mussten uns mit unserem eigentlich recht bequemen Bett auf Schienen erst einmal anfreunden.

»Ich geh duschen. Kannst du schon mal unsere kleinen grünen Reisetaschen für die nächsten zwei Tage packen?« Daan warf mir einen Kussmund zu, und im nächsten Moment rauschte es im Badezimmer.

Unsere Reise war keine Aneinanderreihung von langweiligen Tagen an Bord, weit gefehlt. Teils mehrtägige Exkursionen standen auf dem Plan, die fantastischer kaum sein konnten, glaubten wir dem

Reisehandbuch, das in unserer Kabine auslag. Denn was wäre Afrika ohne eine Safari? Und so stand bereits am zweiten Tag eines der einzigartigen Naturschutzgebiete Namibias, der Etosha-Nationalpark, auf dem Programm, einschließlich Übernachtung auf einer Lodge.

Als Daan frisch geduscht ans Bett tritt, sprudelt es nur so aus ihm heraus: »Sommerliche Kleidung, Sonnencreme, Kamera und natürlich unsere Hüte, nichts dürfen wir vergessen. Was meinst du, werden wir Elefanten sehen?«

## Etosha und die Big Five

Mit einem »Husch, husch« schickte Daan mich ins Bad. Fertig angezogen, mit gepacktem Rucksack und einer Reisetasche standen wir am Fenster, als der Zug in den Bahnhof von Otjiwarongo, auf Herero: »Schöner Platz der fetten Rinder«, einlief. Die Weiterfahrt im Bus führte uns durch die Dornstrauchsavanne des Kalahari-Beckens mit weiten, sandigen Ebenen, die nur durch Büsche und Sträucher durchbrochen wurden. Offenbar waren wir nicht die einzigen Reisenden mit einer kurzen Nacht, wie wir angesichts einiger Schlafender beobachten konnten. Die beiden Reiseleiter stimmten uns mit Fakten auf den Nationalpark ein: »›Etosha‹ bedeutet so viel wie ›großer weißer Platz‹ und stammt aus dem Oshivambo, einer Bantusprache, die vorrangig im südwestlichen Afrika gesprochen wird. Die riesige weiße Salzpfanne, die Etosha-Pfanne, ist besonders markant. Im Übrigen ist Namibias bedeutendstes Schutzgebiet knapp 23 000 Quadratkilometer groß.«

Mit diesen Informationen im Kopf erreichten wir drei Stunden später den Osteingang des Nationalparks. Doch bevor wir uns zu unserer ersten Safari überhaupt aufmachen sollten, wagten wir einen erfrischenden Sprung in den Pool, der zur Lodge gehörte. Schließlich war es so weit, und zusammen mit zwei weiteren Paaren, eines davon ein Männerpaar aus Hamburg, begann die Tour in einem offenen grünen Land Cruiser mit Halbtüren.

»Ab jetzt müssen wir die Augen offenhalten. Mit etwas Glück bekommen wir vielleicht einen der ›Großen Fünf‹ vor die Linse«, rief ich Daan zu. Fahrtwindbedingt gestaltete sich die Kommunikation zunächst etwas schwierig, bis wir dann in einer gemütlicheren Geschwindigkeit auf einen sandigen Seitenweg abbogen.

»Als die ›Großen Fünf‹ bezeichneten Großwildjäger früher die am schwierigsten zu jagenden Tierarten«, erklärte nun Thabo, der meinen Einwurf aufgenommen hatte. Thabo war Namibier, ungefähr Mitte dreißig, und arbeitete bereits seit einigen Jahren als Ranger und Tourguide für die Game Drives, die Tierbeobachtungsfahrten. »Dazu zählen der Afrikanische Elefant, Löwe, Leopard, Kaffernbüffel und das Breitmaulnashorn. Mindestens zwei davon werden wir heute sehen. Weil viele der Tiere eher scheu sind, stehe ich über mein Walkie-Talkie in engem Kontakt mit meinen Kollegen. Sobald wir eines der seltenen Tiere entdecken, melden wir eine Sichtung sofort weiter. Wenn ich also plötzlich wende, sind wir möglicherweise auf dem Weg zu einem der ›Big Five‹.«

»Oh, guck mal, eine Herde Springböcke!« Ich deutete auf die ungefähr zwanzig Grasfresser hinter Daan.

»Wahnsinn, diese markanten Fellzeichnungen. Und da, sind das nicht die Köpfe von Giraffen?« Daan lehnte sich nun weit aus dem Jeep,

Unser Giraffen-Selfie im Etosha-Nationalpark

um mit dem Fernglas einen genaueren Blick auf die sich bewegenden Baumkronen zu werfen.

Auch Thabo hatte die Langhälse erkannt, denn langsam näherte sich unser Gefährt der friedlich äsenden Gruppe. Ein unvergesslicher Anblick. Zeit für ein Giraffen-Selfie nach unserem Wal-Selfie in Island.

»Ich möchte noch kurz darauf eingehen, was der Grund für die Umzäunung des Etosha-Nationalparks ist.« Der Guide machte den Motor aus und drehte sich mit einer Karte in der Hand zu uns um. »Der Park ist kein Zoo, und doch müssen wir die Tiere darin schützen, allerdings nicht vor Besuchern, denn diese dürfen sowieso nur mit einem Ranger in den Park. Nein, der Zaun hindert Wilderer daran, die tierischen Bewohner zu erlegen und bestimmte Teile von ihnen illegal zu verkaufen, wie etwa die Elfenbeinzähne …« Doch bevor er seinen Satz beenden konnte, reagierte er blitzschnell auf einen Funkspruch, warf die Karte auf den Beifahrersitz, schmiss den Motor an und fuhr in rasantem Tempo durch die Wildnis.

Zu spät. Nur noch die Schwanzspitze eines im Unterholz verschwindenden Leoparden konnten wir erkennen. Schade, aber nicht zu ändern. Es war an sich schon eine großartige Erfahrung, durch den Park mit seiner unwirklich aussehenden Landschaft zu fahren. Wir konnten uns kaum sattsehen an der eindrucksvollen Natur, erspähten Gnus, weitere Antilopen und verschiedenste Vogelarten. In der sengenden Hitze der weiten Salzpfanne, die den größten Teil des Parks ausmacht, flimmerten zudem zahlreiche Straußenvögel und Giraffen wie eine Fata Morgana. Immer wieder erhielten wir über Funk Informationen über mögliche Tiersichtungen, auf die eine rasante Fahrt durch den Busch folgten. In den meisten Fällen sollten sich die Meldungen nicht

## MOTHER CITY

Kapstadt ist bekannt für den Tafelberg, die Victoria & Alfred Waterfront und einzigartige Museen. Unweit der »Mother City«, wie Kapstadt häufig genannt wird, fanden wir unglaubliche Naturschönheiten, so den Berg Lion's Head, das markante Kap der Guten Hoffnung, wunderschöne weiße Strände in Muizenberg und gekonnte Atlantikschwimmer wie die Brillenpinguine.

Abendliches Trinkgelage am Wasserloch

# LGBTQ+-COMMUNITY IN SÜDAFRIKA

Südafrika ist zweifellos das LGBTQ+- und homosexuellenfreundlichste Land auf dem afrikanischen Kontinent. Als einziger afrikanischer Staat hat Südafrika die gleichgeschlechtliche Ehe und das Recht auf gemeinsame Adoption legalisiert. Die südafrikanische Post-Apartheid-Verfassung verbot Diskriminierung aufgrund der sexuellen Ausrichtung. Jährliche Gay-Pride-Veranstaltungen finden nicht nur in Kapstadt, Johannesburg oder Pretoria statt, auch in kleineren Städten wie Bloemfontein, Polokwane, Mbombela oder Knysna gibt es LGBTQ+-bezogene Veranstaltungen, Clubs und Bars. In Knysna zieht jedes Jahr der Pink Loerie Mardi Gras Homosexuelle aus dem ganzen Land an. Der rechtliche und soziale Status von LGBTQ+-Enheimischen wird jedoch bis heute durch Traditionen, Kolonialismus sowie den Auswirkungen der Apartheid und der Menschenrechtsbewegung, die zu deren Abschaffung beitrug, beeinflusst. Das ist der Grund dafür, weshalb trotz lebendiger LGBTQ+-Communitys in den großen Städten lesbische, schwule und queere Menschen weiterhin mit homophober Gewalt konfrontiert sind, vorwiegend auf dem Land, wo es auch schon zu »korrigierenden Vergewaltigungen« kam.

bewahrheiten, was aber auch die anderen im Auto nicht sehr zu stören schien. Schließlich hielt unser Wagen vor einer Gruppe Zebras, zwischen denen mehrere Warzenschweine wie aufgescheucht in der Erde nach ihrem Abendessen wühlten. Entzückend, diese kleinen Biester. Mit den Worten »Festhalten, wir haben gerade wieder einen Tipp bekommen. Ich sage nur: Big Five«, startete Thabo erneut den Jeep, und es begann eine holprige Fahrt zum südlichen Teil der Etosha-Pfanne. Und plötzlich standen vor uns, in einem respektablen Abstand, gleich drei Breitmaulnashörner kauend in der Sonne. Was für ein besonderer Moment.

Die Stimmung war gut, als der Sonnenuntergang näherrückte, und Thabo versprach, dass wir den Tag mit einem ganz besonderen

Höhepunkt beenden würden. Er hatte nicht zu viel versprochen. An einem Wasserloch konnten wir einer Elefantenfamilie, die aus mindestens zwanzig Dickhäutern bestand, beim abendlichen Trinkgelage zuzusehen. Die kleinen Dumbos spielten im Schlamm, während sich die ausgewachsenen Tiere demonstrativ beschützend vor die Youngsters der Gruppe stellten. Das Foto des Tages gelang uns dann, als sich eine Giraffe vom Wasserloch entfernte und langsam mit der Sonne im Rücken im Gebüsch verschwand.

## Luxuszüge, Kolonialismus und Rassismus

Bei der Rückkehr in unser rollendes Hotel waren wir immer noch berauscht von den Eindrücken, diesen seltenen Tieren in freier Laufbahn begegnet zu sein. Gleichzeitig waren wir uns der Tatsache bewusst, dass die Beobachtungsfahrten nur wegen der künstlich angelegten Wasserlöcher so erfolgreich waren. Und doch, dieses Erlebnis war unbeschreiblich, hatten wir uns durch eine Tier- und Pflanzenwelt bewegt, die wir bislang nur aus Zoologischen Gärten oder Büchern kannten. Diese Natur hatte nichts gemein mit den üppigen Wäldern in Japan oder den weiten Ebenen, Vulkanen und Gletschern in Island. Hier war alles staubig und trocken, aber mindestens genauso faszinierend und sehenswert.

Bis zum Abendessen hatten wir noch ein wenig Zeit, weshalb wir uns entschlossen, im Lounge-Waggon mit anderen Reisenden ins Gespräch zu kommen. So lernten wir das Männerpaar aus Hamburg näher kennen, das die kühleren Monate des Jahres normalerweise an ihrem Zweitwohnsitz in Kapstadt verbrachten. Sie hatten das Luxushotel auf Schienen bereits auf vergangenen Reisen ausprobiert und genossen offensichtlich die Annehmlichkeiten an Bord mit ihren Freunden. Hier war es dann auch, dass wir mit einem der beiden Reiseleiter ins Gespräch kamen. Wesley mit weißem Bart und freundlichem Gesicht war Südafrikaner mit niederländischen Vorfahren, schwul und bereits seit vielen Jahren fester Bestandteil der Expeditionsfahrten. Daan und ich wollten ein wenig hinter die augenscheinlich perfekte Fassade unserer Reise blicken, die wir in unserer Regenbogen-Blase so beschützt erleben durften.

Homosexualität ist in Namibia durch ein bereits seit den Neunziger-jahren nicht angewandtes Gesetz als Sodomie weitgehend tabuisiert – öffentlich gelebt, können bis zu acht Jahren Haft drohen. In jüngster Vergangenheit jedoch hat sich in der Hauptstadt Windhoek eine kleine homosexuelle Community etablieren können. Hier und in Keetmans-hoop, 500 Kilometer von Windhoek im Süden Namibias, haben sogar erste Demonstrationen für die Rechte homosexueller Menschen statt-gefunden. In Südafrika sieht es besser aus, da wird unsere sexuelle Ori-entierung durch die Verfassung geschützt. Es schien, als wären wir bei Wesley genau an der richtigen Adresse.

»Für mich und meinen schwulen Kollegen gibt es kaum eine siche-rere Möglichkeit, den afrikanischen Kontinent kennenzulernen, als diese Züge«, erzählte er. »Überhaupt für alle LGBTQ+-Reisende, die sich nicht verstellen wollen.«

»Liegt das an der Familie, die diese Züge besitzt? Oder sind Grup-penreisen generell empfehlenswerter als selbst organisierte Touren?«, fragte ich neugierig.

»Die Familie Vos hat daran schon einen großen Anteil. Jedes Be-satzungsmitglied wird über die verschiedensten Lebensmodelle der Gäste aufgeklärt und geschult. Für sie ist es ein besonderes Anliegen, Einheimische zu unterstützen, unabhängig von Hautfarbe, Herkunfts-land oder sexueller Orientierung.« Wesley nahm einen Schluck aus seinem Weinglas und fuhr fort: »Wie gesagt, für die meisten Angestell-ten eröffnet dieser Job die Möglichkeit, ihre Heimat Afrika, aber auch Menschen und Kulturen benachbarter Länder kennenzulernen, nicht zu vergessen die der Reisenden. Alle profitieren davon. Vorurteile wer-den so abgebaut, auch im Familien- und Freundeskreis.«

Wir hatten es uns auf restaurierten Sitzmöbeln am Fenster bequem gemacht. Draußen zogen Springböcke vorbei, als die Sonne langsam hinter den Bergen verschwand.

»Und wie steht es in dieser Region um das Thema Rassismus und die Kluft zwischen Arm und Reich?«, fragte Daan. »Ich meine, wir trinken morgens ein Glas Champagner zum Frühstück. Und halten wir an einer Station, sehen wir deutlich weniger wohlhabende Men-schen, die auf ihren Zug warten oder um Geld betteln. Nicht falsch verstehen, wir haben auch fröhliche Kindergesichter erlebt, die uns an einem Bahnübergang freudig zuwinkten. Doch auch Steine flogen schon gegen unsere Fensterläden.«

»Nun, ich habe das Ende der Apartheid in den Neunzigerjahren miterlebt«, sagte Wesley. »Das war eine wirklich schlimme Zeit. Ich bin froh, dass wir dieses Kapitel offiziell hinter uns gelassen haben. Aber gut fünfundzwanzig Jahre später, da gibt es nicht zu beschönigen, herrscht immer noch Rassismus, und zwar sowohl gegenüber der schwarzen als auch der weißen Bevölkerung Afrikas.« Nach einem tiefen Seufzer ergänzte er: »Das wird wohl auch noch eine Weile so bleiben, leider.«

Wesley war überzeugt, dass es für viele Namibier unverständlich ist, in einem Zug durchs Land zu reisen, und das auch noch freiwillig. »Ich glaube aber, die Einstellung gegenüber den Zügen der südafrikanischen Familie Vos ist keine ablehnende. Die Menschen im Süden Afrikas bringen Züge schon lange nicht mehr mit kolonialen Europäern in Verbindung. Für Kinder sind sie bewegliche Zielscheiben. Und für viele, die an den Bahnstrecken leben, sind sie Teil ihres alltäglichen Lebens. Sie sind Lebensadern, die alles miteinander verbinden.«

In Afrika unterwegs zu sein und in einem luxuriösen Zug durch die Armenviertel im südlichen Afrika zu fahren, ließ dieser Reise eine ganz neue Bedeutung zukommen.

Aussicht genießen: in unserer Luxuskabine an Bord des Pride of Africa

## Nehmen wir für einen Moment die rosarote Brille ab

Die Xylofon-Melodie kündigte das Abendessen an. Der herrliche Geruch von köstlichen Speisen sowie eine angeregte Stimmung – die Erlebnisse im Nationalpark standen im Vordergrund – erfüllten die Speisewagen. Auch wir genossen jeden Bissen in dieser fröhlichen Umgebung, in unserer rosaroten Blase. Dabei hing uns das Gespräch mit Wesley noch lange nach. Mit einem Cocktail in der Hand saßen Daan und ich nach dem Essen im Aussichtswagen, ganz am Ende des Zugs, und blickten in die dunkle, sternenklare Nacht.

»Ich hätte niemals gedacht, dass ich jemals als schwuler Mann Afrika bereisen kann. Ich hatte immer Bedenken, einfach viel zu viel Angst«, sagte ich in die Stille hinein.

Daan schaute mich nachdenklich an. »Ging mir ähnlich«, sagte er dann. »Bevor ich zum ersten Mal für ein Theaterprojekt nach Südafrika reiste, war mir ziemlich mulmig zumute, obwohl in diesem Land sogar die gleichgeschlechtliche Ehe vor ein paar Jahren legalisiert wurde – übrigens folgte ihm darin kein anderes auf diesem Kontinent. Damals hatte ich auch keine Probleme, aber es fühlte sich schon ein wenig komisch an, jedenfalls im Vergleich zu Amsterdam.«

»Als wir die Reise planten, haben wir uns ja verschiedene Zugstrecken angeschaut, eine spannender als die andere. Aber wir entschieden uns am Ende für diese, denn einige Länder erschienen uns einfach zu gefährlich, einfach ein No-Go.«

Daan nickte. »Unglaublich, dass in vielen afrikanischen Ländern homosexuelle Handlungen verboten sind und unter Strafe stehen, etwa in Sierra Leone, und in drei Ländern, Mauretanien, Nigeria und Somalia, kann sogar die Todesstrafe verhängt werden. Für mich unbegreiflich, dass das 2022 noch möglich ist. Was macht uns denn zu Verbrechern? Die Liebe zu einem anderen Menschen?«

Die Tür zum Aussichtswagen wurde vorsichtig aufgeschoben und eine freundliche Stimme fragte uns nach einem weiteren Getränk. Wir waren die Einzigen, die hier draußen in der milden Nacht ernsten Gedanken nachhingen. Und wir waren im Urlaub.

»Ja gern! Noch zwei von diesen köstlichen Cocktails, bitte«, orderte ich.

# LÄNDER MIT ANTI-LGBTQ+-GESETZGEBUNG

Weltweit wird in neunundsechzig Staaten Homosexualität noch strafrechtlich verfolgt, in insgesamt elf Ländern ist sogar die Todesstrafe für Lesben und Schwule gesetzlich verankert. So in Brunei, im Iran, im Jemen, Mauretanien, Nigeria und Saudi-Arabien, ebenso in Afghanistan, Pakistan, Katar, Somalia und den Vereinigten Arabischen Emiraten. Wann die Todesstrafe ausgesprochen wird, ist von Land zu Land anders. Vielerorts sind staatliche Behörden an der Unterdrückung von LGBTQ+-Personen beteiligt und verweigern ihnen jeglichen Schutz vor Anfeindungen und Gewalt. Dem gegenüber stehen gerade einmal dreißig Staaten, die eine Ehe für gleichgeschlechtliche Paare ermöglichen. Weitere Länder kennen gleichgeschlechtliche Beziehungen rechtlich an. In der Europäischen Union gibt es ebenfalls noch immer Mitgliedsstaaten, in denen es weder die eingetragene Lebenspartnerschaft noch die Ehe für alle gibt, dazu gehören Bulgarien, Rumänien, Slowenien, Lettland, Polen und Litauen.

Je länger wir uns über den Umgang mit Homosexuellen in anderen Ländern unterhielten, desto deutlicher wurden uns ein paar Dinge, die wir bislang, ohne es zu hinterfragen, als gegeben hingenommen hatten. So sind wir immer auf der Hut, wenn wir Händchen haltend eine Straße entlangspazieren. Besonders auf Reisen, wo wir die Umgebung nicht gut einschätzen können, aber selbst zu Hause in Amsterdam. Wir ertappen uns dabei, wie wir kontinuierlich unser Umfeld scannen, mal weniger, mal mehr bewusst. Paranoid, so würden einige dieses Verhalten vielleicht beschreiben. Aber selbst in Amsterdam oder Berlin waren in jüngster Vergangenheit immer wieder Männerpaare und andere queere Menschen auf offener Straße überfallen und krankenhausreif geschlagen worden. »Hätten sie eben nicht in der Öffentlichkeit so ›rumschwuchteln‹ müssen«, heißt es dann in Social-Media-Kommentaren. Sichtbare Zuneigung oder ein anderes Erscheinungsbild rechtfertigen Beschimpfungen oder gar Körperverletzungen?

Daan legte seinen Arm um mich. »Manche Menschen scheinen einfach nicht zu verstehen, was für eine Wirkung ein unüberlegter Kommentar haben kann. Ganz schlimm fand ich die Todesdrohungen nach unseren Instagram Posts.« Bei diesen Worten blickte er zu Boden.

Als wir mit unserem Blog anfingen, gehörten wir zu den ersten Männerpaaren, die Fotos von uns in den sozialen Netzwerken veröffentlichten, Fotos, die uns auf Reisen entweder Hand in Hand zeigten oder auf denen wir uns küssten. Sie lösten anfänglich regelrechte Hasstiraden in den Kommentarfeldern aus. Besonders unangenehm waren die Morddrohungen, die unter unseren Posts zur Baltic Pride im estnischen Tallinn erschienen. Uns wurde wortwörtlich der »Islamische Staat« an den Hals gewünscht.

Kein Wunder also, dass über Jahre hinweg antrainierte Verhaltensweisen, hauptsächlich als Eigenschutz, zum Alltag gehören. Automatisch lassen wir unsere Hände los, primär dann, wenn uns eine Männergruppe entgegenkommt, die wir nicht richtig einschätzen können. Nicht um unsere Homosexualität zu verleugnen, sondern um Konfrontation und Gewalt vorzubeugen. Vorsicht ist in diesem Fall besser als Nachsicht.

**SPARTACUS GAY TRAVEL INDEX**

Der GDI, die jährliche Übersicht von über 200 Ländern, dient LGBTQ+-Reisenden als Orientierung. Die Einteilung der queerfreundlichsten Reiseziele basiert auf Quellen wie Human Rights Watch, der UN-Kampagne Free & Equal und auf Informationen aus der LGBTQ+-Community.

spartacus.gayguide.travel

»Das Schlimmste, was mir jemals passiert ist«, sagte ich, »war ein Jugendlicher, der mir auf einem U-Bahnsteig in Berlin vor die Füße spuckte, mich aggressiv anmachte und mir furchtbare Ausdrücke an den Kopf schmiss. zum Glück griff er mich nicht körperlich an. Der Tag aber war für mich gelaufen. Noch Wochen später hatte ich ein ungutes Gefühl, wenn ich nach draußen ging.«

Einige meiner Bekannten und Freunde hatten noch Schlimmeres erfahren. Ihnen verpasste man ein blaues Auge oder eine blutige Lippe, sie erlebten Hetzjagden bis zur nächsten Polizeistation oder mussten große Umwege machen, um heil nach Hause zu kommen, vermieden dunkle Straßen.

»All diese unangenehmen Momente«, so ermutigte mich Daan, »so furchtbar sie auch waren, so herausfordernd sie noch immer sind, sie geben mir gleichzeitig Kraft und Motivation weiterhin sichtbar zu bleiben und unseren Blog fortzusetzen. Ich will mich auf gar keinen Fall einschüchtern lassen.«

»Ich auch nicht«, bestätigte ich ihn.

## Reisen oder lieber zu Hause bleiben?

Natürlich ist es nicht so, dass Angst und Vorsicht immer allgegenwärtig sind. Doch sie gehören zu unserem Leben dazu, mal weniger, mal mehr. Ab einem gewissen Zeitpunkt hörte ich damit auf, bewusst darüber nachzudenken, und agierte mechanisch, so, wie ich es mir im Laufe der Jahre angeeignet hatte. Der Hass auf Schwule ist real. Sei es aus (falschen) religiösen Gründen, verstecktem Neid auf einen unkonventionellen Lebensstil oder aus einem ungestillten Verlangen heraus, sich die eigene innere Lust auf das gleiche Geschlecht zu verbieten. Ich kann es nicht genau sagen. Was ich allerdings schätzen gelernt hatte, waren die Safe Spaces unserer Community. Es ist sehr befreiend, sich in diesen sicheren Räumen (queere Veranstaltungen, Bars nur für schwule Männer) zu bewegen und sich über mögliche Gefahren keine Gedanken machen zu müssen – leider ist das eher selten.

Video
Sossusvlei

Ähnlich konditioniert sind wir bei der Reiseplanung. Wir stellen uns Fragen wie: Darf ich in der von mir gewählten Reisedestination schwul sein? Gibt es Orte, die ich besuchen möchte, aber bei denen ich nicht zeigen darf, dass ich schwul bin? Kann ich mit meinem Partner in einer Unterkunft ein Doppelbett bekommen? Können wir in einem Restaurant ohne Probleme ein romantisches Dinner genießen? Dürfen wir offen unsere Zuneigung zeigen? Können wir so sein, wie wir sind? Über diese Fragen müssen sich Heterosexuelle keine Gedanken machen. Wir, stellvertretend für die queere Community, hingegen schon.

Nichtbinäre Personen, mithin Menschen, die sich weder als Frau noch als Mann identifizieren, haben häufig das Problem, nicht zu wissen, welche Toilette sie benutzen dürfen. Ein Transmann, also eine Transgender-Person, die ihr Geschlecht von weiblich zu männlich an-

passen lassen will oder angepasst hat, kann bei der Passkontrolle mit Problemen rechnen, wenn im Reisepass noch der Deadname, der nicht mehr zutreffende, abgelegte, tote Name vermerkt ist. Oder sogar abgewiesen werden, wenn die Geschlechtsangabe bisher nicht korrigiert wurde (oder in einigen Ländern nicht korrigiert werden kann). Lesbische Paare werden beim Einchecken im Hotel oft als Schwestern oder Mutter und Tochter betrachtet und auch so angesprochen. Diese Beispiele scheinen Kleinigkeiten zu sein, doch für Menschen, die das tagtäglich erleben, vor allem auf Reisen, werden sie zur Tortur. Für manche queere Personen sind sie sogar der Grund, auf einen Urlaub zu verzichten.

Wir haben gelernt, uns vor jedem Trip intensiv vorzubereiten und vor Ort aufzupassen. Für unsere eigene Sicherheit und die anderer queerer Reisender haben wir entschieden, kein Land mehr zu betreten, wo es gefährlich werden könnte, egal wie schön und einmalig diese Destination auch sein mag. Wir möchten verantwortungsbewusst sein, auch wenn andere Blogger und Influencer diese Ansicht nicht teilen. Natürlich gibt es dabei Länder, die, ähnlich wie Namibia, auf dem besten Weg sind, eine gesetzliche Grundlage für Gleichberechtigung zu schaffen. Ein Mammutprojekt für die einheimischen LGBTQ+, das wir gern unterstützen wollen. So oder so, letztlich entscheidet aber jeder selbst, ob er in ein Land reisen will, das Homosexualität unter Strafe stellt.

## Sand zwischen den Zähnen auf Big Daddy

Nach unserem zweiten Cocktail, leicht beschwipst, krabbelten wird gemeinsam ins Bett und schliefen nach diesem langen Tag erschöpft ein. Es war eine deutlich bessere Nacht als die erste an Bord, obwohl wir gelegentlich von einem spürbaren Holpern aus dem Schlaf erwachten.

Am nächsten Tag erreichten wir nach dem Frühstück Windhoek. Uns erwartete die nächste Expedition, obwohl wir die vorherige noch gar nicht richtig verarbeitet hatten. Nach einer kurzen Busfahrt und einem unkomplizierten Boarding saßen wir in der kleinen Propellermaschine der Linie Desert Air, ich neben dem Piloten, weiß wie die Wand. Denn auf dem Flug zum seit 2013 als UNESCO-Welterbe eingestuften Namib-Sandmeer sackte die kleine Maschine über den schroffen Bergen unter uns immer wieder ab. Die Aussicht war jedoch unbeschreiblich. Felsen und Sand so weit das Auge reichte. Doch bei der Vogelperspektive sollte es nicht bleiben.

Am folgenden Morgen, draußen war es noch dunkel, machten wir uns in Jeeps von unserer Lodge am Namib-Naukluft-Nationalpark auf den Weg zum Sandmeer. Der Fahrtwind war eisig, weshalb man uns Wolldecken mitgegeben hatte, aber mit jeden Kilometer Richtung Westen wurde es sonniger, wärmer und die Natur beeindruckender.

»Was für ein Sturm. Ich wette, wir finden noch in Amsterdam Sandkörner in unseren Socken«, sagte ich und musste husten. Sicherlich hatte ich gerade eine Handvoll Sand verschluckt. Daan gab mir zu verstehen, dass ich wohl besser den Mund halten solle.

In sengender Hitze und mit fliegenden Sandkörnern erreichen wir unser Ziel, eine der größten Sanddünen der Erde, Big Daddy.

Ganz oben wird es einsam – und windig.

»Wir können unsere Sachen im Auto lassen, das jedenfalls hat mir der Fahrer gesagt. Schnapp dir unsere Kamera. Ich kann es gar nicht erwarten, von oben über das Dünenmeer zu blicken.« Daan stürzte los und ich, nicht weniger aufgeregt, hinterher. Je höher wir stiegen, desto einsamer wurde es um uns herum, wir waren schneller als die anderen Zugreisenden. Nur gut, dass wir unsere »besten« Wanderschuhe angezogen hatten, denn der Marsch über den sich ständig bewegenden Sand hatte es in sich. In der Ferne erkannten wir die geparkten Jeeps und Fahrer, die wie winzige Ameisen im Sand aussahen. Dann waren wir oben, und der Blick über die weiten Dünenfelder der Namib war einfach nur atemberaubend. Und es sollte noch schöner und bizarrer werden. Gleich hinter der Düne liegt das Deadvlei, ein ausgetrockneter Salzsee, in dem abgestorbene Reste von Akazienbäumen wie abstrakte Statuen im Sand stehen. Uns fehlten die Worte, doch wir hatten unsere Kamera dabei.

»Ich kann es gar nicht erwarten, meinem Vater diese Fotos zu zeigen. Ihn werden die Aufnahmen umhauen, mit Sicherheit.« Mit überzeugtem Gesicht setzte ich die Kamera auf das Stativ und lief rüber zu Daan. Per Selbstauslöser machten wir einige der spektakulärsten Fotos unserer bisherigen gemeinsamen Abenteuer.

Über Nacht passierten wir an Bord des »Pride of Africa« die Grenze zwischen Namibia und Südafrika, gewissermaßen im Schlaf. Die sich ständig wandelnden Landschaften, die an uns vorbeizogen, sollten uns auch während des zweitens Teils unserer Reise begleiten. Bis auf kurze Ausflüge verbrachten wir die folgenden Tage bis zu unserer Ankunft in einem Privatbahnhof in Pretoria hauptsächlich im Zug. Meine Aufmerksamkeit galt der Natur, die ich stundenlang von unserem Abteil oder vom Aussichtswagen aus beobachtete. Zur gleichen Zeit sortierte Daan in einer bequemen Ecke des Zugs die Fotos, die wir aufgenommen hatten, oder hielt erste Notizen für unseren Blog fest. Aber auch gemeinsame Stunden Arm in Arm auf dem Bett oder bei einem Ginger Ale on the rocks im Lounge-Wagen gehörten zu diesem entspannten Abschnitt der Reise dazu. Wir hatten uns richtig entschieden, diese Reise in einer luxuriösen, sicheren Blase anzutreten, wenngleich ein kritischer Blick hinter die Kulissen für uns unbedingt dazugehörte.

Die wechselnden Landschaften
im Süden Afrikas bestaunen

## DER SÜDEN AFRIKAS IN TON UND BILD

Neben Etosha und Sossusvlei gab es von den Schienen
aus noch mehr in Afrika zu sehen. Bevor unsere Safari
begann, verbrachten wir einige Tage in Kapstadt und
St. James und erkundeten die Kap-Halbinsel. Ein ganz
besonderes Erlebnis war unser Sprung aus einem Flugzeug über der namibischen Küste bei Swakopmund.
Mehr über Afrika gibt es auf unserem Blog!

coupleofmen.com

Alle Matrosen an Deck –
für die fröhlichste Kreuzfahrt aller Zeiten

# KANARISCHE INSELN

## Kreuzfahrt · Lanzarote
## Gran Canaria

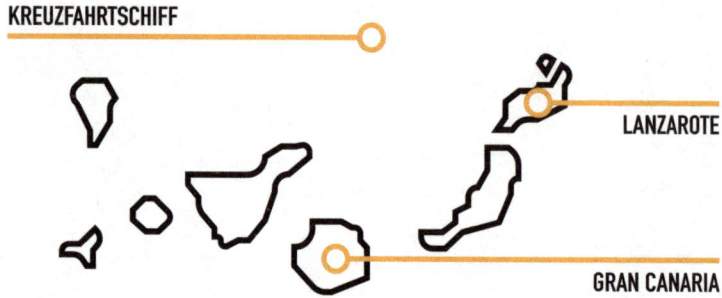

KREUZFAHRTSCHIFF

LANZAROTE

GRAN CANARIA

# URLAUB AUF EINER FAHRENDEN SCHWULEN INSEL

Blau, nichts als Blau. Ich musste blinzeln, um die schwebenden Möwen über mir im wolkenlosen Himmel beobachten zu können. Schweißperlen liefen mir über die Brust, als uns zwei kühle Getränke an die Sonnenliegen gebrachte wurden. Irgendwo zwischen Lanzarote und Gran Canaria bräunte ich mir gerade meinen – im Vergleich zu Karls Teint – weißen Körper in der spanischen Sonne.

»Ich muss gestehen, dass ich so eine entspannte Zeit wirklich nötig gehabt habe. Einfach nur faul in der Sonne liegen. Herrlich.« Karl nahm einen genüsslichen Schluck aus seinem mit einem Stückchen Ananas verzierten Cocktail. »Der gestrige Tag mit unserer Spritztour einmal quer über die vulkanische Insel Lanzarote war anstrengender, als ich angenommen hatte.« Er lugte unter seinem Strohhut hervor, den er der Sonne wegen etwas tiefer ins Gesicht gezogen hatte.

»Die Landschaft war faszinierend, nein, spektakulär. So etwas Schönes, Minimalistisches habe ich noch nie gesehen. Und obwohl die Kanarischen Inseln auch vulkanischen Ursprungs sind, sieht die Natur hier im Vergleich zu Japan oder Island ganz anders aus. Karg und trocken, mit ein paar besonders leuchtenden Höhepunkten zwischen-

durch.« Langsam sank ich zurück auf meinen Son-
nenstuhl. »Die Lavagrotte Jameos del Agua war
mein Favorit. Und was war deiner?«

Keine Antwort. Karls Augen waren geschlossen, er war eingenickt. Ich atmete tief durch und
begann dem Meer und der Lounge-Musik zu lauschen, die vom Pool zu uns herüberwehte.

Die Zeit auf See war tatsächlich eine willkommene Verschnaufpause. Nach vier abenteuerlichen Tagen auf verschiedenen Inseln erlebten
wir gerade einen typischen Urlaubsmoment auf
einem Kreuzfahrtschiff, mit Nichtstun als Haupt-
aufgabe. Es war unsere zweite Kreuzfahrt (nach
einer ersten im westlichen Mittelmeer im Jahr zuvor, also 2016), allerdings keine gewöhnliche, also
mit Familien und Kindern an Bord oder einem
allgemeinen Animationsprogramm, sondern eine
Kreuzfahrt für Schwule. Eine Woche lang waren
wir zusammen mit über 2000 Männern aus über
achtzig Ländern auf dieser gemächlich über den
Atlantik schippernden Insel unterwegs. In regelmäßigen Abständen ging das Schiff unter maltesischer
Flagge im Hafen eines anderen Eilands vor Anker, und wir konnten,
je nach Laune und Energielevel, zwischen Landausflügen oder dem
Sonnendeck wählen. Überdies gab es täglich zwei Themenpartys mit
wechselndem Dresscode, einen Darkroom, in dem sich die Reisenden
im Dunkeln beschnuppern konnten, sowie verschiedene Theater- und
Kabarettvorstellungen. Ein Team aus angesagten DJs der europäischen
Clubszene sorgte für die musikalische Untermalung. Wir hatten also
viel zu tun – oder auch nichts.

Wenn ich heute so darüber nachdenke, hatten wir vor der ersten
Schiffsreise, auch nur mit Männern, keine wirkliche Vorstellung von
einer Schwulenkreuzfahrt. Perfekte Muskeltypen mit winzigen Speed-
os in scheinbar niemals endender Partylaune? Ältere Paare, die ganz
auf Genuss, Entspannung und ihren persönlichen Urlaub fokussiert

**QUEERER
HOTSPOT KANA-
RISCHE INSELN**

Die Kanaren, allen
voran Gran Canaria,
gelten besonders bei
schwulen Reisenden
als Mekka für einen
spannenden Männer-
urlaub. Das Yumbo
Centrum, zahlreiche
Bars, Pride-Veranstal-
tungen und Schwulen-
strände bieten für alle
schwulen Subkulturen
interessante Ausgeh-
möglichkeiten. Und
die Naturlandschaften
sind abwechslungsreich
für alle Aktivitäten, die
das schwule Männer-
herz begehrt.

## HIGH TEA ODER SCHWULENPARTY?

Tea Partys wurden in England auf dem Land traditionell für Singles veranstaltet. In den Sechzigerjahren nahm die schwule Gemeinschaft in den USA außerhalb größerer Städte diese Idee auf, um Polizeirazzien in schwulenfreundlichen Bars zu entgehen. Damals war es illegal, »wissentlich Alkohol an Homosexuelle zu verkaufen«, sodass das Servieren von Tee diese Veranstaltungen weniger gesetzeswidrig machte.

waren? Laute Männergruppen, die sich einem Saufgelage hingaben? Oder doch Männer wie wir, mit dem ein oder anderen Schönheitsmakel, die eine gute Mischung bevorzugten? Wie auch immer, wir bereiteten uns damals auf eine außergewöhnliche Reise vor, auf der wir hofften, neue Freunde kennenzulernen und vielleicht auch eine gänzlich unbekannte Seite an uns zu entdecken.

Auch in diesem Jahr war die Atmosphäre an Bord entspannt, mit einem bunten Mix aus Männern verschiedener Gruppierungen innerhalb der schwulen Community, von haarig-muskulös über bärig-gemütlich bis jung und queer, natürlich auch mit sportlichem Waschbrettbauch. Man(n) grüßte sich im Aufzug, war neugierig über das Herkunftsland des Gegenübers und flirtete an der Bar oder am Buffet. Und auch wenn sich das Wochenprogramm wie eine große Party angehört hatte und wir mit zahlreichen Kostümen, Outfits und sogar ein paar knallroten Gummi-Pumps angereist waren, lautete unser Reisemotto wieder: »Alles kann, nichts muss.«

## Sonne, Meer und nackte Wahrheiten

Und so lagen wir nach ein paar durchzechten Nächten und spannenden Landgängen auf einem FKK-Sonnendeck nackt in der Sonne und erholten uns. So, wie es in einem Urlaub schließlich sein sollte. Karl, der schon von klein auf mit FKK-Ostseestränden vertraut war, und ich hatten die Liebe zur freien Körperkultur für uns entdeckt. Und schätzten die Möglichkeit, dies auf dem Schiff ausleben zu können.

»Sind diese zwei Sonnenliegen neben euch noch frei?« Eine sanfte Männerstimme riss mich aus meinen Gedanken. Als ich aufblickte, sah ich in die freundlichen Gesichter zweier reiferer nackter Männer, die auf die beiden Plätze rechts neben Karl deuteten.

»Sicher«, antwortete ich und räumte unsere Badehosen und Handtücher beiseite.

»Ich bin Olav und das ist mein Mann Magnús«, fuhr der mit der
sanften Stimme fort. »Und wie heißt du? Ich nehme an, dass das dein
Mann ist, der da ein Mittagsschläfchen hält?«

»Ja, ist er. Ich glaub, ich habe euch gestern auf der White-Party
gesehen. Ihr hattet doch wie wir weiße Matrosen-Outfits an, oder?«
Die zwei grauhaarigen Bartträger lächelten sich an und nickten. »Ich
heiße Daan«, erzählte ich weiter. »Und der Kleine da unter dem Hut,
das ist mein Freund Karl. Wir kommen aus Amsterdam, und ihr? Eure
Namen und euer Akzent kommen mir bekannt vor. Seid ihr vielleicht
aus Island?« Verblüfft schaute mich Olav an, sogleich wollte er mehr
über meine Vermutungen erfahren. Das Eis war gebrochen, und auch
Karl erwachte langsam wieder zum Leben. »Wir waren vor zwei Jahren
auf eurer Insel und haben uns in die einmalig schöne Natur verliebt.«

Abhängen mit den Jungs auf dem Pooldeck

Der junge Kellner brachte uns allen mit einem Augenzwinkern eine Runde frischer Cocktails, und wir begannen zu plaudern. Ich hatte richtiggelegen. Olav und Magnús kamen aus Reykjavík und waren zum ersten Mal auf einem Kreuzfahrtschiff unterwegs. Ihren Erzählungen nach zu urteilen, schienen sie sich pudelwohl zu fühlen. Olav berührte es sehr, mit so vielen schwulen Männern unterwegs zu sein: »Ich bin völlig überwältigt von der respektvollen Art, mit der hier alle miteinander umgehen. Noch nie in meinem Leben fühlte ich mich so frei.«

Karl war neugierig geworden: »Wie meinst du das, Olav? Wir haben Island als ungemein schwulenfreundlich erlebt. Und wir verbrachten einen wirklich interessanten Abend in der Kiki Bar.«

Auch ich wusste im ersten Augenblick nicht, was der Isländer gemeint haben könnte.

Olav setzte sich auf, und mit einem ernsten, beinahe sentimentalen Gesichtsausdruck erklärte er: »Nun ... ich habe noch nie in meinem Leben so viele Tage hintereinander in einer hundertprozentig homosexuellen Welt verbracht, vom Personal des Schiffs mal abgesehen. Alle Gäste hier sind schwul oder queer.« Olav stand auf und lehnte sich an die Brüstung des Decks, bevor er sich wieder zu uns umdrehte. »Auf dieser Kreuzfahrt bestimmen 2000 schwule Männer die Norm, alles ist homo-normativ, also freier, unkonventioneller, ich fühle nicht die geringste Angst. Ich genieße es sehr, einfach ich sein zu können. Nicht nur für eine Stunde oder wie bei uns Zuhause in den eigenen vier Wänden.«

Karl und ich schauten einander an, zogen am Bambus-Trinkhalm und begannen zustimmend zu lächeln.

Recht hatte der Isländer, und auch Karl pflichtete ihm bei: »Da sind wir ganz deiner Meinung. Genauso erging es uns im letzten Jahr, bei unserer ersten Reise auf dem pinken Traumschiff. Darum sind wir auch in diesem Jahr wieder mit dabei.«

Es stimmte, es war ein völlig neues Gefühl, Tag und Nacht von Männern umgeben zu sein, die sich ebenfalls zu Männern hingezogen fühlen. Obwohl es aufregend war, fühlte es sich ungewohnt befreiend und beruhigend an. Einfach so, ganz automatisch, wurden wir als Passagiere beim Betreten des Schiffs ein Teil einer homogenen Gemeinschaft aus homosexuellen Männern. Und auch, wenn mein Leben in Amsterdam weitgehend sorgenfrei verläuft, gibt es für mich nicht viele Situationen, in denen ich mich zu einer die Norm definierenden Mehrheit zugehörig fühle. Vielleicht ein paar Stunden hier und da in einer Schwulenbar oder auf einer Geburtstagsparty einer befreundeten Person aus der LGBTQ+-Community. Aber nie lange, nie intensiv genug, als dass es Normalität für mich wäre.

Olav setzte sich wieder auf seine Liege, und wir begannen von uns, unserem Blog, Island und meiner Heimat zu erzählen. Nackt, frei und im Urlaub in einer Homo-Welt. Bis mein Handy-Wecker klingelte. Es war Zeit, die Badehose anzuziehen und sich von dem sympathischen Paar zu verabschieden. In weniger als einer Stunde sollte die nächste

## UNTERSCHIEDE, DIE UNS STÄRKER MACHEN

Gibt es eine einzige LGBTQ+- oder Gay-Kultur? Unserer Meinung nach existiert vielmehr eine Sammlung verschiedener Subkulturen, die je nach Sexualität oder Geschlechtsidentität ganz eigene Elemente aufzeigen. Die Subkulturen von schwulen Männern können beispielsweise kaum mit denen von lesbischen Frauen verglichen werden. Bis auf die sexuelle Anziehung zum gleichen Geschlecht liegen die Interessen teils Welten voneinander entfernt. Diese diversen Subkulturen ermöglichen uns jedoch, uns als queere Personen zu definieren, Menschen mit ähnlichen Vorlieben zu finden, ein Gefühl der Dazugehörigkeit zu entwickeln. Und das ist unserer Meinung nach wichtig und tut jedem von uns gut. Trotz dieser unterschiedlichen Lebensweisen, Vorlieben und Interessen bilden wir mit allen anderen queeren Subkulturen eine gemeinsame LGBTQ+-Community. Der Wunsch, mit Respekt behandelt und als ein gleichberechtigter Teil der Gesellschaft akzeptiert zu werden, verbindet uns alle, egal wie speziell, wie regenbogenbunt wir auch alle sein mögen. Denn gemeinsam sind wir einfach stärker.

Kostümparty beginnen. Natürlich waren wir vorbereitet. Bereits einige Monate vor unserer Abreise hatten wir eine Übersicht mit allen Partys sowie eine Liste mit möglichen Kostümideen erhalten. Da war ich ganz in meinem Element.

## Wann ist ein Mann ein Mann?

»Schatz, wo hast du unsere Brüste hingelegt?« Karl steckte den Kopf aus dem winzigen Badezimmer und fing an zu kichern. »Ich meine natürlich die roten Plastikbälle, die wir uns in den Badeanzug stecken wollen.«

Auch wenn es für ihn das zweite Mal sein würde, dass er sich im trashigem Dragkostüm in die Öffentlichkeit wagen würde, kostete es ihn immer noch Überwindung. Das konnte ich nur zu gut nachvollziehen. Aber wir waren natürlich nicht die einzigen Männer, die in Frauenkleidern auf dem Pooldeck erscheinen würden. Denn nun sollte der Lady Tea Dance beginnen, eine in der schwulen Kultur beliebte Veranstaltung, die sich aus dem englischen Damenkränzchen ableitet. Dabei verkleiden sich hauptsächlich schwule Männer als »Damen« – oder als Cartoon-Versionen dieser, um mit Geschlechterrollen zu spielen und um der femininen Seite der eigenen Maskulinität mitsamt den damit verbundenen negativen Erfahrungen Ausdruck zu verleihen.

»Meinst du, wir können wirklich als kalifornische Rettungsschwimmerinnen in diesen knallroten Badeanzügen nach draußen gehen? Ich weiß nicht so recht …« Mit diesen Worten probierte Karl, seine blonde Perücke aufzusetzen.

»Ich finde, du siehst super aus. Glaube mir, wir werden heute viel Spaß haben, wie im letzten Jahr!« Mit diesen Worten musste ich an die Fotos unserer ersten Lady T-Dance Party denken und grinste in mich hinein.

Auch dieses Mal hatte ich mir ein besonderes Kostümkonzept einfallen lassen, mit besonderem Augenmerk auf die Schuhe. Eine ziemliche Herausforderung, denn was trägt man(n) als Rettungsschwimmerin à la Pamela Anderson (ohne Sand) für Schuhe? Karl, der gerade nach Luft schnappte, weil er seine rote Rettungsboje, die als überzeugende Requisite für sein Outfit gedacht war, aufgeblasen hatte, wühlte in seinem Koffer: »Sind unsere roten Retro-Gummi-Pumps in deiner oder meiner Tasche? Ah, warte, ich hab sie gefunden.«

»Ein wahrer Glücksgriff«, lobte ich die Jelly-Sandalen (mit Absatz) und hielt ein Stück Kindheitserinnerung hoch. Was für ein genialer Zufall, dass wir diese Treter erstens in der passenden Schuhgröße, zweitens auf einem Wühltisch in einem Ein-Euro-Shop und drittens am Tag vor unserer Abreise gefunden hatten. Und dann auch noch in der richtigen Farbe. Rot!

Ich schloss die Schnalle der Pumps und posierte als fertiges Gesamtkunstwerk samt Perücke und Sonnenbrille vor dem Spiegel. »Alles passt perfekt!« Doch so sehr ich mich auf den heutigen Nachmittag freute – und auch mein Spiegelbild sichtlich überzeugt von sich war –, so steinig war der Weg zu diesem Selbstbewusstsein gewesen.

Früh übt sich, wer die beste Hollywood-Schauspielerin werden will.

# LGBTQ+-COMMUNITY IN SPANIEN

Unter der spanischen Sonne fühlten nicht nur wir uns wohl, schließlich gilt Spanien als eines der kulturell liberalsten und LGBTQ+-freundlichsten Länder der Welt, trotz der großen Rolle der katholischen Kirche. Die Kultur der queeren Community ist zu einem wichtigen Bestandteil in der Literatur, der Musik, im Film und auch politisch in sozialen Fragen geworden. 2005 wurde sowohl die gleichgeschlechtliche Ehe als auch das Adoptionsrecht für gleichgeschlechtliche Paare legalisiert. Für Transgender-Personen besteht die Möglichkeit, ihr Geschlecht zu ändern, ohne dass eine geschlechtsangleichende Operation oder eine Sterilisation erforderlich sind. Auch wir konnten uns auf unseren Reisen von der schwulenfreundlichen Seite Spaniens überzeugen. Besonders faszinierte uns die Zustimmung der Bevölkerung beim Thema Homosexualität. Weder beim Händchenhalten, noch beim Ausgehen, noch in Hotels oder auf dem Kreuzfahrtschiff begegneten wir jeglicher Art von Homophobie. Als besondere Reiseziele für die LGBTQ+-Community gelten die Städte Madrid, Barcelona und Valencia, dazu kommen Destinationen wie Sitges oder Gran Canaria.

Bereits im Kindesalter hatte ich das Verkleiden für mich entdeckt. Bettlaken zweckzuentfremden, mit verschieden farbigen Stoffen zu spielen und dabei meiner Kreativität freien Lauf zu lassen, gehörte neben dem Zeichnen und Bauen von Freizeitpark-Attraktionen zu meinen Lieblingshobbys, ob allein oder zusammen mit meinen Freunden. Beim Verkleiden konnte ich in einem Koffer voller Kostüme stöbern, darunter waren auch Kleider und Röcke. Doch weder meine Eltern noch mich störte dieser Umstand. Und so zog ich das an, worin ich mich wohlfühlte, und zeigte meinen Enthusiasmus bei der ein oder anderen privaten Modenschau im Wohnzimmer. Und später, bei Schulaufführungen und Sommerfesten, verkleidete ich mich nicht nur einmal als weiblichen Charakter. Als ich die Sängerin Geri Halliwell von den

Spice Girls darstellte, die ja wie ich rote Haare hat, führte ich zusammen mit meinen besten Freundinnen den Hit »Stop« bei einem Schulfest auf. Bis heute sind mir seltsame, teils verstörte Gesichtsausdrücke einiger Eltern in Erinnerung geblieben. Mir war das damals noch völlig egal. Ich blühte in dieser Rolle förmlich auf und hatte einen Heidenspaß. Weniger schön verlief ein großes Sommerschulfest, bei dem es üblich war, sich zu verkleiden und den Tag zusammen mit den Eltern beim Grillen abzuschließen. In jenem Jahr hatte ich mich entschieden, als eine schwerbrüstige Hollywood-Schauspielerin aufzutauchen. Der ausgediente gelbe Toilettensitzbezug meiner Großmutter aus den Siebzigern musste als blonde Perücke herhalten, und ich trug eine große Sonnenbrille, damit mich meine Fans ja nicht erkennen konnten. Ich dachte, dass diese Verkleidung Reaktionen provozieren könnte. Doch die Freude über meinen Einfall war mir wichtiger. Leider missverstanden einige Klassenkameraden meine übertriebene Darstellung als Aufruf, mich zu verspotten und zu beschimpfen und mir sogar immer wieder auf die künstlichen Brüste zu schlagen – bis ich sie entnervt über den Schulhof jagte. Meine Mutter hatte das mitbekommen, woraufhin sie meine Lehrerin zur Rede stellte. Deren Antwort fiel deutlich aus: »Daan hätte doch damit rechnen können, in diesem Aufzug schikaniert zu werden.« Meine Mutter war von dieser Aussage enttäuscht. Doch sie konterte selbstbewusst: »Warum sollte sich mein Kind anders verkleiden und sein Verhalten ändern? Das Problem ist doch, dass sich einige Jungs von seinem Kostüm herausgefordert fühlen und ihm auf die Brüste schlagen, ohne sein Zutun. Dabei spielt es doch keine Rolle, ob diese unecht sind oder nicht.«

Immer wieder wurde ich danach wegen meiner »Andersartigkeit«, meiner sensibleren, ja fast schon femininen Art von meinen Mitschülerinnen und Mitschülern als »Mädchen« gehänselt. Es hinterließ Spuren auf meinem Weg zum Erwachsenwerden. Seitdem zeigte ich mich nie wieder in Frauenkleidern oder »zu femininen Outfits« in der Öffentlichkeit. Immer mehr distanzierte ich mich von diesem Anteil meiner Persönlichkeit, was auch mit der Erkenntnis zusammenfiel, dass ich mich zum selben Geschlecht hingezogen fühlte. Ich wollte mich vom Bild eines mädchenhaften Jungen lösen – und ging dabei sogar soweit, dass ich auf lustig gemeinte Scherze und Anspielungen sehr ernst, manchmal sogar böse und wütend reagierte. Selbst in der Theaterschule versuchte ich mich von Darstellungen weiblicher Charaktere fernzuhalten, was ich heute ein wenig bereue. Ich begann mir einen Bart wachsen zu lassen, und auch meine Kleidung veränderte sich hin zu mehr von Holzfällern inspirierten Outfits. So lernte mich auch Karl damals auf der Tanzfläche in Berlin kennen. Erst viel später, nach meinem dreißigsten Lebensjahr, begann ich diese Kindheitserfahrungen zu verarbeiten – natürlich durch die Schauspielerei.

## »We're all born naked and the rest is drag«

Wie es der Zufall wollte, wurde ich für eine der Hauptrollen an der Seite der besten komödiantischen Schauspieler der Niederlande engagiert. Ich sollte in der Produktion »De Gelaarsde Poes« (Der gestiefelte Kater) am Theater Rotterdam eine … Prinzessin spielen. Dazu musste ich meinen Bart abrasieren, eine Perücke mit schier unendlich langen blonden Haaren aufsetzen und ein blaues, mit Spitzen und Puffärmeln ausgestattetes Kleid tragen. Es kostete mich einiges an Überwindung, in diesem Aufzug auf der Bühne zu stehen und sogar im Fernsehen aufzutreten. Doch mit jedem Auftritt tat ich einen weiteren Schritt, mich endlich mit dem Teil von mir wohlzufühlen, den ich so viele Jahre versteckt und quasi weggeschlossen hatte.

Noch im selben Jahr erhielten wir die Einladung, im Gegenzug für Blogbeiträge, an unserer ersten Schwulenkreuzfahrt teilzunehmen. Auch unsere erste Lady T-Dance Party stand auf dem Programm.

»Daan, bist du geschminkt? Ich will noch ein bisschen Farbe auf meine Lippen zaubern.« Karl wollte ins Badezimmer, in dem ich meinem Äußeren gerade noch den letzten Schliff verlieh.

»Bin fertig. Beeil dich aber, denn Arnor und Anders warten auf dem Pooldeck bestimmt schon auf uns.« Wir waren mit dem norwegisch-schwedischen Männerpaar verabredet, das wir auf unserer ersten Kreuzfahrt kennen- und als Freunde schätzengelernt hatten. Natürlich freuten wir uns, sie wieder getroffen zu haben.

Stolz und nervös zugleich marschierten wir nun, mit Hüftschwung, aufgeblasenen Rettungsbojen und in quietschenden Schuhen den Gang entlang zum Aufzug. Schon bei der Fahrt nach oben zum Pooldeck hörten wir die Bässe, und unsere Aufregung wuchs von Deck zu Deck. Mit einem kurzen Kling öffneten sich die Türen des Fahrstuhls, kreischendes Gelächter empfing uns, buntes Regenbogen-Konfetti und Männer, die immer wieder in ihren Stöckelschuhen umknickten. Augenblicklich stürzten sich die beiden Skandinavier auf uns zu, einer schöner als der andere, eigentlich: eine schöner als die andere. Arnor und Anders trugen Schulmädchen-Outfits und hielten einen riesigen, unwiderstehlich roten Lutscher in den Händen. Wir vier mussten mit unseren zerzausten, lockigen Perücken und Bärten zum Schreien komisch ausgesehen haben. Und so quiekten wir auf dem Weg zur Bar um die Wette und kamen mit dem Verteilen von Küsschen rechts und Küsschen links kaum noch hinterher. Viele hatten sich in Schale geworfen, teilweise so gekonnt, dass ich einige von ihnen im ersten Moment nicht wiedererkannte. Meerjungfrauen mit Seifenblasenpistolen, Männer in langen, ausschweifenden Ballkleidern oder in knappen Korsetts mit Lederstiefeln. Aber auch Jungs in sexy Miniröcken oder komplette Girlbands stöckelten über die Tanzfläche.

Alle Damen an Deck – für die Lady T-Dance Party

Der Fantasie waren keine Grenzen gesetzt. Überall wurden Erinnerungsfotos oder Videos aufgenommen, während andere nur die vorurteilsfreie Atmosphäre und die im Wind wehenden Kleider genossen. Tanzeinlagen und flirtende Blicke gehörten selbstredend dazu. Wir zwei Pamela-Anderson-Imitatoren fühlten uns in dieser lustigen und skurrilen Menge einfach nur wohl.

## Das »andere Normal« mit ein bisschen Glitter

Nach einer Weile packte mich Karl am Arm und führte mich auf das oberste Deck. Von hier hatten wir einen besonders guten Blick über die queere Meute und entdeckten auch die beiden Isländer in bunten Abendkleidern unter den Feiernden.

»Danke, dass du mir Mut gemacht hast, mich«, Karl machte Gänsefüßchen in der Luft, »auch als Mädchen wieder wohlzufühlen.«

»Na klar, gern geschehen. Und ich danke dir dafür, dass du mich trotz meiner femininen Seite so akzeptierst, wie ich bin. Wenn ich ehrlich bin, habe ich durch die Teekränzchen erst verstanden, wie schwer es für mich war, diesen als ›unmännlich‹ angesehenen Teil von mir zuzulassen.« Ich holte tief Luft, bevor ich weiterredete. »Was würden all diese Männer von mir denken? Würden sie mich als den mädchenhaften Jungen sehen, der ich früher war und der sich gern in Frauenkleider kleidete? Würde ich mein so sorgfältig aufgebautes Holzfäller-Image zerstören? Und was würdest du denken? Solche Fragen gingen mir immer wieder im Kopf herum.« Ich merkte, dass es mir immer noch schwerfiel, mich völlig gehen zu lassen und auch das letzte bisschen Schamgefühl zu überwinden. »Es ist mir peinlich, herumzutanzen, alsob niemand zuschaut, es ist mir peinlich, meinen Körper zu zeigen, es ist mir peinlich, meine ›weibliche‹ Seite zum Ausdruck zu bringen. Wäre es aber nicht besser, diese Gefühle zu überwinden, ohne Schuhe mit Absätzen zu tragen?«

Karl überlegte kurz und antwortete dann: »Vielleicht. Aber diese Schuhe mit Absätzen haben uns beiden offenbar dabei geholfen, jene Seiten an uns besser zu verstehen, die wir all die Jahre unterdrückt haben. Durch die Kreuzfahrten haben wir immerhin eine neue queere

Video
Lady T-Dance
Pool Party

## REISEN GANZ UNTER UNS

Kreuzfahrten nur für Schwule sind nicht die einzigen Möglichkeiten für die queere Community, sicher und weitgehend vorurteilsfrei zu reisen. Auch mit festem Boden unter den Füßen können schwule und lesbische Reisende »unter sich« Urlaub machen. Dazu zählen Campingreisen für schwule Nackedeis oder riesige Sommerfestivals wie das Dinah Shore Weekend für Lesben in Palm Springs. Wir beenden bereits seit mehreren Jahren jeden Sommer mit dem viertägigen Pink Lake Festival am Kärntner Wörthersee, mit der Almrausch Party oder einem ganzen Tag am und im Wasser auf der pinken Insel. Hier treffen wir uns mit Freunden aus der ganzen Welt und können einfach wir sein. Zur gleichen Zeit beeinflussen alle Teilnehmenden positiv die Wahrnehmung der Community im ländlichen Österreich. Nicht nur auf einer Kreuzfahrt können wir also eine ganz besondere Freiheit erleben. Denn Reisen speziell für die LGBTQ+-Gemeinschaft bedeuten Momente queerer Normalität, ohne sich dafür rechtfertigen zu müssen.

Pink Lake Festival
in Kärnten

Seite an uns entdecken können, für die wir uns nicht schämen oder rechtfertigen müssen. Gerade nicht in dieser freien, offenen Welt einer schwulen Insel.«

In diesem Moment hörten wir hinter uns eine bekannte Stimme: »Aua, der Riemen meiner Plateauschuhe ist aufgegangen, verdammt. Und ich kann mich nicht bücken, sonst reißt meine Strumpfhose. Wo sind denn meine Rettungsschwimmerinnen?« Arnor und Anders stolperten auf uns zu und fielen uns mit einem letzten – gespielten – Kraftakt in die Arme. Arnor drückte uns beiden je einen Kuss auf die Wange und hinterließ dabei eine ordentliche Ladung Glitter. »Ihr zwei seht so genial aus«, sagte er. »Es ist schön, wieder mit euch auf See zu sein.«

Karl entgegnete: »Gemeinsam sind wir eben unschlagbar.« Wir vier kuschelten uns an der Reling aneinander. »Und was unternehmen wir morgen Verrücktes?«

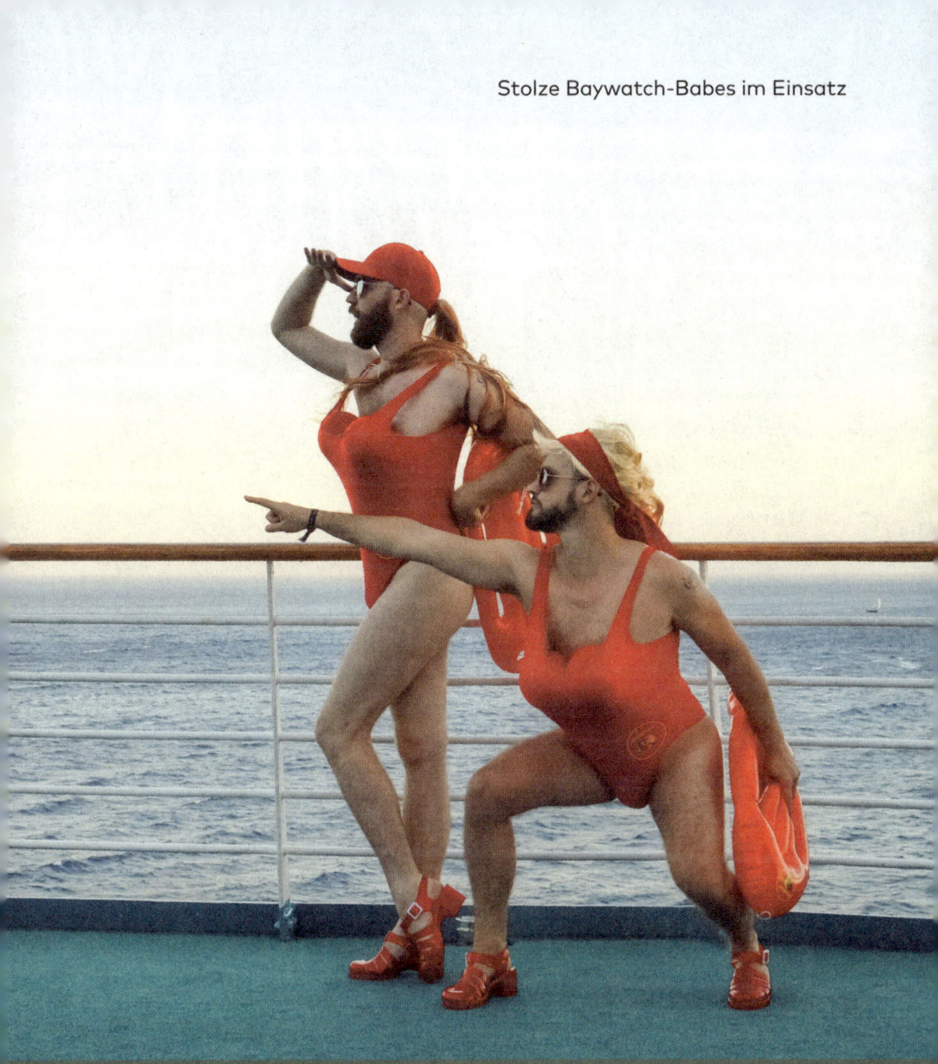

## LANDGÄNGE, PARTYS UND NOCH MEHR

Insgesamt dreimal hatten wir die Möglichkeit, an einer Schwulenkreuzfahrt teilzunehmen. Die Routen führten uns nach Madeira, auf die Kanarischen Insel und quer durch das westliche Mittelmeer nach Ibiza, Barcelona und Valencia. Es gibt viel zu berichten, so auch über RuPauls Performance »Sissy That Walk«. Für mehr Kreuzfahrt-Spaß scanne den QR-Code!

coupleofmen.com

# COSTA RICA

## Las Catalinas · Vulkan Arenal · Monteverde · San José

Das wohl fotogenste Thermalbecken
am Fuße des Vulkans Arenal

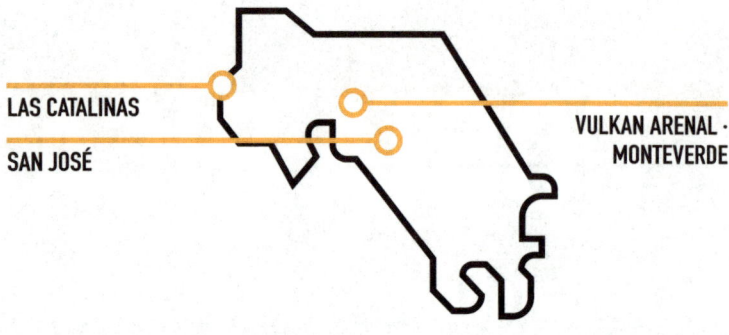

LAS CATALINAS

SAN JOSÉ

VULKAN ARENAL ·
MONTEVERDE

# PURA VIDA – DAS WAHRE LEBEN

Lächeln. Wenn Daan und mir wie selbstverständlich etwas über die Lippen geht, dann ist es ein Lächeln. Das gilt im besonderen Maße für mich, ein waschechter Optimist, der im Alltag oftmals viel zu positiv gestimmt an seine Tagesplanung herangeht und damit auch mal kläglich scheitert. Daan ist da mehr Realist, für den ein Glas eher halb leer zu sein scheint, während ich immer noch erwartungsfroh auf einen zusätzlichen Schluck Wasser hoffe. Bei uns kommt es auf den Mix an, würde ich behaupten, schließlich hat ein realitätsnaher Optimismus auf Reisen noch keinem geschadet. Dachte ich zumindest.

Eine positive Lebenseinstellung kennen jedenfalls auch die Costa Ricaner, die sich selbst gern als Ticos (oder weiblich: Ticas) bezeichnen. »Das passt zu mir!«, sagte ich schon an unserem ersten Abend nach der Ankunft in der Hauptstadt San José zu mir, als wir beim Abendessen beinah ausnahmslos in freundliche Gesichter blickten. Und da geschah es dann auch zum ersten Mal, dass wir mit den zwei berühmten Worten angesprochen wurden, die die costa-ricanische Lebenseinstellung so wunderbar zusammenfassen: Pura Vida – pures, wahres Leben. Wie wichtig diese Formulierung für die Einheimischen ist, sich selbst im Einklang mit ihrem Land, der Natur und ihrer Kultur zu fühlen und damit Zufriedenheit, Glück, Freude und Frieden auszudrücken, sollten wir aber erst im Laufe unserer Reise verstehen lernen. Zunächst einmal mussten wir nachvollziehen, diese zwei Wörter in den täglichen Gebrauch einzuordnen, etwa als Begrüßung, zum Abschied, als Wertschätzung, als Bitte oder Dankesbezeigung. »Pura Vida« konnten wir eigentlich in so ziemlich jeder Situation anwenden, in der wir uns während unserer knapp dreiwöchigen Reise durch den zentralamerikanischen Staat wiederfanden. Ein gut gemeintes Schulterklopfen oder ein wohlwollendes Lächeln als Reaktion auf unsere Versuche machten uns schnell deutlich: Man schätzte es außerordentlich, dass wir die Lebenseinstellung Pura Vida für uns entdecken wollten. Einfach war das nicht gewesen.

## Man(n) ist nie zu alt, um Neues zu lernen

Unsere Reise begann im September 2018 in San José mit der Teilnahme an einer internationalen Konferenz zum Thema LGBTQ+-Reisen. Wir waren als queere Reiseblogger zu dieser Veranstaltung eingeladen worden. Neben interessanten Vorträgen und intensiven Gesprächen mit einheimischen Hotelvertretern und Tourismusunternehmen gehörten auch Interviews mit lokalen Zeitungen, Nachrichten- und Fernsehsendern dazu. Natürlich wollten wir ebenso etwas von der Hauptstadt sehen, bevor wir zusammen mit einer Gruppe Reiseexperten und Journalisten ins fantastische Grün des Landes aufbrechen würden. Das war Zeitmanagement pur.

Viel hatte sich geändert seit unserem ersten Abenteuer in Japan. Reisen bestimmte immer mehr unser Leben, nicht nur als Urlaub, sondern auch als Auftrag. Auf unsere erste Einladung nach Kanada zum Jasper Pride waren kürzere und längere Trips gefolgt, zu Pride-Paraden in Europa, zu Messen und Konferenzen in den USA, teils im Rahmen von Kooperationen mit Tourismusverbänden. In jenem Jahr unseres Costa-Rica-Abenteuers übernachteten wir sogar öfter in Hotelbetten als auf unserer eigenen Matratze in Amsterdam mit unserem lieben Kater Stolie. Und das war auch das Spannende an dieser Entwicklung. Unsere Reise-Stories wurden gelesen, wahrgenommen, und wir konnten unseren regenbogenfarbenen Einfluss dafür nutzen, etwas zu bewirken, das nicht nur uns, sondern ebenso sämtlichen queeren Reisenden zugutekommen konnte. Doch unser Hobby barg auch ein Problem: Wie konnten wir vom Reisen und Schreiben unsere Miete bezahlen?

Eine Entscheidung stand an. Sollten wir uns professionalisieren und unserem Blog »Couple of Men« eine Chance geben? Oder sollten wir wieder zurück an den Anfang, als wir unsere Reisegeschichten einfach posteten, egal ob Menschen sie interessant fanden oder eben nicht?

Doch halbherzige Projekte waren nicht unsere Sache. Wir wollten es gut machen, einen gewissen Anspruch an uns selbst erfüllen. Ansonsten konnten wir es auch sein lassen. Schließlich gehört für uns zum Bloggen mehr dazu, als nur selbstverliebte Selfies zu verbreiten. Mit Wort und Bild wollten wir die Wahrnehmung von offen schwulen Männern im Alltag sichtbarer machen und der queeren Community auf unserem Blog ermöglichen, gehört und gesehen zu werden. Die Entscheidung war somit gefallen, wir wollten den nächsten Schritt gehen und unseren Blog freiberuflich führen oder es wenigstens ver-

Zwei Tukane besuchen uns einfach so beim Frühstück.

# LGBTQ+-COMMUNITY IN COSTA RICA

Die gesellschaftspolitische Lage für Lesben, Schwule, Transidente, Inter* und Queers veränderte sich in Costa Rica in den letzten Jahren zum Positiven, den konservativen Traditionen und gesellschaftlichen Ressentiments zum Trotz. Die Bevölkerung ist größtenteils katholisch, was den Umgang mit Homosexualität nicht unbedingt vereinfacht. Vor allem im ländlichen Raum kämpfen junge Homosexuelle mit Problemen beim Coming-out. Und doch, Touristen und auch queere Einheimische erfahren selten Aggressionen oder homophobe Übergriffe. Das mag auch daran liegen, dass die Costa Ricaner als sehr friedlich gelten.

Das Oberste Gericht des Landes entschied schließlich, dass die Regierung die Ehe für gleichgeschlechtliche Paare einführen müsse, was dann im Frühjahr 2020 geschah. Damit gilt das Land als Zufluchtsort für die verfolgte und unterdrückte LGBTQ+-Bevölkerung benachbarter Staaten. Die jährliche Costa Rica Pride findet im Frühsommer in San José statt.

suchen. Pressearbeit, Marketing und Verkauf kamen hinzu, nebenbei engagierte ich mich als Übersetzer, Texter und Social Media Manager, um meinen Lebensunterhalt doch irgendwie abzusichern – in guter Balance, hoffte ich. Dabei hatten wir uns ein Versprechen abgenommen: in jedem Artikel, jedem Social Media Post transparent anzugeben, ob ein Beitrag gegen Bezahlung veröffentlicht wurde. So sollte eine authentische Berichterstattung gewährleistet werden.

Menschen, Kulturen, Naturwunder – mit jeder Reise lernten wir dazu. Parallel zu unserer Arbeit entwickelten wir uns auch persönlich weiter und bewerteten unser Leben im westlichen Europa immer wieder neu. Aus jedem Land brachten wir eigene Geschichten mit. Aus Japan beispielsweise waren es die Verwirklichung eines Kindertraums und die gemeinsam entdeckte Spiritualität, aus Island die Freiheit und Weite der Natur, aus Kanada der Regenbogen im Schnee. Und Costa Rica? Ja, Costa Rica hatte uns eine ganz andere Geschichte zu erzählen.

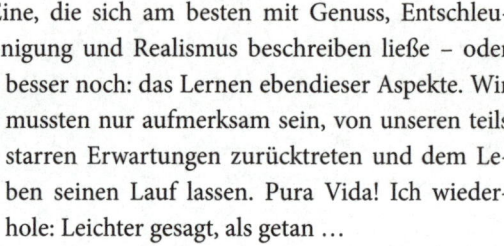

Eine, die sich am besten mit Genuss, Entschleunigung und Realismus beschreiben ließe – oder besser noch: das Lernen ebendieser Aspekte. Wir mussten nur aufmerksam sein, von unseren teils starren Erwartungen zurücktreten und dem Leben seinen Lauf lassen. Pura Vida! Ich wiederhole: Leichter gesagt, als getan …

## Das Leben nehmen, wie es kommt

Arenal! So heißt der bekannteste der insgesamt sechzig Vulkane in Costa Rica. Insgesamt acht dieser Feuerspucker sind aktiv, darunter auch der 1670 Meter hohe Arenal. Der gleichnamige Nationalpark war das erste Ziel, das unser kleiner Reisebus von San José aus ansteuerte. Der Weg führte hinein in sattes Grün, mit Dauerregen, der ab dem frühen Nachmittag zu unserem ständigen Begleiter wurde, gewollt oder nicht. Denn die Sonnenstunden zur Regenzeit, die das ganze Jahr über verschiedene Regionen betrifft, beschränken sich im Innenland Costa Ricas für gewöhnlich auf den Morgen und Mittag. Und so erreichten wir unsere Unterkunft mitten in einem heftigen Gewitter samt Blitz und Donner. Müde und eingeschlossen von tiefhängenden Wolken ging es nach dem Abendessen nur noch ins Bett.

Am nächsten Morgen, nach einer unruhigen Gewitternacht, entschädigte uns die fantastische Aussicht auf den fast schüchtern wirkenden, eher unbewaldeten Vulkan, der nur am Fuße von tropischem Regenwald umgeben war.

»Vergiss nicht, deine Badehose einzupacken. Nach dem Mittagessen geht's zum ersten Fotohöhepunkt unserer Reise. Hoffentlich haben wir noch ein bisschen Zeit, um uns in den heißen Fluten zu entspannen.« Daan hatte bei der Vorbereitung unseres Trips auf Instagram ein paar wunderschöne Bilder von Quellen entdeckt, zu denen es an diesem Tag gehen sollte. Sie hatten ihn für eigene Motive inspiriert – mit einem besonderen »Couple of Men«-Touch, versteht sich. Social Media, wo wären wir nur ohne die regelmäßigen Posts …

Mit deutlicher Verspätung erreichten wir unser Ziel, das Tabacón Thermal Resort & Spa. Der Himmel war aber noch blau und die Sonne schien durch den schwül-warmen Tropenwald. Lange sollte das nicht so bleiben. In Badehose und mit unserer Kamera machten wir uns auf, die weitläufige Thermalwelt zu erobern.

»Ist das der besondere Flussverlauf, den ich auf Instagram gesehen hatte? Sieht gar nicht so überwältigend aus. Aber mit den richtigen Einstellungen gelingt uns sicherlich ein spektakuläres Foto.« Daan machte ein paar Probeaufnahmen, um Licht und Motiv zu testen.

»Wir müssen wir uns aber beeilen«, drängte ich. »Der Himmel beginnt, sich bedrohlich zu verdunkeln. Und du weißt, was der Wetterbericht vorausgesagt hat?«

Eile war geboten, um uns auf einem Felsen vor dem malerisch gelegenen, flachen, mehrstufigen Wasserfall aufzunehmen, den Palmen und andere tropische Gewächse wie ein gemaltes Dach einrahmten. Ich sprang in die warmen Fluten, lief über den schwarzen, vulkani-

Auf dem Weg zum Vulkan Arenal Nationalpark

schen Kies im Flussbett und kletterte dann auf den Felsen. Daan baute das Stativ auf, probierte in der aufziehenden Dunkelheit den Fokus einzustellen und aktivierte den Selbstauslöser. So schnell er konnte – der steinerne Boden war nass und daher gefährlich glatt – watete und schwamm er durch das heiße Wasser, um ebenfalls auf den Felsen im Wasserfall zu steigen. Mit einem Klick war das erste Foto im Kasten – und schon platschten schwere Regentropfen in den Fluss. Wir schafften es gerade noch rechtzeitig, unsere Spiegelreflexkamera in unserem Spind vor dem sintflutartigen Unwetter ins Trockene zu retten.

Der Himmel schien alle seine Schleusen zu öffnen. Wir mussten nach Aufforderung des Resort-Personals umgehend das Wasser verlassen. Gerade noch rechtzeitig, bevor eine mächtige Schlammwelle das eigentlich kristallklare Thermalwasser in eine braune Brühe verwandelte. Und so standen wir bibbernd, enttäuscht und wütend mit einem kleinen Handtuch über den Schultern, triefend nass unter einem Sonnenschirm. Wie zwei begossene Pudel. »Die Kamera können wir getrost im Spind liegen lassen«, meinte Daan und ließ den Kopf hängen. »Selbst wenn der Regen bald aufhören würde, wäre es für ein Foto zu dunkel. So ein Pech, dass wir zu spät waren.«

Nach einer Weile stupste ich Daan an und meinte: »Hey, Pura Vida!«

Daan begann zaghaft zu schmunzeln: »Ach Mensch, ich hatte mich so darauf gefreut. Das hier ist alles so fotogen.« Dabei stampfte er mit dem Fuß auf, direkt in eine riesige Pfütze, die sich vor uns gebildet hatte. »Aber du hast ja recht. Na gut, dann eben …«, und er schrie halblaut in das Unwetter hinein: »Pura Vida!«

Es schien geholfen zu haben, denn nur kurze Zeit später hatte sich das Wetter beruhigt und kristallklares Wasser den Schlamm schneller weggespült als gedacht. Überall leuchteten Lämpchen auf, und der Wasserdampf der heißen Quellen ließ das Areal fast magisch aussehen. Endlich konnten wir uns, ohne Fotoapparat, ins heiße Wasser

## VULKANISCH ENTSPANNEN

Das Tabacón Thermal Resort & Spa ist Costa Ricas größtes zusammenhängendes Areal aus natürlich fließenden Thermalquellen. Es gilt als eines der größten und schönsten privaten Regenwaldreservate des Vulkans Arenal. Pünktliche Anreise vor den Unwettern am Nachmittag sichert dir ein entspannendes Erlebnis in tropischer Natur.

tabacon.com

Tropisches Gewitter beginnt im Tabacon.

legen. Der Stress fiel allmählich ab. So ist das Leben, und wir konnten an diesem Moment nichts daran ändern.

## Das schützen, was uns am Leben hält

Am nächsten Tag stand uns eine längere Busfahrt bevor, hinauf in die Nebelwälder von Monteverde. Doch bereits der Weg in die Berge wurde zu einem Erlebnis für sich. Zunächst führten uns schmale Schotterstraßen über sensationelle Gebirgszüge einmal um den größten See Costa Ricas herum, dem Arenalsee (Laguna de Arenal). Immer wieder konnten wir vom Bus aus einen Blick auf ihn durch das grüne Blätterdach erhaschen, unter dem sich das ganze Land zu verstecken schien. Dann begann der waghalsig steile Anstieg nach Monteverde. Um uns von den tiefen Abgründen am Wegesrand abzulenken, berichtete unser Reiseleiter Sergio, der für das LGBTQ+-Touristikunternehmen Gay Costa Rica tätig war, über den Naturschutz des Landes, über die nachhaltige Nutzung der Natur, das wichtigste Gut des Landes.

»Costa Rica hat sich das Ziel gesteckt, so schnell wie möglich komplett auf erneuerbare Energien umzusteigen. Wir haben es schon zum großen Teil erreicht. Dazu kommen die vielen Nationalparks und Umweltzonen, die die einzigartigen Ökosysteme beschützen sollen.« Sergio, ein stets lächelnder Tico in unserem Alter, dreht sich zum Fahrer, um ihm in schnellem Spanisch Anweisungen für die weitere Reiseroute zu geben. Dann drehte er sich wieder zu uns und fuhr fort: »Auch der Ökotourismus erlebt derzeit einen Boom, was ich persönlich sehr schätze. Viele Touristen kommen mit einer neuen Mentalität zu uns. Sie wollen auch auf Reisen einen Beitrag zur Nachhaltigkeit leisten. Jetzt müssen nur noch die Autos und die Privathaushalte nachziehen.«

Uns gefiel diese Einstellung, gleichzeitig hinterließ Sergios Aussage einen bleibenden Eindruck. Ein Land, das es geschafft hatte, sich weitgehend auf erneuerbare Energien umzustellen – Respekt! Wir beschäftigten uns schon länger mit unserer Kohlendioxidbilanz, vorrangig wegen unserer Flüge. Im Alltag hatten wir bereits viele Entscheidungen getroffen, um den Ausstoß von Treibhausgasen zu reduzieren und sogar zu ver-

Übernachten in den Baumkronen der Nebelwälder von Monteverde

meiden. Doch beim Reisen standen unseren Bestrebungen hauptsächlich logistische Herausforderungen im Weg. Das Reisen ganz aufzugeben, kam für uns allerdings nicht in die (plastikfreie) Tüte.

In Monteverde bezogen wir ein sagenhaftes Apartment im Hotel Belmar, mit Whirlpool auf dem Balkon, der die Baumkronen des Nebelwalds berührte. Der Name war in dieser Bergregion wirklich Programm, auch die nächsten Tage blieb es neblig-trüb oder wolkig, wer wusste das schon so genau, die Grenzen schienen zu verschwimmen. Die Atmosphäre jedenfalls war mystisch.

Der zweite Fotohöhepunkt auf unserer To-do-Liste war allerdings nicht das Hotel, sondern ein adrenalingeladener Ausflug in den Regenwald. Hoch oben in den Baumkronen ließen wir uns dazu an eine Seilrutsche hängen, Zipline genannt, und mit einem Schubs sausten wir mit einigen Stopps bergab. Auf einer Tandemstrecke konnten wir sogar gemeinsam über das »grüne Dach Mittelamerikas« fliegen und dies für ein Selfie nutzen. Einfach nur Wahnsinn, der Ausblick auf die endlose grüne Weite.

Anschließend spazierten wir Hand in Hand über Hängebrücken, die, über das ganze Land verteilt, Touristen und Einheimische zwischen Baumkronen des Regenwalds über tiefe Schluchten führten und somit einen sicheren und umweltschonenden Zugang in den Regenwald boten.

»Schau mal da«, ich deutete auf ein Tukan-Pärchen, das sich auf dem Geländer einer Hängebrücke niedergelassen hatte.

»Unglaublich, wie farbenreich der beeindruckend große Schnabel dieser stolzen Vögel doch ist«, antwortete Daan. Nachdenklich ergänzte er: »Bedrohte Tiere zu schützen, gehört für mich zu einem umweltbewussten Reisen dazu, selbst wenn es bedeuten würde, dass ich gar keine zu Gesicht bekomme.«

Seiner Meinung konnte ich mich nur anschließen.

### ZIPLINE & BAUM-KRONENPFADE

Es gibt umweltfreundliche und gleichzeitig erlebnisreiche Möglichkeiten, Costa Ricas Regen- und Nebelwälder und die pazifischen Küstengebiete zu erkunden: entweder zu Fuß über hängende Brücken oder an einer Seilrutsche durch die Baumkronen.

selvatura.com

Wir wollten von Sergio wissen, wie und wo Reisende die besonderen Tiere Costa Ricas finden konnten.

»In Tierschutzstationen, in denen ausnahmslos Biologen und Veterinärmediziner arbeiten.« Der junge, aufgeschlossene Tico lehnte sich über den Rand einer Hängebrücke und ergänzte, bevor wir nachfragen konnten: »Die Tiere, die bei uns in einer der Stationen aufgenommen und untergebracht werden, würden in freier Wildbahn nicht überleben. Hier erhalten sie die notwendige Pflege und können von Besuchern in sicherem Abstand beobachtet und fotografiert werden. Alle offiziellen Stationen befinden sich unter der Aufsicht von Beamten der SINAC, der für die Wildtiere des Landes zuständigen Regierungsstelle. Darauf sollten Reisende übrigens achten, dass diese sogenannten Sanctuarys auch wirklich offiziell zertifiziert und somit sicher sind für die Tiere.«

Wir waren beruhigter, während wir über eine grandiose Schlucht nach der anderen wanderten und sogar die besonderen Laute der Brüllaffen aus dem dichten Regenwald vernehmen konnten. Auch das war Pura Vida, auf die fragile Balance der Natur achten, sich der Verantwortung bewusst sein, welche Auswirkungen unser Eindringen in Lebensräume haben kann. Ja, auch das kann Spaß machen – obwohl wir als *Jurassic-Park*-Fans leider keine Dinosaurier zu Gesicht bekamen.

## Wenn Stress im Paradies ausbricht

Drei Tage später steuerten wir die vorletzte Station unserer Reise an, das Casa Chameleon Resort im an der Westküste Costa Ricas gelegenen Las Catalinas. Und so saß ich an Tag zwei unseres Aufenthalts nackt, nur mit einem Sonnenhut bekleidet, auf einer bequemen Sonnenliege auf der zu unserem Feriendomizil gehörenden Terrasse. Mein Blick schweifte über die dicht bewachsenen Berghänge und die dunkelblaue See, im Hintergrund das Plätschern des Wassereinlaufs in den Infinitypool. Die Abendsonne über dem Pazifik tauchte unser mit viel Liebe zum Detail eingerichtetes Ferienhaus in ein warmes, beinah goldenes Licht. Doch relaxen konnte ich mich trotz dieser traumhaften

Wanderung durch die Baumkronen Costa Ricas

Umgebung nicht wirklich. Im Gegenteil. Anspannung lag in der Luft – neben den süßlich-fruchtigen Noten der blühenden tropischen Gewächse, die an der Villa emporrankten. In meinem Kopf kreisten die Gedanken, Gedanken darüber, wie und wo wir Fotos aufnehmen könnten, um die Schönheit dieser verschiedenen Villen auch wirklich einfangen zu können.

Plötzlich tritt, wie aus dem Nichts, Daan an meine Liege. Er hatte unsere Kamera in den Händen und einen missmutigen Gesichtsausdruck aufgelegt.

»Kannst du mir kurz helfen? Ich bekomme die Einstellungen für das …«

Klingelingelingelingelingeling … Mein Reisewecker schreckte uns auf, beinah hätte Daan die Kamera in den Pool fallen lassen. Dieser Adrenalinstoß hatte es wirklich in sich gehabt, das konnte ich bei Daan an seiner Verzweiflung ablesen, die über den Missmut Oberhand genommen hatte.

»Okay, Daan, ich weiß, dass du das jetzt nicht hören willst, aber wir haben noch genau dreißig Minuten, bis die Sonne untergeht. Wir müssen entscheiden, wo wir das Foto aufnehmen wollen, hier am Pool oder lieber oben am großen Gemeinschaftspool mit dem Fackelspektakel?«

»Sowohl als auch. Das Wetter ist heute fantastisch für eine Sonnenuntergangaufnahme. Und wer kann schon so genau sagen, ob es morgen vielleicht regnen wird. Also, du bringst schnell die Kamera in Stellung, derweil lege ich alles raus für das zweite Foto. Wir müssen uns beeilen.«

Hatte ich das nicht gerade zum Ausdruck gebracht?

Wie emsige Ameisen begannen wir durch die lichtdurchfluteten Räume zu eilen. Würden wir beide Aufnahmen schaffen? Ich bezweifelte es. Wir wollten wieder einmal zu viel, wollten alles zu perfekt machen. Aber wir konnten diese einmalige Gelegenheit auch nicht so einfach verstreichen lassen …

»Bring noch zwei Getränkegläser mit, als Requisiten. Und zwei Handtücher, damit wir uns abtrocknen können, falls wir noch etwas an der Kamera justieren müssen. Und dann los, hopp, hopp! Wir haben nur noch siebzehneinhalb Minuten!« Daan rannte umher, und ich suchte im Pool bereits nach der richtigen Position.

Schließlich drückte er auf den Selbstauslöser und sprang ins Wasser – und schon begann die Kamera jede fünf Sekunden ein Foto aufzunehmen. Ich rief uns motivierend zu: »Und jetzt bitte schön nur noch lächeln …«

»Das müssen wir noch mal machen. Wir waren nicht ganz in der Mitte, und die kleine Wolke war gerade im Weg«, sagte Daan, als er die Fotos auf dem kleinen Kamerabildschirm kontrollierte.

»Dafür haben wir keine Zeit mehr, das muss jetzt so passen. Zieh dich an.« Ich machte Druck, berechtigterweise, denn für die zweite Aufnahme blieben uns nur noch fünf Minuten.

Oben, um den Pool des Haupthauses, die Flammen der künstlichen Fackeln waren bereits in Gang gesetzt, saßen glücklich aussehende Pärchen und tranken Cocktails, als wir nach der passenden Liege für unser Foto suchten. Daan begann rasch damit, die Kamera auf das Stativ zu montieren und mich in die richtige Position zu manövrieren, doch es

Strandspaziergang an der Pazifikküste unterhalb von Casa Chameleon

war bereits zu spät. Just in diesem Augenblick war die Sonne untergegangen. Und wir konnten nichts dagegen tun. Kein Bild, kein Sonnenuntergang, einzig ein suboptimale Sonnenuntergangsaufnahme mit uns in unserem Pool. Die Luft war raus. Schweigend saßen wir beiden nebeneinander und starrten auf das Meer. Eine Träne rollte Daan über die Wange. Unter normalen Umständen wäre dieser Ausblick bereits fabelhaft gewesen. Doch wir hatten einfach zu hohe Erwartungen gehabt. Bedrückt liefen wir zurück zu unserer Unterkunft und setzten uns an unseren Pool.

»Weißt du, was ich von unseren Erfahrungen hier mit nach Hause nehmen werden?« Ich schaute Daan direkt an.

»Ein Stückchen Pura Vida?« Sein kurzes Auflachen klang wie ein Schluchzen.

»Genau. Geschwindigkeit aus dem Hier und Jetzt nehmen, mehr den Moment genießen. Probleme akzeptieren und nach Lösungsmöglichkeiten suchen. Und noch mehr auf uns und unsere Umwelt achten. Es tut mir leid, dass wir wieder einmal in einen solchen Stress reingerutscht sind.«

Daan legte seinen Kopf auf meine Schulter. »Das ist nicht nur dein Problem. Wir beide wollen immer zu viel, vor allem für unseren Blog. Denken, es könnte immer noch besser sein, doch wir müssen mehr auf uns achten und dürfen nicht vergessen, warum wir das hier alles machen.«

»Weil wir gern reisen, gemeinsam.«

»Genau. Pura Vida!«

Geht auch ohne Sonnenuntergang:
ein perfektes Foto aufnehmen

## NOCH MEHR ÜBER COSTA RICA

Fast drei Wochen reisten wir durch das Land, dem Christoph Kolumbus den Namen »Reiche Küste«, also Costa Rica, gab. Lange wurde vermutet, dies geschah aus der Annahme etwaiger reicher Goldvorkommen. Wir erkundeten den wahren Schatz des Landes, auf den sich auch Kolumbus bezog: den Naturreichtum, mit Nächten in den Nebelwäldern von Monteverde und Tierbeobachtungen im Regenwald. QR-Code scannen, um mehr über Costa Rica zu erfahren.

coupleofmen.com

# SCHWEDEN

## Kivik · Malmö

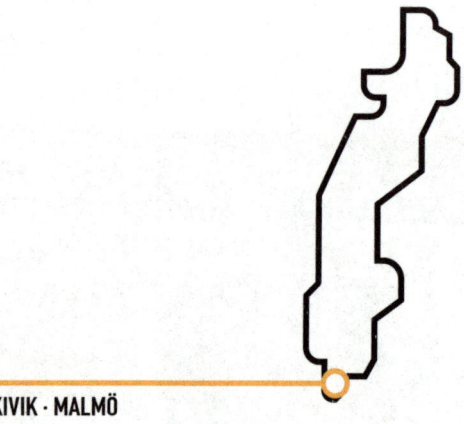

# SCHWULES SOMMERMÄRCHEN IN SCHWEDEN

Goldene Kornähren wogen im Wind, glitzernde Spinnweben segelten durch die warme, flirrende Sommerluft – und wir, wir wanderten an diesem Nachmittag im August 2019 durch dieses idyllische Sommermärchen in der südschwedischen Grafschaft Skåne (Schonen) in Richtung der felsigen Ostseeküste. Der hiesige Tourismusverband hatte uns eingeladen, ganz ohne Eile und somit entschleunigt durch die »Kornkammer« des skandinavischen Landes zu reisen und dabei die friedliche Atmosphäre der Region einzufangen.

Kleine schwarze Punkte in der Ferne ließen uns das Ziel unserer Wanderung bereits erahnen. Das »Steinschiff« Ales Stenar, etwa zehn Kilometer südlich von Ystad gelegen, hatten wir uns für unseren letzten Abend in dieser Gegend aufgehoben. Denn die Sonnenuntergänge, die Reisende von diesem megalithischen Monument der nordischen Eisenzeit erleben können, sollten zu den besten in Südschweden gehören. Das Abendessen im Restaurant unserer Unterkunft Karnelund Krog & Rum, geführt von einem schwulen Paar, hatten wir zeitlich gut getaktet. Und so waren wir früh genug aufgebrochen, um dieses Naturschauspiel auf keinen Fall zu verpassen. Wir konnten in gemüt-

Wir im Kornfeld an einem schwülen Sommernachmittag in Skåne

lichem Tempo durch die frühabendliche Naturstimmung spazieren, den Kühen beim Grasen zusehen, eigentlich genau das tun, was wir auf Reisen am liebsten tun: im Hier und Jetzt jeden Moment genießen, gemeinsam.

In den vergangenen Tagen hatten wir es uns gut gehen lassen. Je nach Wetter und Stimmung ließen wir uns die Sonne am FKK-Strand in Sandhammaren auf den Pelz scheinen oder bummelten Hand in Hand durch eine der fotogenen Kleinstädtchen. Unsere Kamera war unsere tägliche Begleiterin, denn die schwedischen Holzhäuser waren einfach zu süß, keinen dieser farbenfrohen Fotomomente vor den angestrichenen Schönheiten wollten wir verpassen. Die gemütliche Stimmung konnte nur noch durch entsprechende Gaumenfreuden übertroffen werden. Besonders Karl liebte es, die vorrangig süßen Verlockungen zu probieren.

## Kaffee und Kuchen mit Cowboyhut und das schwedische Stonehenge

Und so gehörte natürlich auch eine Kaffeepause mit dem Cake Cowboy dazu, der in Kivik einen Schokoladen-Saloon führt – oder eine Schokoladenmanufaktur, wie man will. Feine, verführerische Biogebäck- und

Schokoladenkreationen waren jedenfalls an der Theke erhältlich, hinter der der Cowboyhut tragende, grauhaarige Schwede lächelnd auf unsere Bestellung wartete. Markus Lundqvist heißt der freundliche Mann, der Karl ein Stück Schokoladenkuchen auf einen Teller legte und nun auch mich nach meiner Bestellung fragte.

»Ich nehme einen dieser Cookies mit Regenbogenstreusel. Apropos Regenbogen, ich habe die Fahne draußen am Eingang gesehen. Wie ist es eigentlich, hier im ländlichen Raum im Süden Schwedens, als offen schwuler Cowboy zu leben?«

Markus nahm einen tiefen Atemzug und begann die Geschichte seines Traums, einen eigenen kleinen Laden mit Schokoladen-Kreationen zu führen, zu erzählen, der aber selbst im queerfreundlichsten Land der Welt nicht immer wohlwollend aufgenommen wurde.

»Es passierte im Sommer 2018, als meine Regenbogenflagge am Eingang plötzlich über Nacht verschwand. Ich dachte zunächst, es handelte sich um einen Jungenstreich.« Markus machte eine Pause und nahm einen Schluck aus seiner Kaffeetasse, die mit einem kleinen Regenbogen verziert war. »Nachdem sie ein weiteres Mal verschwunden war«, fuhr er fort, »klebte ein homophober Aufkleber mit der Aufschrift ›Crush the Gay Lobby‹ und einem Link zu einer hiesigen Neonazi-Bewegung an meinem Auto.« »Crush the Gay Lobby« übersetzten wir uns mit »Zerschlagt die Schwulenlobby«.

Karl wollte mehr wissen und sagte: »Das passt so gar nicht zu den positiven Erfahrungen, die wir bisher in Südschweden gemacht haben.«

»Stimmt, das dachte ich auch. Deshalb habe ich auch immer weiter die Flagge aufgehängt. Einschüchtern lassen und nachgeben? Nein.

Auf »unserem« Stein sitzend beobachten wir den Sonnenuntergang.

Und ich war nicht allein.« Markus ging zur Wand und griff nach einem eingerahmten Zeitungsartikel, den er mit stolzer Miene über die Theke reichte. »Es geschah etwas Wunderbares, denn der Vorfall hatte sich bereits rumgesprochen. An den folgenden Tagen hatten über dreißig Unternehmen und Geschäfte in der Region eine Regenbogenfahne aufgehängt, als Solidaritätsbekundung.«

»Scheint so, als ob niemand die friedliche und tolerante Gemeinschaft einem Neonazi-Angriff übergeben wollte«, bemerkte ich.

»Genau. Wie ihr euch vorstellen könnt, bedeutete mir das viel und zeigte, wie gastfreundlich, schwulenfreundlich und aufgeschlossen Kivik wirklich ist.«

Doch zurück zu unserem letzten Abend. Genau zur richtigen Zeit erreichten wir das »schwedische Stonehenge«, als der Himmel ein Farbenspiel aus Gelb, Orange und Rot bot. Nachdem wir ein paar Fotos und Videos aufgenommen hatten, sicherten wir uns einen der neunundfünfzig, über 1400 Jahre alten Steine. Von »unserem« Brocken hatten wir eine besonders gute Sicht auf das Naturschauspiel. Dann

Video
Autorundreise
Skane

hieß es: Genießen und Lauschen … dem Wind, der See und den zahlreichen Gesprächen der anderen Besucher, die sich hier fünfzig Meter über der Baltischen See zum Picknick oder Apfelcidre-Umtrunk versammelten – die Region um Kivik ist bekannt für die größte Apfelvielfalt Schwedens. Beinahe gemütlich schlich sich die Sonne hinter den Horizont und ließ uns mit einer atemberaubend schönen Aussicht zurück. Es war der perfekte Abschluss unseres Roadtrips durch Skåne, doch es war noch nicht das Ende unserer Reise

## Immer den roten Stöckelschuhen nach

Mit einem extragroßen Keks in der Hand setzte sich Karl – er strahlte, als ob er gestern beim Cake Cowboy den Deal seines Lebens abgeschlossen hatte – am nächsten Morgen hinter das Steuer. Es ging Richtung Westen, nach Malmö, zur drittgrößten Stadt Schwedens. Die Sonne schien vom tiefblauen Himmel, während wir gemächlich entlang der Küste fuhren, erst nach Trelleborg, bevor wir uns weiter nach

Malmö aufmachten. Dabei lauschten wir schwedischer Musik aus dem Radio. Als dann tatsächlich ABBAs »Dancing Queen« gespielt wurde, gab es kein Halten mehr. Bei offenen Fenstern trällerten wir aus vollem Hals mit, Agneta und Co. bekamen Konkurrenz.

»Ein echtes Warm-up für das kommende Wochenende, oder?«

Karl bewegte sich nach rechts und links im Takt der Musik. »Ich freue mich sehr auf Roxanne und Maartje. Das wird sicherlich ein großer Spaß, mit zwei unserer besten Freundinnen aus Amsterdam gemeinsam auf der Malmö Pride Parade zu demonstrieren!«

Wir erreichten die 300 000 Einwohner zählende Stadt am Öresund am frühen Nachmittag und hatten noch genügend Zeit, um unser Gepäck in unser kleines Apartment im Fahrradhotel zu bringen, den Leihwagen abzustellen und auf die in unserer Unterkunft bereitstehenden Räder umzusteigen. Schließlich stand unsere Reise in einer der fahrradfreundlichsten Städte ganz im Zeichen von Nachhaltigkeit. Als Amsterdamer radelten wir natürlich recht zügig auf unseren Citybikes, zunächst zum Turning Torso, dem »Drehenden Rumpf« des spanischen Architekten Santiago Calatrava. Der höchste Wolkenkratzer in

Calatravas »Turning Torso« im modernen Stadtteil Västra Hamnen

Skandinavien überragt alles in Malmö. Schon bei unserer Anreise war er von Weitem sichtbar gewesen.

»Ich habe Hunger«, rief Karl, als wir nebeneinander am Strand entlang fuhren. »Du hast doch ganz sicher einen Plan fürs Abendessen, oder?«

Selbstverständlich hatte ich den, denn in Malmö gibt es zahlreiche Restaurants, die vegetarische und sogar vegane Delikatessen auf der Speisekarte anbieten. Vom Wasser aus waren es dann nur wenige Radminuten in die Altstadt. Gestärkt und noch gar nicht müde, hatten wir Lust auf ein Getränk. Welcher Ort würde sich da besser eignen, als die Red Shoe Bar?

Malmös einzige Schwulenbar auf der Drottninggatan (sie soll aber bald nach Kopenhagen ziehen) ist klein und gemütlich, die Betonwände mit Werken von schwedischen Künstlern strahlten Berliner Flair aus. Der Ort mit dem roten Stöckelschuh gilt nicht nur Schwulen, sondern der ganzen LGBTQ+-Community als Hotspot, um den Abend zu beginnen.

»Hey Guys! Ha, ihr seht ja wirklich so aus, wie ich euch von eurem Blog her kenne. Wie war euer Trip bisher?« Am Tisch direkt am Fenster saß Sebastian, auch bekannt als Deejay Soleil Camara. Mit Bart und Dreadlocks grinste er uns an und lud uns mit einer Handbewegung ein, sich zu ihm zu setzen.

»Super«, antwortete Karl. »Bislang hatten wir eine tolle Zeit. Nun freuen wir uns auf ein Bier und auf den morgigen Malmö Pride.«

Den sympathischen Musiker hatten wir bereits vor geraumer Zeit auf Instagram kennengelernt, und entsprechend glücklich waren wir, ihn in Malmö persönlich zu treffen. Der Abend war noch jung, und so plauderten wir über unsere Reise, »Couple of Men« und die lokale Musikszene, darüber hinaus wollten wir von Sebastian mehr über sein Leben in Malmö erfahren.

»Die Leute hier sind meist sehr entspannt und bodenständig«, erzählte er. »Ich fühle mich als schwuler Schwarzer in Malmö akzeptiert. Leider trifft das nicht auf alle People of Colour in unserer Community zu. Da gibt es noch einiges nachzuholen.« Er ergänzte: »Ich komme gern hierher, in die Red Shoe Bar. Das Coole an ihr ist das gemischte Publikum. Am Wochenende treffe ich mich an diesem Ort mit

Freunden und Bekannten am frühen Abend, danach geht es weiter in die Nacht. Es gibt so viele talentierte Musiker zu entdecken.«

Karl hob sein Glas und sagte: »Na dann! Cheers! Auf die Nacht.«

## Nachhaltig reisen, nachhaltig aufklären, nachhaltig leben

Am nächsten Morgen wurde ich vom Duft frischer Zimtschnecken geweckt, als sich Karl mit einem Becher Kaffee ans Bett setzte.

»Hey, Langschläfer! Aufstehen, wir haben heute einen bunten Tag vor uns.« Karl gab mir einen Kuss und reichte mir ein warmes Gebäckstück: »Ach ja, vor der Parade ist mit den Mädels noch eine Bootsfahrt geplant und in der Altstadt der Besuch in einem Café, das gewissermaßen auf der Strecke der Pride Parade liegt.«

Es war also Zeit, aus dem Bett zu krabbeln, in unsere Regenbogenoutfits zu schlüpfen und in die Stadt zu radeln, die Kamera um den Hals. Der Weg zur Bootsanlegestelle, nur einen Steinwurf entfernt vom Hauptbahnhof, führte uns vorbei an freundlichen Gesichtern, an mit Regenbogenfahnen geschmückten Häusern und Postern, die Werbung für die große Abschlussfeier im Folkets Park machten. Auf den geräumigen und elektrisch betriebenen Booten hatten wir Vier alle ausreichend Platz, um ein bisschen Seeluft im Hafengebiet zu schnuppern und die Festung Malmöhus vom Wasser aus zu bestaunen, in der heute Museen untergebracht sind.

Mit Roxanne und Maartje auf Bootsfahrt durch Malmö

# LGBTQ+-COMMUNITY IN SCHWEDEN

Video
So LGBTQ+-
freundlich ist
Malmö

Aufgrund der gesetzlich verankerten LGBTQ+-Rechte und der queeren Community vor Ort wird Schweden als eines der LGBTQ+- und schwulenfreundlichsten Länder der Welt angesehen. 2009 legalisierte es die gleichgeschlechtliche Ehe, und es ist damit weltweit das siebte Land, in dem sie rechtlich gleichgestellt ist. Außerdem hat Schweden bereits 1987 jede Art von Diskriminierung aufgrund sexueller Orientierung, Geschlechtsidentität oder des Geschlechtsausdrucks verboten. Gut zu wissen: Gleichgeschlechtliche Paare können seit 2003 Kinder adoptieren, und lesbische Paare haben seit 2005 Zugang zu künstlicher Befruchtung. Ferner war Schweden das erste Land, das Transgender-Personen eine legale Geschlechtsumwandlung ermöglichte und ihnen eine kostenlose Hormontherapie zugestand. Stockholm und Göteborg richteten übrigens 2018 den Euro Pride aus.

Engagiert und vielseitig: eine Kommune demonstriert
für Gleichberechtigung.

Auf der Fahrt zurück zur Anlegestelle fragte ich Roxanne und Maartje: »Ist es nicht enorm, dass bei dem LGBTQ+-Festival mehr als 15 000 Teilnehmende erwartet werden – nicht gerade wenig, oder?«

Roxanne antwortete: »Mir zeigt das, dass die LGBTQ+-Community in der Mitte der Gesellschaft angekommen ist. Wahrscheinlich nicht überall gleichmäßig verteilt, aber doch sehr präsent.«

Dann machten wir uns auf den Weg in die Altstadt für eine gemeinsame Fika, eine Kaffeepause. In unserem Fall bedeutete das: eine Stärkung vor der Pride Parade.

»Wusstet ihr beiden eigentlich, dass das ›Kallis‹, das traditionelle schwedische Badehaus am Strand von Ribersborg, einen speziellen Tag für unsere Community eingerichtet hat? Jeweils jeden ersten Montag im Monat findet das ›Queer Kallis‹ statt.«

Karl nickte. »Ja, ich habe darüber gelesen. Queer Kallis ist der Tag, an dem beide Bereiche des Badehauses – jener für Frauen und jener für Männer – für alle geöffnet sind, total unabhängig von Geschlechtsidentität, Geschlechtsausdruck oder Sexualität.«

**SCHWITZEN WIE DIE SCHWEDEN**

Für viele Schwule in Malmö gilt das Ribersborgs Kallbadhus als der Gay-Hotspot schlechthin – um zu sehen und gesehen zu werden, versteht sich. Mit dem monatlichen Event »Queer Kallis« öffnet sich das Bad am Meer aus dem späten 19. Jahrhundert der gesamten LGBTQ+-Community, einschließlich trans- und nichtbinärer Saunafans.

**ribersborgs kallbadhus.se**

»Ein starkes Zeichen«, meinte Maartje, »nun können auch nichtbinäre, genderfluide und transidente Personen endlich eine schwedische Sauna genießen.«

»Wer hat Lust auf einen Snack und Kaffee? Die erste Runde geht auf mich.« Karl war uns plötzlich vorausgeeilt. Offenbar hatte er die süßen Versuchungen im Schaufenster gesichtet.

Wir nahmen in dem gemütlichen Café Platz und luden unsere Energiespeicher bis zum Anschlag auf. Schließlich war es Zeit für Karl, sein Regenbogenstirnband aus der Tasche zu holen, während ich unsere große Regenbogenflagge auspackte, denn laute Gesänge und Hunderte von Trillerpfeifen schallten bereits zu uns herüber.

## Gemeinsam für eine queer-freundliche Zukunft

»Die erste Gay Pride war ein Aufstand« – unter diesem Motto feierten nun Tausende queere Menschen aus Schweden und anderen europäischen Ländern fünfzig Jahre nach den Stonewall-Ausschreitungen das fünfundzwanzigjährige Jubiläum des Malmö Pride. Und wir waren mittendrin. Es ging vom Marktplatz Stortorget durch die Altstadt zum Folkets Park.

Den Anfang machte eine bunt gemischte Gruppe Trommler, die für ordentlich Stimmung sorgte. Dicht gefolgt von Kindern, Familien, Personen aller Geschlechter und Geschlechteridentitäten. So unterschiedlich die Menschen auch waren, sie sangen und tanzten gemeinsam in bester Laune und mit selbst gebastelten Postern.

»So viele Transidente, Familien und Kinder habe ich noch nie auf einer Pride Parade gesehen. Da, eine Gruppe Sportler. Und dahinter Nerds in *Star-Wars*-Kostümen. Ich bin verliebt in diese Stadt«, rief Karl und wedelte wie verrückt unsere Fahne durch die Luft.

»Was würden wohl diejenigen dazu sagen, die vor fünfzig Jahren vor dem Stonewall Inn beim ersten Aufstand dabei waren?«, überlegte ich laut. »Was sich alles seitdem geändert hat!« Ich war überwältigt von der Vielfalt und Diversität, der wir hier begegneten. Dazu gehörten auch die zahlreichen Allys, also die Verbündeten der Community. Alle marschierten gemeinsam, friedlich und motiviert.

»Es sieht so aus, als ob Nachhaltigkeit hier nicht nur auf Umweltschutz bezogen werden kann«, sagte Karl, der meine Hand festhielt.

»Da hast du recht«, antwortete ich. »Hier geht es um eine nachhaltige Gleichstellung auch in der Zukunft. Das fühlt sich wahnsinnig toll an.«

Bei allem, was in den vergangenen Jahren erreicht worden ist, gibt es aber noch Menschen wie den Cake Cowboy oder jene People of Colour, die immer noch um Anerkennung und Gleichstellung kämpfen. Daran musste ich denken, aber auch daran, was Mut und Liebe bewirken können. Ohne mutige Personen aus der Community, die sich damals in New York dem bestehenden System entgegengestellt haben, hätten wir wohl kaum an einer so friedlichen und farbenfrohen Demonstration teilnehmen können.

»Habe ich dir heute schon gesagt, dass ich dich liebe?« Karl schaute mich mit freudestrahlenden Augen an.

»Ich liebe dich auch, mein kleiner Deutscher. Happy Pride!«

»Happy Pride!«

Mit einem Kuss unterm Regenbogen feiern wir den Pride in Malmö.

## URLAUB IN SCHWEDEN

Zwei Wochen lang reisten wir durch den Süden Schwedens. Unsere Reise begann im Fischerdorf Mölle und im Nationalpark Kullaberg, bevor wir uns die Städte Helsingborg, Ystad und Kivik aus der Nähe anschauten. Zuvor hatten wir bereits mehrmals die schwedische Hauptstadt Stockholm besucht. Es gibt viel zu sehen und zu erleben. Scanne den QR-Code und erfahre mehr auf unserem Blog.

coupleofmen.com

Im Zug auf dem Weg in den »grünen Hinterhof von New York«

# SCHAU MIR IN DIE AUGEN, KLEINER!

Unter Applaus und mit einem lauten Knattern rauschte der rote Doppeldecker an den Besuchern und uns vorbei. Unsere Köpfe folgten der 1929 gebauten New Standard D-25, einer propellerbetriebenen Maschine, die höher und höher in den blauen Himmel aufstieg, bevor der Pilot gekonnte Tricks und Stunts aufführte. »Findest du es nicht auch faszinierend, wie sich ein Flugzeug, noch dazu ein so altes, in der Luft halten und mit dem man zudem noch Kunststücke aufführen kann? Wahnsinn.« Karls Stimme wurde leiser, und in seiner »Ich staune nun mal mit offenem Mund«-Pose blickte er verträumt in die Lüfte.

Nach über zwei Jahren waren wir im Sommer 2021 wieder in New York unterwegs, allerdings nicht im Big Apple, sondern nördlicher. Wir hatten uns am Grand Central Terminal, dem Bahnhof in Manhattan mit den meisten Gleisen weltweit, in einen MTA-Zug (Metropolitan Transportation Authority) gesetzt und waren dem Hudson River flussaufwärts gefolgt. Unser Ziel war das Dutchess County, eine Grafschaft, gelegen auf der östlichen Flussseite des mittleren Hudson-Tals. Für viele Städter gilt dieser auch als Upstate New York bezeichnete Teil des US-Bundesstaats New York als Ort naturnaher Erholung. Und genau danach stand uns bei diesem Trip der Sinn: nach Natur und ein bisschen Kultur – und nach queerer Community. In Beacon bestaunten wir in einem einstigen Fabrikgebäude, jetzt das Museum Dia:Beacon, zeitgenössische Kunstwerke. In Poughkeepsie gönnten wir uns einen Kaffee im von einem schwulen Paar geführten Café namens The Crafted Kup. In Millbrook verbrachten wir entspannte Stunden in Innisfree Garden, einem Landsitz mit Park, beeinflusst von klassischer chinesischer Malerei. Und zwischendurch zog es uns in eines der zahlreichen Restaurants mit deftiger Hausmannskost. Das Wetter war herrlich warm, und so vergingen die Tage wie im Flug. Vielleicht auch, weil wir uns für das Ende unseres Trips ein besonderes Erlebnis aufgehoben hatten.

Das Old Rhinebeck Aerodrome, ein Freilichtmuseum in Rhinebeck, hatte sich auf Flugshows und die Restaurierung flugfähiger Luftfahrzeuge aus der Pionierzeit der Luftfahrt spezialisiert. Und so saßen wir am Rande der Start- und Landebahn, ich auf einer alten Holzbank und Karl zwischen meinen Beinen auf dem Boden, und blickten ins Blaue.

»Weißt du eigentlich, wohin unsere nächste Reise gehen soll?«, wollte Karl plötzlich, wie aus dem Nichts, wissen.

»Gute Frage«, antwortete ich und streichelte ihm über den Kopf. »Natürlich habe ich Lust, neue Länder und Kulturen zu entdecken. Gleichzeitig würde ich gern, mit den Erfahrungen der letzten Jahre noch einmal nach Japan, nach Island oder Costa Rica.«

»Hach, da würde ich auf jeden Fall mitkommen.« Karl blickte auf und strahlte unternehmungslustig. »Auf meiner Liste stehen ganz oben Neuseeland, Taiwan, Argentinien und Chile.« Er deutete auf den nächsten startbereiten Flugapparat und versuchte mit dem Handy ein Video aufzunehmen. »Vor allem Chile interessiert mich sehr. Da soll ja noch in diesem Herbst die Ehe für alle eingeführt werden.« (Am 7. Dezember 2021 war die Ehe für gleichgeschlechtliche Paare beschlossene Sache.)

Wir hatten (Reise-)Pläne für eine gemeinsame Zukunft, und das fühlte sich nicht nur gut, sondern fantastisch an. Ich konnte mir keinen besseren Menschen an meiner Seite vorstellen, um diese farbenfrohe Erde zu entdecken, mit dem Regenbogen im Herzen und einem Lächeln auf den Lippen.

»Hopp! Der Tag ist noch nicht vorbei, auch wenn hier nichts mehr passieren wird.« Ich stand auf und forderte Karl auf, mir zu folgen. Dann schnappte ich mir seine Hand, die die meine fest umschloss. Als wir von der Zuschauerbank in Richtung Landebahn liefen, blieb ich kurz stehen und zog ihn ganz nah an mich heran. Wieder schien es, als wäre die Welt um uns herum stehen geblieben, das Getümmel der Zuschauer hatten wir komplett ausgeblendet.

»Ich habe eine Überraschung für dich«, flüsterte ich ihm ins Ohr. Gemeinsam traten wir an den roten Doppeldecker heran, der gerade vor uns gelandet war, und ich sagte: »Diesmal lasse ich dich nicht am Flughafen stehen. Komm, steig ein. Das nächste Abenteuer wartet schon auf uns.«

# DANK

Allen voran möchten wir unseren Familien danken. Reisen zurück in die Vergangenheit, emotionale Telefonate und umgekippte Fotoboxen – wir sind wirklich dankbar für die unendliche Geduld. Denn was wäre unser Buch ohne ein Foto von Karl mit langen Haaren und Daan mit Zahnspange?

Besonderer Dank gilt unseren besten Freunden, die uns durch unzählige, gehaltvolle Gespräche, inspirierende Pausen mit langen Spaziergängen und durch ihr kritisches Feedback bei der Themenfindung unterstützt haben.

Wir danken allen LGBTQ+-Menschen, die wir getroffen haben, für ihre Offenheit, Gastfreundschaft und inspirierenden Geschichten, die sie zu erzählen hatten. Ohne die farbenfrohen queeren Erlebnisse wäre unser Buch wohl kaum so vielfältig geworden.

Zu guter Letzt möchten wir allen Tourismusverbänden, Fluggesellschaften, Hotels und Reiseveranstaltern danken, die die LGBTQ+-Community aktiv unterstützen und uns dabei helfen, den Regenbogen in die ganze Welt hinauszutragen.

Karl & Daan

Bist du bereit für unser nächstes Abenteuer?

© 2022 GRÄFE UND UNZER
VERLAG GmbH, Postfach 860366,
81630 München

**POLYGLOTT**

POLYGLOTT ist eine eingetragene
Marke der GRÄFE UND UNZER
VERLAG GmbH

ISBN 978-3-8464-0879-7

1. Auflage 2022

Autoren: Karl Krause, Daan Colijn
Redaktion und Projektmanagement:
Anne-Katrin Scheiter
Lektorat: Regina Carstensen
Satz: Nadine Thiel, kreativsatz
Karten & Piktogramme: Jaime Hayde
Schlusskorrektur: Sarah Tekath
Umschlaggestaltung und Layout:
Bettina Arlt, favoritbuero; Daan Colijn
Herstellung: Gloria Schlayer
Repro: Medienprinzen, München
Druck und Bindung: Livonia, Riga

**Bildnachweis:** Coverfoto: Karl
und Daan auf der Brooklyn Bridge,
New York © Matthew Schuller
Umschlagrückseite: © Couple of Men
Alle Fotos Couple of Men außer:
Maartje Hensen 21, 39, 245; laif: Redux/
VII/Ed Kashi 35; Unsplash: Haoward
Nguyen 68; Alwin Piona 69; Jasper
Pride Festival Society 175

*Ein Unternehmen der*
GANSKE VERLAGSGRUPPE

**Ansprechpartner für den
Anzeigenverkauf:**
KV Kommunalverlag GmbH & Co. KG,
MediaCenter München,
Tel. 089/928 09 60

**Bei Interesse an maßgeschneiderten
B2B-Produkten:**
roswitha.riedel@graefe-und-unzer.de

**Leserservice**
GRÄFE UND UNZER Verlag
Grillparzerstraße 12
81675 München
www.graefe-und-unzer.de

**Umwelthinweis**
Nachhaltigkeit ist uns sehr wichtig.
Der Rohstoff Papier ist in der Buch-
produktion hierfür von entscheidender
Bedeutung. Daher ist dieses Buch auf
PEFC-zertifiziertem Papier gedruckt.
PEFC garantiert, dass ökologische,
soziale und ökonomische Aspekte in
der Verarbeitungskette unabhängig
überwacht werden und lückenlos
nachvollziehbar sind.